SPSSによる心理統計

山田剛史・鈴木雅之 著

東京図書

本書では IBM SPSS Statistics 24 で動作確認しています．
SPSS 製品に関する問合せ先：
〒103-8510　東京都中央区日本橋箱崎町 19-21
日本アイ・ビー・エム株式会社　アナリティクス事業部 SPSS 営業部
Tel. 03-5643-5500　Fax. 03-3662-7461　URL http://www.ibm.com/spss/jp/

本書で使用しているデータは，東京図書 Web サイト（http://www.tokyo-tosho.co.jp/）
の本書紹介ページからダウンロードすることができます．

R 〈日本複製権センター委託出版物〉
本書を無断で複写複製（コピー）することは，著作権法上の例外を除き，禁じられています．本書をコピーされる場合は，事前に日本複製権センター（電話：03-3401-2382）の許諾を受けてください．

まえがき

　本書は，SPSS（IBM SPSS Statistics, http://www-01.ibm.com/software/jp/analytics/spss/）という統計解析ソフトウェアを用いて，心理学研究で利用されることの多い統計的方法を学ぶためのテキストです。具体的な心理学研究の文脈で，1つ1つの統計的方法について演習していきます。想定する読者は，心理学領域で卒業論文や修士論文に取り組もうとしている学生・院生です。本書を読み進めるための前提として，大学等で心理統計に関する入門講義を履修していることを想定しています。具体的には，山田・村井（2004）を読み終えた程度の心理統計に関する知識を有していることを期待しています。ある程度の知識を有することを前提としているという意味では，本書は全くの初学者向けの本ではありません。本書でも統計の基本的な内容について必要な説明はしていますが，心理統計の理論について書かれた他のテキストと併用することで，より学習効果が高まると思います。

　読者の皆さんは，実際にSPSSを起動して，本書に書かれた分析を1つ1つ自分の手を動かしながら追体験して欲しいと思います（そのために，本書で用いた全てのデータを，東京図書のホームページで公開しています）。そうすることで，本書で取り上げる統計的方法への理解が深まることでしょう。しかし，本に書かれたことを，ただ書かれた通りにSPSSで実行できるだけでは，十分ではありません。本書では，「SPSSを用いてデータ分析ができること」だけではなく，もう少し先のことを目標にしています。具体的には，

- 自分のリサーチクエスチョンに応じて，適切な統計的方法を自分で選択できること。
- SPSSの出力結果を正しく読み取り，適切な解釈ができること。

- データ分析の結果と，その結果に基づく考察を分かりやすい文章で報告できること。

を目標とします。SPSS はあくまでデータ分析という作業を遂行するための手段であり，大きな目標は，分析した結果から必要な情報を読み取り，それをレポートや論文としてまとめられるようになることです。この目標を達成するために，本書では以下のような工夫を施しました。

本書の特徴

　本書は，基礎編と実践編からなります。基礎編では，鈴木・武藤（2013）という1つの心理学研究を例に，心理学領域の卒業論文や修士論文でよく使われる統計的方法について演習を行っていきます。データの作成，項目分析（1変数，2変数の記述統計），尺度構成（因子分析），尺度得点についての分析，群間の平均値差の検討（t 検定，分散分析），変数間の関連の検討（相関分析，回帰分析），という実際の心理学研究と同様の流れで，重要な統計的方法について一通り学んでいきます。読者の皆さんに，自分が鈴木・武藤（2013）の研究の著者であるかのような擬似体験をしてもらえたらと思っています。

　実践編では，基礎編よりもやや高度なことを取り上げています。最近の心理学研究の動向を踏まえて，新しく注目されている統計的方法についても紹介しました。具体的には，尺度構成に関する諸問題として，実際に尺度構成を行う場合に生じ得る様々な具体的なケースと，それへの対応について説明しました。さらに，重回帰分析による交互作用の検討，プリ・ポストデザインデータの分析，対比分析，といった基礎編に比べると少し難易度の高い，しかし，重要なデータ分析の方法について解説しました。これらの方法について理解を深めることで，より多面的にデータを検討することができるようになると思います。最後に，統計的仮説検定の問題点，心理学における統計改革，ベイズ統計学，といったトピックについて紹介しています。統計的仮説検定については様々な問題が（かなり以前から）指摘されています。しかし，現在でも心理学研究におけ

る主要なデータ分析法として君臨し続けています。「一般的な方法であるから…」，「みんなが使っているから…」と無批判に利用するのではなく，一度立ち止まって，読者の皆さん自身で「統計的仮説検定」というツールについてじっくりと考えてみてほしいと思います（クリティカルシンキングを行ってほしいということです）。

本書を読むことで，以下のようなことが達成されたら嬉しいです。

- 沢山の統計的方法の中から，データの種類や研究目的に沿った適切な方法を選んで分析を実行できるようになる。
- 漠然と考えている「やりたいこと」を，「この分析によって実現できる」と自分で変換できるようになる。例えば，「ある指導法は，英語を学ぶ意欲が低い人ほど効果があるかどうかを検討したい」ときに，それを「交互作用の検討をすれば良いのだ」と具体的な分析方法に置き換えることができるようになる。

本書は SPSS のマニュアルを書くことを目的とはしていないので，SPSS の細かな操作について学びたい人は，他のテキスト，例えば，酒井（2016）などを参照して下さい。また，購入しているオプションソフト次第で，本書に掲載されている画面とは完全に一致しないことがありますのでご注意下さい。本書では基本ソフトである IBM SPSS Statistics Base で実行できる機能のみを紹介しているため，Base 以外のオプションは不要です。どのようなユーザーであっても本書に書かれたものと同様の分析が実行できます。

引用文献

酒井麻衣子（2016）．SPSS 完全活用法――データの入力と加工（第 4 版） 東京図書

鈴木雅之・武藤世良（2013）．平均的な学業水準との比較による学業的自己概念の形成――学業水準の高い高校に所属する生徒に焦点を当てて―― パーソナリティ研究, *21*, 291-302.

山田剛史・村井潤一郎（2004）．よくわかる心理統計　ミネルヴァ書房

目　　次

まえがき　iii

【基礎編】

1章　本書で用いる質問紙について　3

1-1　本書で紹介する研究（鈴木・武藤，2013）の目的　3
1-1-1　学業に対する有能感―学業的自己概念　3
1-1-2　有能感を形成する要因―学業達成，内的準拠枠，外的準拠枠　4
1-1-3　鈴木・武藤（2013）で検討したこと　5

1-2　研究で使用した質問紙　6
1-2-1　学業的自己概念　6
1-2-2　学校内での相対的な学業水準の知覚　7
1-2-3　一般的な高校生との相対的な学業水準の知覚　7
1-2-4　達成目標　7
1-2-5　学業成績（模擬試験の偏差値）　7

1-3　本書で検討するリサーチクエスチョンと，検討のために用いる分析　8

1-4　本書におけるデータ分析の流れについて　9

2章　データ分析前の下準備　11

2-1　質問紙に含まれる項目について　11
2-1-1　プロフィール項目　11
2-1-2　質問項目　11

2-2　SPSSでデータを作る　12
2-2-1　データのコーディング　13
2-2-2　SPSSを起動する　14
2-2-3　「変数ビュー」で変数の情報を入力する　16
2-2-4　「データビュー」でデータを入力する　19

2-3　SPSSで簡単な分析を実行してみる　20
2-3-1　質的変数についての視覚的分析　20
2-3-2　量的変数についての視覚的分析・基本統計量の算出　23

2-4　本書で用いる SPSS データについて　26

3章　項目分析　29

3-1　鈴木・武藤（2013）データを確認する　29
3-2　プロフィール項目の分析　31
3-2-1　度数分布表と棒グラフ　31
3-2-2　クロス集計表　34
3-3　変数の種類と尺度水準　38
3-3-1　質的変数と量的変数　38
3-3-2　4つの尺度水準　38
3-4　量的変数の分析　40
3-4-1　視覚的な分析　40
3-4-2　データの要約　42
3-4-3　ファイルの分割を用いて，グループ間比較を行う　45
3-5　練習問題　48

4章　2つの変数の関係の視覚化と要約——相関分析　49

4-1　散布図と相関係数　49
4-1-1　散布図　49
4-1-2　相関係数　50
4-1-3　相関係数の性質　51
4-2　SPSS による相関分析　52
4-2-1　散布図の表示　53
4-2-2　相関係数の算出　54
4-2-3　層別相関係数の算出　57
4-2-4　論文での結果の報告例　59
4-3　練習問題　60

5章　尺度構成——因子分析　61

5-1　因子分析　61
5-1-1　因子分析とは　61
5-1-2　因子分析の考え方　62
5-1-3　因子分析の手順　66

- 5-2 **SPSSによる因子分析その1（因子数が1つの因子分析）** 69
  - 5-2-1 逆転項目の処理 69
  - 5-2-2 因子分析の実行（因子数の決定） 71
  - 5-2-3 因子分析の実行（因子負荷の推定） 74
- 5-3 **SPSSによる因子分析その2（因子数が複数ある因子分析）** 75
  - 5-3-1 因子分析の実行（因子数の決定） 75
  - 5-3-2 因子分析の実行（因子負荷の推定） 77
  - 5-3-3 因子の解釈 80
- 5-4 **共通性と因子寄与** 82
  - 5-4-1 共通性と独自性 82
  - 5-4-2 因子寄与 83
- 5-5 論文での結果の報告例 86
- 5-6 練習問題 90

6章 尺度得点についての分析 … 91

- 6-1 **尺度の妥当性** 91
  - 6-1-1 妥当性とは 91
  - 6-1-2 妥当性の評価 93
- 6-2 **尺度の信頼性** 94
  - 6-2-1 信頼性とは 94
  - 6-2-2 妥当性と信頼性の関係 95
  - 6-2-3 古典的テスト理論と信頼性係数 97
  - 6-2-4 信頼性係数の推定 98
- 6-3 **SPSSによる尺度得点についての分析** 100
  - 6-3-1 逆転項目の処理 100
  - 6-3-2 α係数の算出 101
  - 6-3-3 尺度得点の計算 105
  - 6-3-4 尺度得点の記述統計量の算出 107
- 6-4 練習問題 109

7章 学業的自己概念の性差の検討——独立な2群のt検定 … 111

- 7-1 **学業的自己概念の性差の検討** 111

- 7-2 統計的仮説検定の基礎　111
  - 7-2-1 統計的仮説検定の手順　111
  - 7-2-2 独立な2群のt検定の手順　114
- 7-3 SPSSによる独立な2群のt検定　115
  - 7-3-1 独立な2群のt検定の実行　115
  - 7-3-2 SPSSの結果を解釈する　117
  - 7-3-3 p値と有意水準を比較する　120
  - 7-3-4 統計的仮説検定の重要用語　121
  - 7-3-5 論文での結果の報告例　123
- 7-4 練習問題　123

8章　学業的自己概念と学業水準の関係の検討——一要因分散分析　125

- 8-1 学業的自己概念と学業水準の関係の検討　125
- 8-2 3つ以上の群の平均値を比較する分散分析　126
  - 8-2-1 分散分析に関する用語　126
  - 8-2-2 一要因被験者間分散分析　127
- 8-3 SPSSによる一要因被験者間分散分析　129
  - 8-3-1 一要因被験者間分散分析の実行その1　129
  - 8-3-2 一要因被験者間分散分析の実行その2　138
  - 8-3-3 論文での結果の報告例　141
  - 8-3-4 学業的自己概念の学校間差がみられなかった結果について　144
- 8-4 練習問題　149

9章　学業的自己概念と性別, 文理志望の関係——二要因分散分析　151

- 9-1 学業的自己概念と性別, 文理志望の関係の検討　151
- 9-2 二要因の分散分析　152
  - 9-2-1 交互作用　152
  - 9-2-2 主効果　154
  - 9-2-3 単純主効果　154
  - 9-2-4 二要因被験者間分散分析　155
- 9-3 SPSSによる二要因被験者間分散分析　157
  - 9-3-1 二要因被験者間分散分析の実行　157
  - 9-3-2 論文での結果の報告例　165

9-4 SPSSによるクロス集計表の作成と χ^2 検定　167
 9-4-1　クロス集計表の作成と χ^2 検定の実行　167
 9-4-2　論文での結果の報告例　170

9-5　練習問題　170

10章　学業的自己概念の予測──回帰分析　171

10-1　回帰分析　171

10-2　重回帰分析　172
 10-2-1　偏相関係数　172
 10-2-2　重回帰分析　174

10-3　SPSSによる回帰分析　175
 10-3-1　回帰分析の実行　175
 10-3-2　回帰分析と t 検定の関係　178
 10-3-3　偏相関係数の算出　180
 10-3-4　重回帰分析の実行　182
 10-3-5　論文での結果の報告例　184

10-4　基礎編のまとめ　185

10-5　データの階層性とマルチレベル分析　188

10-6　練習問題　189

【実践編】

1章　尺度構成に関する諸問題　193

1-1　不適解が生じたとき　193

1-2　妥当性や信頼性が確認されている尺度を使用するとき　195

1-3　α 係数が低いとき　197

2章　重回帰分析による交互作用の検討　199

2-1　「学業的自己概念」と「相対的な学業水準の知覚」の関係に対する達成目標の影響の検討　199
 2-1-1　「相対的な学業水準の知覚」と達成目標の交互作用　199
 2-1-2　重回帰分析における交互作用の検討　200

- 2-1-3 多重共線性と中心化　201
- 2-1-4 分散分析における交互作用と重回帰分析における交互作用　202

2-2 SPSSによる重回帰分析　202
- 2-2-1 変数の中心化と交互作用項の作成　203
- 2-2-2 重回帰分析の実行　204
- 2-2-3 出力結果の読み取り　205
- 2-2-4 論文での結果の報告例　210

2-3 交互作用の視覚的分析　211

2-4 交互作用が有意であったときの下位検定　215

3章　プリ・ポストデザインデータの分析——対応のある t 検定，共分散分析 … 217

3-1 研究例（鈴木・市川，2016）　217
- 3-1-1 工夫速算能力　217
- 3-1-2 工夫速算能力を高めるための準実験　218

3-2 研究で使用した変数　219
- 3-2-1 事前コンパス得点　219
- 3-2-2 事後コンパス得点　219
- 3-2-3 SPSSデータ（鈴木・市川（2016）データ）　219

3-3 SPSSによる対応のある t 検定　221
- 3-3-1 1群プリ・ポストデザイン　221
- 3-3-2 対応のある t 検定　221
- 3-3-3 対応のある t 検定の実行　222

3-4 SPSSによる変化量についての独立な2群の t 検定　224
- 3-4-1 2群プリ・ポストデザイン　224
- 3-4-2 変化量についての独立な2群の t 検定　225
- 3-4-3 変化量についての独立な2群の t 検定の実行　226

3-5 SPSSによる共分散分析　229
- 3-5-1 共分散分析　229
- 3-5-2 共分散分析の実行　230

4章　対比分析 …………………………………………………………………………… 235

4-1 研究例（鈴木，2011）　235

   4-1-1　学習者のテスト観　235
   4-1-2　テスト観に対するルーブリック提示の効果　236
 4-2　対比分析　237
   4-2-1　対比分析とは　237
   4-2-2　一要因分散分析と対比分析　239
 4-3　SPSS による対比分析　240
   4-3-1　鈴木（2011）データの確認　240
   4-3-2　対比分析の実行　240
   4-3-3　論文での結果の報告例　245

5章　有意か否かを超えて──近年の統計改革の動向について　247

 5-1　統計的仮説検定に関する諸問題　247
   5-1-1　分散分析と多重比較　247
   5-1-2　多重比較の方法による検定結果の相違　251
   5-1-3　統計的仮説検定の問題点　252
 5-2　心理学における統計改革　255
   5-2-1　心理学における統計改革とは　255
   5-2-2　効果量　257
   5-2-3　効果量の使われ方　258
   5-2-4　SPSS による効果量（偏イータ2乗）の算出　259
 5-3　ベイズ統計学　262
   5-3-1　ベイズの定理　262
   5-3-2　ベイズ推測の活用　264

引用文献　267
付録　質問紙　274
索引　277

基礎編

1章　本書で用いる質問紙について

　本書では，1つの心理学研究（鈴木・武藤，2013）を例として取り上げ，様々な統計的分析をこの研究の文脈に沿って紹介していきます。本章では，鈴木・武藤（2013）の研究目的，研究で使用した質問紙，研究で検証する仮説と，検証のために用いる分析，本書におけるデータ分析の流れについて，それぞれ順に述べていきます。

本章で学ぶこと	・鈴木・武藤（2013）の研究について ・本書で扱うデータ分析の手順

1-1　本書で紹介する研究（鈴木・武藤，2013）の目的

1-1-1　学業に対する有能感—学業的自己概念

　「私は英語が得意だ」「数学のテストでは良い点数を取れる自信がある」など，学習に対して有能感を持つことは，学習意欲を維持したり，高い学業成績を達成したりする上で重要になります。このような学業に対する有能感は，「学業的自己概念[*1]」と呼ばれ[*2]，教育実践においては，生徒の「学業的自己概念」を高めることが重要になります（表1.1）。そのため，「学業的自己概念はどのように形成されるのか／学業的自己概念の高さは，何によって決まるのか」という問題に関する研究が多く行われてきました。

[*1] 学業的自己概念は，英語では academic self-concept といいます。

[*2] Marsh（1990a）を参照してください。

表1.1　鈴木・武藤（2013）で扱う構成概念

構成概念	その概念的定義
学業的自己概念	「私は英語が得意だ」「数学のテストでは良い点数を取れる自信がある」といった学業に対する有能感

1-1-2 有能感を形成する要因——学業達成, 内的準拠枠, 外的準拠枠

「学業的自己概念」を形成する要因の1つに, テスト成績などの客観的な学業達成があります。つまり, 学校の定期テストや模擬試験などの成績が高い生徒は肯定的な「学業的自己概念」を持ち, 成績の低い生徒は否定的な「学業的自己概念」を持つようになります。

また, 客観的な学業達成以外にも, 人が自己評価する際に用いる準拠枠[*3]が, 「学業的自己概念」の形成と関わることが知られています。この準拠枠は, 内的準拠枠と外的準拠枠の大きく2つに分けることができます。まず内的準拠枠とは, ある教科の成績について, 他教科の成績や前回の成績との比較を通して, 自身の「学業的自己概念」を判断することです。例えば, 個人の中で数学の成績の方が国語の成績よりも高い場合, その生徒は数学についてより肯定的な「学業的自己概念」を, 国語についてより否定的な「学業的自己概念」を持つようになります[*4]。

もう1つの外的準拠枠とは, 他者の成績や集団の成績との比較によって自己概念を判断することです。例えば, 自分の数学のテストの得点が, クラスの平均点よりも高い場合には, 肯定的な「学業的自己概念」が形成されることが予測されます。この外的準拠枠による「学業的自己概念」の形成に関する興味深い現象として, 「井の中の蛙効果[*5]」というものがあります[*6]。「井の中の蛙効果」とは, 同じ能力の生徒であっても, 学業水準の高い集団に所属している生徒の方が, 学業的自己概念は低くなるという現象です。これは, 学力が同一の生徒に着目した場合に, 学業水準の高い学校(クラス)に所属する生徒たちは, 優秀な生徒が周囲に多く存在することで, 彼らとの比較によって否定的な「学業的自己概念」が形成されてしまうためだと考えられています。言い換えると, 優秀な生徒たちが多い学校やクラスに所属すると, その集団内での相対的な学業水準は低くなるために, 「学業的自己概念」が低くなると考えられています。実際に, 自分の学業水準が学校(クラス)の中でどのくらいかという知覚が, 「学業的自己概念」に影響を与えていることが示されています[*7]。

表1.2に, 1-1-2項で述べてきた, 「学業的自己概念」を形成する要因をまとめました[*8]。

[*3] 準拠枠というのは, 判断の枠組みのことです。ここでは, 自分の「学業的自己概念」を判断(評価)するときに参照する基準と言い換えることができます。

[*4] Marsh (1990a) を参照してください。

[*5] 「井の中の蛙効果」は, 英語では big-fish-little-pond effect といいます。「井の中の蛙効果」については, 8-3-4項も参照してください。

[*6] Marsh (1987) や外山 (2008) を参照してください。

[*7] Huguet et al. (2009) を参照してください。

[*8] 鈴木・武藤 (2013) では, これらの他にも, 栄光浴効果というものが扱われていますが, 本書では取り上げません。栄光浴効果については, 鈴木・武藤 (2013) を参照してください。

表 1.2　学業的自己概念を形成する要因

要因	具体例
客観的な学業達成	学校の定期テストや模擬試験などの成績
内的準拠枠	ある教科の成績について，他教科の成績や前回の成績との比較を通して，自身の「学業的自己概念」を判断すること
外的準拠枠	他者の成績や集団の成績と比較して，自分の「学業的自己概念」を判断すること。例として，井の中の蛙効果

1-1-3　鈴木・武藤（2013）で検討したこと

　「学業的自己概念」に関する研究では，客観的な学業達成や内的準拠枠よりも，外的準拠枠の方が，「学業的自己概念」の形成に強く関わることが示されています。そのため，これまでの研究では，学校（クラス）の中にいる特定の他者との比較や，学校（クラス）の平均的な成績との比較の影響について，主に検討されてきました。しかし，私たちは，もう少し漠然とした対象とも比較をしていると考えられます。例えば，日本の高校は学校のランクが細かく序列化されている他，高い精度で合格可能性を知ることができる模擬試験が日常化しているため，私たちは「高校生の平均的な学業達成」を知ることができます[*9]。そのため，学業水準の高い学校（クラス）に所属している生徒は，「自分の学校（クラス）の平均と比べると数学は苦手だけど，日本の高校生の平均と比較すれば得意な方だ」といったように，様々な比較を通して自己概念を形成していると考えられます。そのため鈴木・武藤（2013）では，高校2年生589名（3校14学級）を対象に質問紙調査を行い，一般的な高校生との学業水準の比較によって，「学業的自己概念」が影響を受けるかを検討しました。

　しかし，他者との比較が「学業的自己概念」に与える影響は，どのような生徒であっても一様とは限りません。言い換えると，他者の成績との比較によって「学業的自己概念」が変わる人もいれば，他者の成績には左右されない人もいるなど，比較の影響は人によって異なる可能性があります。例えば，国語や数学の勉強をする際に，他人に勝つことや負けないことを目標に勉強する生徒は，他者との比較によって，「学業的自己概念」は強く影響を受けそうです。一方で，学習内容を習得することに目標を置く生徒

[*9] 言い方を変えれば，日本の高校生は，学校（クラス）の中での自分の学業水準がどのくらいか，ということ以外にも，日本の高校生の中で自分の学業水準がどのくらいか，ということもある程度把握することができると考えられます。

は，他者との比較によって，「学業的自己概念」はあまり影響を受けないかもしれません。そこで鈴木・武藤（2013）は，生徒が持つ達成目標によって，「学業的自己概念」に対する外的準拠枠の効果が異なるかについても検討を行いました。

整理すると，鈴木・武藤（2013）で検討したことは表1.3のようになります。

表1.3 鈴木・武藤（2013）で検討したこと

一般的な高校生との学業水準の比較によって，「学業的自己概念」が影響を受けるか
生徒が持つ達成目標によって，「学業的自己概念」に対する他者との比較の影響が異なるか

1-2 研究で使用した質問紙

以上のことを踏まえて鈴木・武藤（2013）では，「学業的自己概念」を規定する要因について検討するために，「学業的自己概念」と「学校内での相対的な学業水準の知覚」，「一般的な高校生との相対的な学業水準の知覚」，達成目標，学業成績（模擬試験の偏差値）について自己報告を求めました。実際に使用した質問紙を，巻末の付録に示します。なお，「学業的自己概念」は，国語に対する自己概念，数学に対する自己概念というように，科目別に存在することが示されているため，鈴木・武藤（2013）でも国語と数学に分けて測定を行っています。

1-2-1 学業的自己概念

「学業的自己概念」の測定には，「能力の自己概念」尺度[*10]を用いました。この尺度は，「今のところ，国語（数学）は得意だと思いますか」「今のところ，国語（数学）のテストでよい点を取っていると思いますか」「今のところ，あなたにとって国語（数学）は難しいと思いますか（逆転項目[*11]）」「今のところ，国語（数学）の授業は理解できていると思いますか」「今のところ，通知表で国語（数学）の成績はいいほうだと思いますか」「今のところ，国語（数学）では物覚えがいいと思いますか」の6項目で構成され，5件法[*12]で回答を求めました。なお，市原（2007）では「能力の自己概念」尺度という名称が使われていますが，「学業的自己概念」を測定するために

[*10] 市原（2007）によって作成された尺度です。市原（2007）は，SDQ-Ⅱ（Self-Description Questionnaire-Ⅱ；Marsh, 1990b）の学業領域の項目群を参考にして作成された，市原・新井（2002）の尺度をさらに改訂し，項目を作成しています。

[*11] 逆転項目とは，同一の概念を反映した項目群のうち，値の高低の解釈が逆になっている項目のことです（5-2-1項参照）。

[*12] 5件法とは，「全く当てはまらない」から「とても当てはまる」（あるいは，「全くそう思わない」から「とてもそう思う」など，聞き方は色々あります）までの5段階の選択肢の中から，もっとも適切な選択肢を選ぶ回答方式をいいます。本研究で用いる鈴木・武藤（2013）データの具体的な選択肢については，巻末の付録にある質問紙，あるいは2章をご覧ください。

使用した尺度であることと，説明を簡便なものにするために，以下では「学業的自己概念」尺度と呼ぶことにします。

1-2-2 学校内での相対的な学業水準の知覚

学校内の生徒たちの学業達成との比較の影響について検討するために，「学校内での相対的な学業水準の知覚」の測定をしました。測定には，先行研究[*13]に基づいて，「あなたの国語（数学）の学力は，あなたの学校の中でどのくらいですか」という項目を用い，「低い（1点）」から「高い（5点）」の5件法で回答を求めました。

[*13] Huguet et al. (2009)を参照してください。

1-2-3 一般的な高校生との相対的な学業水準の知覚

高校生の平均的な学業達成との比較の影響について検討するために，「一般的な高校生との相対的な学業水準の知覚」の測定をしました。測定のために，「あなたの国語（数学）の学力は，日本の一般的な高校生と比較すると，どのくらいですか」という項目を作成し，「低い（1点）」から「高い（5点）」の5件法で回答を求めました。

1-2-4 達成目標

田中・山内（2000）の尺度を用いて，達成目標の測定を行いました。この尺度は，学習内容を習得すること自体を目標とする習得目標[*14]（「授業の内容をできるだけしっかりとわかるようにすることは，自分にとって大切なことだ」など4項目）と，他者よりも高い能力を示すことを目標とする遂行接近目標（「学校では，ほかの人よりよい成績をとることを目標にしている」など4項目），自分の無能さが明らかになる事態を回避することを目標とする遂行回避目標（「テストで，ほかの人より悪い点数をとってしまうことが心配だ」など4項目）の3つの下位尺度で構成されます[*15]。回答は，「あてはまらない（1点）」から「あてはまる（5点）」の5件法で求めました。

[*14] 田中・山内（2000）では「マスタリー目標」と呼ばれている他，「学習目標」や「熟達目標」など，目標の名称は研究者によって異なっていますが，本書では「習得目標」と呼ぶことにします。

[*15] 田中・山内（2000）の尺度は，習得目標が6項目，遂行接近目標が6項目，遂行回避目標は4項目の計16項目で構成されています。しかし，鈴木・武藤（2013）では，回答者の負担を軽減するために，各下位尺度に関する質問項目を4項目ずつ選択して用いました。

1-2-5 学業成績（模擬試験の偏差値）

質問紙調査の実施前に調査参加者が受験した大手予備校の全国模試の偏差値について，自己報告を求めました。

1-3 本書で検討するリサーチクエスチョンと，検討のために用いる分析

本書では，鈴木・武藤（2013）の研究をもとに，以下のリサーチクエスチョンについて検討します。

1)「学業的自己概念」の性差の検討

鈴木・武藤（2013）では，性差については検討を行っていませんが，先行研究では，女性よりも男性の方が数学に対する自信や興味が高いことが示されています[16]。そこで本書では，「学業的自己概念」の性差を t 検定[17]によって検討します。

ただし，一般に，男性は女性よりも理系志望者が多い傾向にあります。そのため，性別以外に文理志望という要因を加えて，「学業的自己概念」の差について分散分析[18]を行います。

2)「学業的自己概念」と学業水準の関係の検討

一般に，客観的な学業達成の高い生徒ほど肯定的な「学業的自己概念」を持っていることが知られています。そのため，生徒個人の偏差値と「学業的自己概念」の関係について，相関分析によって検討します。

また，偏差値の高い学校に所属する生徒ほど，肯定的な「学業的自己概念」が形成されていると考えられます。そこで本書では，「学業的自己概念」が学校間で異なるかについて，分散分析[19]によって検討します。

3)「学業的自己概念」と「相対的な学業水準の知覚」の関係の検討

他者や集団と比較して自分の学力は優れていると思う生徒ほど，肯定的な「学業的自己概念」を有する傾向にあると考えられます。そこで本書では，「学業的自己概念」と「相対的な学業水準の知覚」の関係を，相関分析と回帰分析によって検討します。

4)「学業的自己概念」と「相対的な学業水準の知覚」の関係に対する達成目標の影響の検討

外的準拠枠の影響は，生徒が持つ目標によって異なる可能性があることから，「学業的自己概念」と相対的な学業水準の知覚の関係に対する達成目標の影響を，回帰分析によって検討します。

---

[16] Else-Quest, Hyde, & Linn (2010) を参照してください。

[17] 正確には，独立な2群の t 検定，あるいは，対応のない2群の t 検定と呼びます。

[18] 正確には，二要因被験者間分散分析と呼びます。

[19] 正確には，一要因被験者間分散分析と呼びます。

1-4 本書におけるデータ分析の流れについて

本書では，1-3節までに述べてきたように，鈴木・武藤（2013）を研究例として，この研究の流れに沿って，SPSSでデータ分析を行っていきます。SPSSによるデータ分析の流れは表1.4のようになります。

表1.4 本書におけるデータ分析の流れ

1.	データの作成	データの入力から，実際の統計分析に入るまでの下準備
2.	プロフィール項目の分析	性別など属性に関する情報の集約
3.	質問項目の分析（項目分析）	1つ1つの質問項目について，視覚的分析，要約統計量の算出
4.	変数間の関係の分析（相関分析）	2つの変数間の関係について，視覚的分析，要約統計量の算出
5.	尺度構成	因子分析による検討
6.	尺度得点についての分析	逆転項目の処理，尺度得点の計算，α係数の算出[20]
7.	「学業的自己概念」の性差の検討	独立な2群のt検定，二要因被験者間計画の分散分析
8.	「学業的自己概念」と学業水準の関係の検討	相関分析，一要因被験者間計画の分散分析
9.	「学業的自己概念」と「相対的な学業水準の知覚」の関係の検討	相関分析，回帰分析
10.	「学業的自己概念」と「相対的な学業水準の知覚」の関係に対する達成目標の影響の検討	回帰分析

読者の皆さんは，表1.4の個々のステップを実際に分析してみることで，心理学研究を遂行するのに必要な基本的なSPSSの操作を覚えていくことができるでしょう。本書では，鈴木・武藤（2013）という具体的な研究例に従って，SPSSによるデータ分析の操作を習得することが目標となります。心理学領域の卒業論文や修士論文では，質問紙調査を用いて研究が実施されることが多いと思います。本書を読み進めていくことで，心理学領域の卒業論文・修士論文（とくに，質問紙調査を用いた研究）において，重要な統計的方法を一通り体験できるようになるでしょう。

[20] 心理尺度についての検討を行う場合は，妥当性と信頼性についても吟味が必要となります。本書では妥当性の検討について具体的なデータ分析は行いませんが，妥当性についての解説を6章で行います。また，信頼性については，α係数の算出と，信頼性についての解説を6章で行います。

2章 データ分析前の下準備

本章では，鈴木・武藤（2013）の質問紙から得られたデータを SPSS で分析できる状態にすること，すなわち，SPSS データの作り方を紹介します。データのコーディング，SPSS の画面の見方，SPSS における簡単な分析などを取り上げます。

本章で学ぶこと	・プロフィール項目 ・質問項目 ・SPSS データの作り方 ・SPSS の基本操作

2-1 質問紙に含まれる項目について

1章でも紹介しましたが，鈴木・武藤（2013）の質問紙に含まれる項目を紹介します。

2-1-1 プロフィール項目

プロフィール項目とは，回答者の属性に関する項目です。鈴木・武藤（2013）では，プロフィール項目として，学校，クラス（学級），学生番号，性別，文理志望が用いられました。

2-1-2 質問項目

鈴木・武藤（2013）では，「学業的自己概念」尺度[1]（「j1」～「j6」と「m1」～「m6」），「学校内での相対的な学業水準の知覚（「j7」と「m7」）」，「一般的な高校生との相対的な学業水準の知覚（「j8」と「m8」）」，「達成目標」尺度[2]（「goal1」～「goal12」），学業成績（大手予備校の全国模試の偏差値：「japanese」と「math」）が質問項目として用意されました。項目の具体的な内容を表2.1に示します[3]。

[1] 市原（2007）によって作成された尺度です。

[2] 田中・山内（2000）によって作成された尺度です。

[3] 巻末の付録にある質問紙も参照してください。

表 2.1 鈴木・武藤（2013）の質問項目

変数名	項目の具体的な内容
j1	今のところ，**国語**は得意だと思いますか？
j2	今のところ，**国語**のテストでよい点を取っていると思いますか？
j3	今のところ，あなたにとって**国語**は難しいと思いますか？
j4	今のところ，**国語**の授業は理解できていると思いますか？
j5	今のところ，通知表で**国語**の成績はいいほうだと思いますか？
j6	今のところ，**国語**ではもの覚えがいいと思いますか？
j7	あなたの**国語**の学力は，あなたの**学校全体**の中でどのくらいですか？
j8	あなたの**国語**の学力は，**日本の一般的な高校生**と比較すると，どのくらいですか？
m1	今のところ，**数学**は得意だと思いますか？
m2	今のところ，**数学**のテストでよい点を取っていると思いますか？
m3	今のところ，あなたにとって**数学**は難しいと思いますか？
m4	今のところ，**数学**の授業は理解できていると思いますか？
m5	今のところ，通知表で**数学**の成績はいいほうだと思いますか？
m6	今のところ，**数学**ではもの覚えがいいと思いますか？
m7	あなたの**数学**の学力は，あなたの**学校全体**の中でどのくらいですか？
m8	あなたの**数学**の学力は，**日本の一般的な高校生**と比較すると，どのくらいですか？
goal1	「悪い成績をとってしまったらどうしよう」と考えることがよくある
goal2	学校では，ほかの人よりよい成績をとることを目標にしている
goal3	まわりのみんなよりもよい成績をとろうと思うと，自分はやる気が出る
goal4	少し難しくても新しいことを勉強するほうが好きだ
goal5	テストで，ほかの人より悪い点数をとってしまうことが心配だ
goal6	授業中は，できるだけたくさんのことを勉強したいと思う
goal7	ほかの人よりも悪い成績をとらないようにしたいと思う
goal8	ほかの人よりよい点数をとることは，自分にとって大切だ
goal9	授業では，簡単な内容より，少し難しくてもおもしろい内容をするほうが好きだ
goal10	学校では，ほかの人に私がよくできることをみせたいと思う
goal11	クラスで落ちこぼれるのが嫌だから勉強する
goal12	授業の内容をできるだけしっかりとわかるようにすることは，自分にとって大切なことだ
japanese	全国模試・国語の偏差値
math	全国模試・数学の偏差値

*4 エクセルなど他の形式のファイルをSPSSに読み込む（読み込むことをインポートするといいます）こともできます。その方法については，酒井（2016）などを参照してください。

*5 SPSSで分析できる形にしたデータを「SPSSデータ」と呼ぶことにします。

2-2　SPSS でデータを作る[*4]

　質問紙調査により集めた回答データを，SPSS で分析できるデータにします[*5]。鈴木・武藤（2013）で用いられた質問紙調査データは，プロフィール項目が 5，質問項目が 30 あり，変数の数が 35 あります。そして，回答者数が 569 人という大きなデータです。これを全部入力するのは大変なので，東京図書のホームページの本書紹介ページから SPSS データをダウンロー

ドして，次章以降の具体的なデータ分析を行ってください[*6]。本節では，簡単のため，もう少し小さなデータを用いてSPSSデータの作り方を説明していきます。

2-2-1　データのコーディング

2-1節で紹介した変数のうち，プロフィール項目として，学校，クラス，学生番号，性別の4項目を，質問項目として，「国語の学業的自己概念」尺度6項目，「国語の学校内での相対的な学業水準の知覚」1項目，「国語の一般的な高校生との相対的な学業水準の知覚」1項目を用いることにします。回答者数は20名です（表2.2）[*7]。このデータからSPSSデータを作成する方法を紹介します。

[*6] 本書で紹介するSPSSデータ，ダウンロードできるSPSSデータは，実際のデータではなく，コンピュータで作成した人工データです。

[*7] 表2.2に示したのは，12変数20名分のデータということになります。

表2.2　簡易データ

school	class	id	sex	j1	j2	j3	j4	j5	j6	j7	j8
1	11	1101	1	3	2	4	5	3	3	4	5
1	11	1102	1	1	1	5	4	1	2	1	2
1	11	1103	0	5	1	5	5	1	3	1	4
1	11	1104	1	1	2	5	2	2	2	3	2
1	11	1105	1	2	1	4	4	2	3	3	3
1	11	1106	1	2	5	1	5	5	5	4	5
1	11	1107	0	3	3	3	4	3	.	3	3
1	11	1108	1	4	4	3	4	4	3	4	4
1	11	1109	0	3	1	3	4	1	3	1	3
1	11	1110	1	3	4	4	4	4	3	4	5
1	11	1111	1	3	2	5	3	3	3	4	3
1	11	1112	0	3	3	3	3	3	3	3	4
1	11	1113	1	5	5	3	5	5	3	4	5
1	11	1114	1	5	5	2	5	5	4	4	5
1	11	1115	0	2	2	3	3	2	2	3	3
1	11	1116	0	4	2	4	4	3	4	4	4
1	11	1117	1	3	2	3	3	2	2	3	3
1	11	1118	1	3	4	4	5	3	3	3	3
1	11	1119	0	4	4	3	3	2	4	5	5
1	11	1120	1	5	5	1	5	5	5	5	5

鈴木・武藤（2013）で用いられた実際の質問紙の一部を図2.1に示しました。「今のところ，国語は得意だと思いますか？」という項目に対して，回答者は，「苦手」から「得意」の5つの選択肢から1つを選んで回答します[*8]。

[*8] このような回答形式のことを，評定尺度法と呼びます。宮本・宇井（2014）も参考になります。

1. これから，あなたの国語と数学の学力に関する質問をいくつかします。それぞれの質問に対して，あなたに一番よくあてはまると思うものを一つだけ選び，そこを○で囲んでください。

<国語>

1	今のところ，**国語**は得意だと思いますか？	苦手	どちらかと言えば苦手	どちらともいえない	どちらかと言えば得意	得意
2	今のところ，**国語**のテストでよい点を取っていると思いますか？	悪い	どちらかと言えば悪い	どちらともいえない	どちらかと言えば良い	良い

図 2.1　鈴木・武藤（2013）の実際の質問紙の一部

　SPSS データを作る際に，「苦手」「どちらかと言えば苦手」といった選択肢を数値に置き換えて，数値を SPSS に入力していくことにします。具体的には，「苦手」という回答には 1 を，「どちらかと言えば苦手」には 2 を，「どちらともいえない」には 3 を，「どちらかと言えば得意」には 4 を，「得意」には 5 という数値をそれぞれ割り当てます。このように質問紙に実際に記された回答を一定のルールに従って数値に置き換える作業のことを「データのコーディング」といいます。表 2.2 では，「国語の学業的自己概念」尺度 6 項目と「学校内での相対的な学業水準の知覚」1 項目，「一般的な高校生との相対的な学業水準の知覚」1 項目（j1 から j8）の回答を 1 から 5 の数値に置き換えた上でデータが示されています。「国語の学業的自己概念」尺度の 6 項目には j1 から j6，「学校内での相対的な学業水準の知覚」には j7，「一般的な高校生との相対的な学業水準の知覚」には j8 という変数名を付けています。同様に，学校は school，クラスは class，学生番号は id，性別は sex という変数名を付けました。表 2.2 の例では，school の値は全て 1，class の値は全て 11 となっています。学生番号 id は，1101 から 1120 です。性別 sex については，男性は 0，女性は 1 とコーディングしています。

2-2-2　SPSS を起動する

　Windows10 では，画面左下の■アイコンをクリックし，「よく使うアプリ」→「IBM SPSS Statistics」→「IBM SPSS Statistics24」とメニューを順に選んで，SPSS を起動してください。すると，図 2.2 のようなウィンドウが開きます。

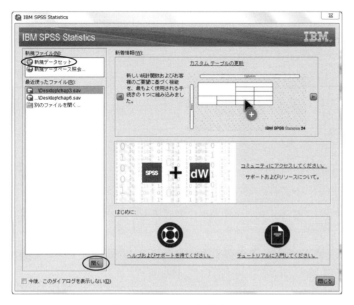

図 2.2　SPSS を起動する

　既に入力済みのデータがある場合には，画面左上の「最近使ったファイル」の中にある「別のファイルを開く」を選択した状態で，画面左下にある「開く」をクリックします[*9]。今回は，新たにデータを入力するので，「新規ファイル」の中にある「新規データセット」を選択した状態で，画面左下にある「開く」をクリックします[*10]。

　すると，図 2.3 のように「データエディタ」ウィンドウ[*11]が開きます。

　図 2.3 のウィンドウの左下の部分に注目すると，「データビュー」「変数ビュー」というタブがあることを確認できます。図 2.3 で表示されている画面は，「データビュー」と呼ばれます。ここには具体的な変数の数値や文字が入力されていくことになります。「変数ビュー」と書かれている部分（タブ）をクリックすると，「変数ビュー」の画面に切り替わります（図 2.4）。

　変数ビューでは，1 つ 1 つの変数の特徴（数値なのか文字なのか，小数桁数を何桁まで表示させるか，変数の説明，その変数は尺度水準のどのレベルか，など）を記述しておくことができます。

----

*9 「別のファイルを開く」をダブルクリックすることでも，同じ操作が可能です。

*10 「新規データセット」をダブルクリックすることでも，同じ操作が可能です。

*11 「データエディタ」などの名称は，SPSS のウィンドウの最上部に表示されています。例えば「データエディタ」ウィンドウの場合は，「ファイル」などのメニューが並んでいる，さらにその上の部分に表示されます。

2-2 SPSSでデータを作る

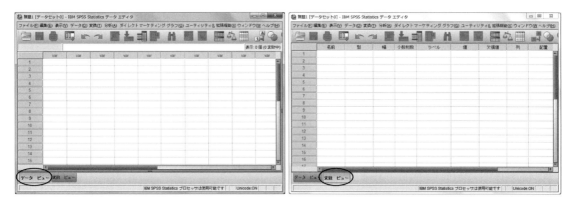

図2.3 「データエディタ」ウィンドウ（データビュー）　図2.4 「データエディタ」ウィンドウ（変数ビュー）

図2.5 変数ビューに情報を入力

2-2-3 「変数ビュー」で変数の情報を入力する

それでは，変数ビューに表2.2の「簡易データ例」に示された変数の情報を入力していきましょう（図2.5）。

変数ビューでは，1つの行に1つの変数についての情報を入力していきます。入力できる情報は，「名前」「型」「幅」「小数桁数」「ラベル」「値」「欠損値」「列」「配置」「尺度」「役割」です。4つ目の変数（sex）について詳しくみていきましょう[*12]。

・名前：変数の名前を指定します。性別を示す変数としてsexという名前

*12 ここでは例のため詳しく解説していますが，実際にデータを作成する際は，個々の設定についてそれほど神経質にならなくても良いと思います。

を付けてみます（変数名は日本語を使うこともできます）。
・型：デフォルト[*13]では「数値」が選ばれています。セルをクリックすると「変数の型」ウィンドウが開きます（図 2.6）。「数値」の他に様々なオプションがありますが，本書では「数値」が選ばれることがほとんどです。たまに「文字列」を利用することもあるくらいです。変数の型として「数値」を選んだ場合，この「変数の型」ウィンドウで，「幅」と「小数桁数」を設定することもできます。ここでは，「数値」を選んでおきます。

[*13] 特にユーザーが指定しない場合に，選ばれている最初の設定。

図 2.6 「変数の型」ウィンドウ

・幅：変数の桁数を指定します。デフォルトでは 8 という値が指定されています。桁数の大きな数値を扱う場合，また，文字列を扱う場合に，幅の数値を大きくする場合があります。ここでは，sex の幅は 8 にしておきます。
・小数桁数：データビューで表示される小数桁数を指定します。デフォルトでは 2 という値が指定されています。変数が，整数しか値を取らないものである場合は，小数桁数を 0 としておく方が見やすくなります。ここでも，sex の小数桁数は 0 にしておきます。
・ラベル：変数の内容を詳しく説明する文章を書いておくことができます。ここでは「性別」と書いておきます。
・値：sex は 0 と 1 という 2 つの値を取る変数です。SPSS データを作る際に，「男性」「女性」と文字で入力するのではなく，0 と 1 の数値で入力することにします。0 が男性を，1 が女性を表すことを SPSS データに記録します。このためには，「sex」の行（4 行目）の「値」の列（6 列目）のセルをクリックします（図 2.7）。すると，「なし」と書かれている右側の部分に

「…」のように表示されます。ここをクリックしてください。

	名前	型	幅	小数桁数	ラベル	値
1	school	数値	8	0	学校	なし
2	class	数値	8	0	クラス	なし
3	id	数値	8	0	学生番号	なし
4	sex	数値	8	0	性別	なし
5	j1	数値	8	0	j1: 今のところ, 国語は得意だと思いますか？	なし

図 2.7　変数の値にラベルを設定する

すると，図 2.8 のような「値ラベル」ウィンドウが開きます。0 = 男性，1 = 女性となるように指定します。「値」の欄に「0」を，「ラベル」の欄に「男性」を入力したら，「追加」をクリックしてください。「追加」の右のボックスに「0 = "男性"」と表示されたのが確認できます。同様に，「値」の欄に「1」を，「ラベル」の欄に「女性」を入力して「追加」をクリックします[*14]。「OK」をクリックして戻ります。こうして，sex という変数の 0 と 1 という値に，男性，女性というラベルを付けることができました[*15]。

*14 「値」の欄に入力する 0 と 1 という数字は半角で入力してください。

*15 このように，データ入力は数値で行い，値ラベルを使って，数値に具体的な情報を割り当てる（例：0 という数値に男性というラベルを割り当てる）方法は，SPSS で多用されます。そしてとても強力な方法です。よく覚えておきましょう。

図 2.8　「値ラベル」ウィンドウ

・列：「データビュー」で表示される各変数のセルの横幅のサイズを指定します。パソコンの画面上に一度に確認できる情報量（変数の数）を増やしたい時は，この数値を小さくしておくと便利です[*16]。ここもデフォルトで指定されている 8 という値を選んでおきます。
・尺度：変数の尺度水準を指定します[*17]。「名義」「順序」「スケール」か

*16 ただし，数値を小さくしすぎてしまうと，変数の値がつぶれてしまい見えなくなることもあります。

*17 尺度水準については，3-3 節をご覧ください。

	名前	型	幅	小数桁数	ラベル	値	欠損値	列	配置	尺度	役割
1	school	数値	8	0	学校	なし	なし	8	右	名義	入力
2	class	数値	8	0	クラス	なし	なし	8	右	名義	入力
3	id	数値	8	0	学生番号	なし	なし	8	右	名義	入力
4	sex	数値	8	0	性別	{0, 男性}...	なし	8	右	名義	入力
5	j1	数値	8	0	j1: 今のところ、国語は得意だと思いますか？	なし	なし	8	右	スケール	入力
6	j2	数値	8	0	j2: 今のところ、国語のテストでよい点を取っていると思いますか？	なし	なし	8	右	スケール	入力
7	j3	数値	8	0	j3: 今のところ、あなたにとって国語は難しいと思いますか？	なし	なし	8	右	スケール	入力
8	j4	数値	8	0	j4: 今のところ、国語の授業は理解できていると思いますか？	なし	なし	8	右	スケール	入力
9	j5	数値	8	0	j5: 今のところ、通知表で国語の成績はいいほうだと思いますか？	なし	なし	8	右	スケール	入力
10	j6	数値	8	0	j6: 今のところ、国語ではもの覚えがいいと思いますか？	なし	9999	8	右	スケール	入力
11	j7	数値	8	0	j7: あなたの国語の学力は、あなたの学校全体の中でどのくらいですか	なし	なし	8	右	スケール	入力
12	j8	数値	8	0	j8: あなたの国語の学力は、日本の一般的な高校生と比較すると、どのくらいですか？	なし	なし	8	右	スケール	入力
13											

図 2.9　変数ビューで入力する情報

ら選ぶことができます。sex という変数は，男性か女性かの性別を表す質的な変数です。ここでは「名義」を選んでおきます。「尺度」の列のセルをクリックすると，プルダウンメニューが表示され，名義・順序・スケールのどれかを選択できるようになります。

・役割：ここでは詳しく説明はしませんが，「入力」を選んでおいてください。

以上で，変数ビューにおける変数の情報の入力は終わりです。ここでは性別を示す変数 sex のみを取り上げて紹介しましたが，他の変数については，図 2.9 のように入力してください。「尺度」については，school から sex までが「名義」，j1 から j8 は「スケール」を選びます。

2-2-4 「データビュー」でデータを入力する

「変数ビュー」で変数に関する情報の入力が終わったら，続いて，いよいよデータの入力です。「データビュー」に移動して，データを入力してください（図 2.10）。なお，図 2.10 をみると（あるいは表 2.2 でも同様ですが），7 行目（7 番目の人）の「j6」の値が「.」（ピリオド）となっています。これはそのデータが欠損値であることを意味しています[18]。

なお，欠損値は自由に指定することもできます。例えば，「9999」と入力した場合，欠損値を意味することにしたい時は，変数ビューに移動して，j6 の「欠損値」のセルをクリックしてください。「欠損値」ウィンドウ（図 2.11）が開くので，「個別の欠損値」に「9999」と入力して「OK」をクリックすれば，9999 が欠損値を意味するようになります。欠損値は分析の対象

[18] SPSS では特に指定しない場合，「.」（半角のピリオド）が欠損値を意味します。

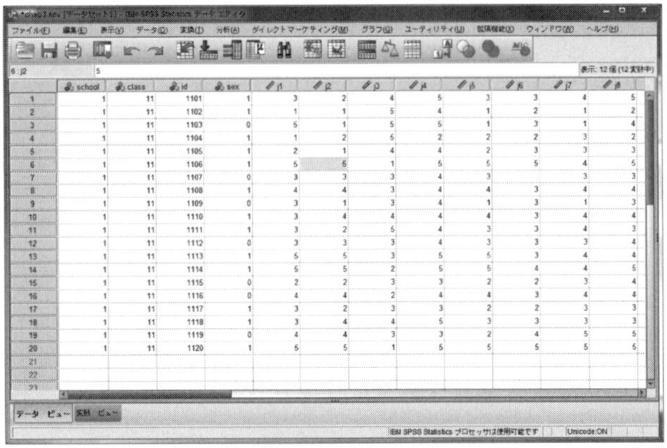

2-3　SPSS で簡単な分析を実行してみる

図 2.11　「欠損値」ウィンドウ

図 2.10　データビューでのデータの入力

から除外されます。

　12 変数 20 名分のデータをデータビューで入力して，図 2.10 のような SPSS データを完成させることができました。データの入力が完了したら，データを保存しておきましょう[19]。「IBM SPSS Statistics データ エディタ」ウィンドウをアクティブにして，SPSS メニューの「ファイル」→「名前を付けて保存」を選び，適当なフォルダを指定して SPSS データを保存します[20]。

[19]　データの数が大量になるほど，データ入力をしながら，こまめに保存をすることを忘れないようにしましょう。

[20]　SPSS データをファイルに保存するときは，.sav 形式を選んでください。特に操作をしなければデフォルトでこの形式が選ばれるはずです。

2-3　SPSS で簡単な分析を実行してみる

　2-2 節で作成した SPSS データ（簡易データ）を用いて，SPSS で簡単な分析を実行してみましょう。ここでは，質的変数である sex（性別）について，度数分布表，棒グラフといった視覚的分析，そして，量的変数である j1（今のところ，国語は得意だと思いますか？）について，度数分布表，ヒストグラムといった視覚的分析，平均や標準偏差などの基本統計量の算出を行います[21]。

[21]　棒グラフとヒストグラムの違いについては，3-4-1 項で解説を行います。

2-3-1　質的変数についての視覚的分析

　sex（性別）は，男性（0）か女性（1）の値を取る質的な変数です。質的

な変数では，取り得る値どうしを足し算したりかけ算したりということはできませんので，値の出現回数（頻度）を数えることが分析の基本となります。このため，度数分布表と棒グラフを作成してみましょう。度数分布表や棒グラフは，データを図表化することで，データの特徴をわかりやすく表現する「視覚的分析」[22]と呼ばれる分析の一種です。

「IBM SPSS Statistics データ エディタ」ウィンドウをアクティブにして，SPSS メニューの「分析」→「記述統計」→「度数分布表」と選んでいきます[23]（図 2.12）。

すると，図 2.13 のような「度数分布表」ウィンドウが開くので，変数の

[22] 視覚的分析は，英語では visual analysis と呼ばれます。

[23] 度数分布表と棒グラフの作成は，「分析」→「記述統計」→「度数分布表」を選択し，変数を指定し，「統計量」と「図表」の決定をすることで行えます。

図 2.12 「度数分布表」を選択

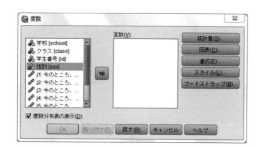

図 2.13 「度数分布表」ウィンドウその 1

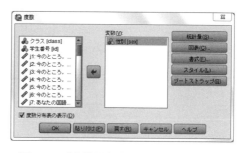

図 2.14 「度数分布表」ウィンドウその 2

一覧から「性別 [sex]」を選んで，そのすぐ右にある ▶ のアイコンをクリックします。すると，「変数」ボックスの中に「性別 [sex]」が移動します[24]（図 2.14）。

「度数分布表」ウィンドウの左下，「OK」の上の部分に「度数分布表の表示」と書かれていて，その左側のチェックボックスにチェックが入っていることを確認してください。「図表」ボタンをクリックします。「度数分布表：図表の設定」ウィンドウが開きます（図 2.15）。「図表の種類」の中から「棒グラフ」を選んでください。「続行」をクリックして元の画面に戻ります。「OK」をクリックすると，分析が実行され，度数分布表と棒グラフ

[24] 図 2.13 や図 2.14 をみるとわかるように,変数の名前として表示されるのは，「変数ビュー」の「ラベル」の列に書いたものが先に来ます。その後で，「変数ビュー」の「名前」の列に書いた変数名が [] の中に表示されます。

図 2.15 「度数分布表：図表の設定」ウィンドウ

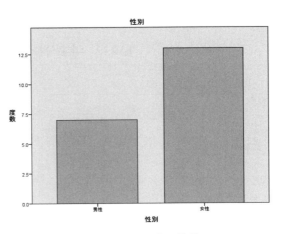

図 2.16 性別に関する度数分布表の出力結果 　　図 2.17 性別に関する棒グラフ

が「IBM SPSS Statistics ビューア」ウィンドウに表示されます[*25]。

　性別に関する度数分布表の出力結果が図 2.16，その棒グラフが図 2.17 です。20 名のうち，男性が 7 名，女性が 13 名であることがわかりました。

2-3-2　量的変数についての視覚的分析・基本統計量の算出

　j1（「今のところ，国語は得意だと思いますか？」）は，1 から 5 の値を取ります。2-2-1 項でコーディングしたように，数値が大きいほど「得意」であることを，数値が小さいほど「苦手」であることを意味しています。数値が大きいほど，得意である程度が大きいということです。このように，j1 は取り得る値（1 から 5）の間に大小関係が存在する「量的変数」です。量的変数である j1（「今のところ，国語は得意だと思いますか？」）について視覚的分析を行ってみましょう。2-3-1 項で取り上げた質的変数である sex（性別）と同様に，度数分布表を作成することができます。そして，sex の時は棒グラフを作成しましたが，j1 についてはヒストグラムを作成します。

　心理学研究ではこの j1 のような変数を「間隔尺度」の変数として扱い，変数の取り得る値どうしの加減（足し算と引き算）を許容しています。このため，j1 については平均や標準偏差など統計量を算出することができます[*26]。SPSS で j1 について基本統計量を計算してみましょう。では，実際に SPSS での分析を行ってみましょう。

　「IBM SPSS Statistics データ エディタ」ウィンドウをアクティブにして，SPSS メニューの「分析」→「記述統計」→「度数分布表」と選んで

[*25] この時点で，出力ファイル名は「出力 1」という名前になっています。この名前は自由に変更して分析結果を保存することができます。

[*26] 平均や標準偏差については，3-4-2 項を参照してください。

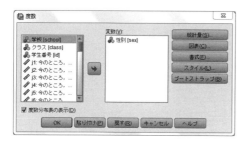

図 2.18　「度数」ウィンドウその 1

図 2.19　「度数」ウィンドウその 2

2-3 SPSSで簡単な分析を実行してみる

*27 度数分布表とヒストグラムの作成は、「**分析**」→「**記述統計**」→「**度数分布表**」を選択し、変数を指定し、「統計量」と「図表」の決定をすることで行えます。

いきます[*27]。ここまでは、sex（性別）の時と全く同じです。2-3-1項の分析から続けて実行した場合、先にsex（性別）の度数分布表と棒グラフを作成したため、「変数」ボックスの中に「性別[sex]」がリストされています（図2.18）。このままでも分析はできますが、「性別[sex]」を「変数」ボックスから取り除いて、代わりにj1を「変数」ボックスに入れてみることにしましょう。

図2.18で、「変数」ボックスにある「性別[sex]」をクリックし、「変数」ボックスの左にある、をクリックすると、「変数」ボックスから「性別[sex]」が削除され、左側の変数一覧に戻ります（図2.19）。この状態で、今度はj1をクリックして、をクリックすると、「変数」ボックスに「今のところ、国語は得意だと思いますか？[j1]」が表示されます（図2.20）。

図2.20の「度数分布表」ウィンドウで、「OK」の上の部分に「度数分布表の表示」と書かれていて、その左側のチェックボックスにチェックが入っていることを確認してください。「図表」ボタンをクリックします。「度数分布表：図表の設定」ウィンドウが開きます（図2.21）。「図表の種類」の中から「ヒストグラム」を選んでください。「続行」をクリックして元の画面に戻ります。今度は「統計量」ボタンをクリックしてください。「度数分布表：統計」ウィンドウが開きます（図2.22）。「中心傾向」の枠内にある「平均値」「中央値」「最頻値」にチェックを入れてください。また、「散らばり」の枠内にある「標準偏差」「分散」「最小値」「最大値」にチェックを入れてください。「続行」をクリックして元に戻ります。「OK」をクリックす

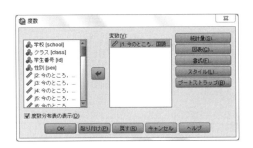

図2.20 「度数」ウィンドウ

図2.21 「度数分布表：図表の設定」ウィンドウ

ると，分析が実行され，分析結果が「IBM SPSS Statistics ビューア」ウィンドウに表示されます。

「今のところ，国語は得意だと思いますか？［j1］」に関する度数分布表の出力結果が図 2.23，そのヒストグラムが図 2.24 です。

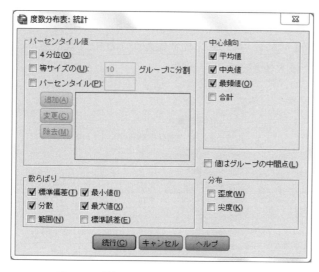

図 2.22 「度数分布表：統計」ウィンドウ

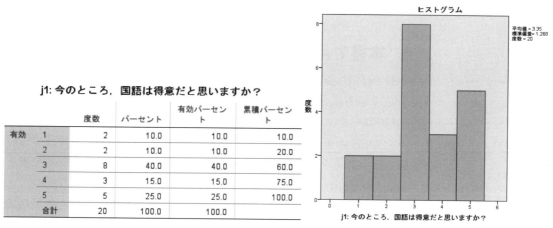

図 2.23　j1 について度数分布表　　　　図 2.24　j1 についてヒストグラム

ヒストグラム（図 2.24）をみると，1 から 5 という変数の値の分布状況がよくわかります。この j1 については，3 が最も多く（度数は 8），次いで 5（度数は 5），4 と続いています。1 と 2 への回答が少ない（ともに度数は 2）が，1 から 5 までまんべんなく分布していることが確認できます。

図 2.25 には，基本統計量の計算結果が示されています。j1 について代表値[*28]をみてみると，平均は 3.35，中央値は 3，最頻値も 3 です。散らばりの指標（散布度）[*29]については，標準偏差が 1.268，分散が 1.608（ = 1.268^2），最小値は 1 で最大値が 5 となります。

[*28] 代表値とは，データを 1 つの値で代表させるための統計量です。統計量とは，データの値を用いて計算される平均や標準偏差などを意味しています。

[*29] 散布度とは，データのばらつきの大きさを表す統計量です。主な散布度として，分散，標準偏差，平均偏差，範囲（レンジ）などがあります。これらの指標については，3 章を参照してください。

統計量
j1: 今のところ，国語は得意だと思いますか？

度数	有効	20
	欠損値	0
平均値		3.35
中央値		3.00
最頻値		3
標準偏差		1.268
分散		1.608
最小値		1
最大値		5

図 2.25　j1 について基本統計量

2-4　本書で用いる SPSS データについて

2-2 節では，12 変数 20 名の小さなデータ（簡易データ）から，SPSS データを作成する方法を紹介しました。SPSS データ作成の手順を整理すると，「データのコーディング」→「SPSS の変数ビューで変数に関する情報を入力」→「SPSS のデータビューにデータを入力」という流れになります[*30]。2-3 節では，この小さな SPSS データを用いて簡単な分析（視覚的分析と基本統計量の算出）を実行しました。

次章以降では，鈴木・武藤（2013）の実際の研究で用いられた質問紙調査データと同じ規模のデータを使って，SPSS による統計分析の手順を詳

[*30] SPSS データ作成の手順は，「データのコーディング」→「SPSS の変数ビューで変数に関する情報を入力」→「SPSS のデータビューにデータを入力」

しく紹介していきます[31]。このSPSSデータは，図2.26と図2.27のようになっています。

読者の皆さんは，このSPSSデータを東京図書のホームページ[32]の本書紹介ページからダウンロードしてください。そして，SPSSを起動して，本書に書かれた操作を実行しながら，次章以降の内容を学んでいくようにしてください。

[31] 繰り返しになりますが，鈴木・武藤(2013)のデータは，35変数569名の大規模なデータです。

[32] URLは，http://www.tokyo-tosho.co.jp/ です。

図2.26 本書で用いるSPSSデータ（変数ビュー）

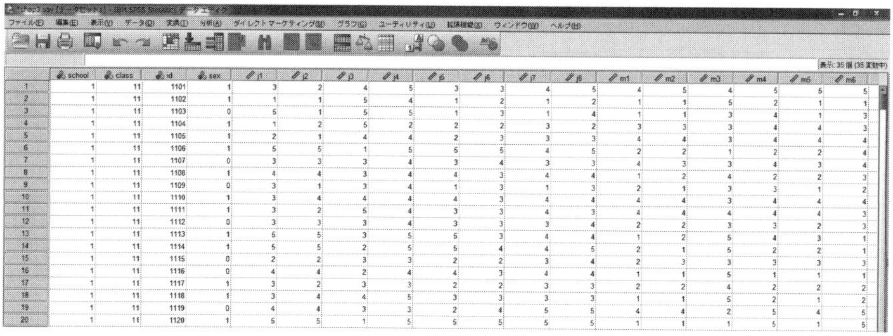

図2.27 本書で用いるSPSSデータ（データビュー）

3章 項目分析

本章以降では，鈴木・武藤（2013）の実際の研究で用いられた質問紙調査データと同じ規模のデータを使って，SPSSによる統計分析の手順を詳しく紹介していきます。本章ではまず，前章までの復習をかねて，鈴木・武藤（2013）データの確認をします。次に，プロフィール項目の分析と，1つ1つの質問項目について，視覚的分析や要約統計量の算出といった記述統計の手順を紹介します[1]。

本章で学ぶこと	・プロフィール項目の分析 ・質問項目についての記述統計的分析

[1] 尺度得点に関する分析については，6章を参照してください。

3-1 鈴木・武藤（2013）データを確認する

すでに2章の最後でも紹介していますが，本書で分析していくことになる，鈴木・武藤（2013）のSPSSデータ[2]をもう一度振り返って確認しておきます。このデータは，東京図書のホームページ[3]の本書紹介ページからダウンロードすることができます。

鈴木・武藤（2013）データに含まれる変数を列挙すると，表3.1のようになります。調査回答者の属性を問う，school（学校），class（クラス），id（学生番号），sex（性別）に続いて，j1からj8とm1からm8は，それぞれ国語と数学に対する「学業的自己概念」尺度[4]，「学校内での相対的な学業水準の知覚」，「一般的な高校生との相対的な学業水準の知覚」です。goal1からgoal12が「達成目標」尺度[5]です。bunriが文理の志望を表します。そして，japaneseとmathは，大手予備校の全国模試の国語と数学の偏差値です。

[2] 本書ではこれ以降「鈴木・武藤（2013）データ」と呼ぶことにします。

[3] URL: http://www.tokyo-tosho.co.jp/

[4] 尺度については，市原（2007）を参照してください。

[5] 尺度については，田中・山内（2000）を参照してください。

3-1 鈴木・武藤（2013）データを確認する

表 3.1 鈴木・武藤（2013）データの概要

変数名	ラベル	値
school	学校	
class	クラス	
id	学生番号	
sex	性別	0：男性，1：女性
j1 から j8	「国語の学業的自己概念」尺度 6 項目，「国語の学校内での相対的な学業水準の知覚」1 項目，「国語の一般的な高校生との相対的な学業水準の知覚」1 項目	
m1 から m8	「数学の学業的自己概念」尺度 6 項目，「数学の学校内での相対的な学業水準の知覚」1 項目，「数学の一般的な高校生との相対的な学業水準の知覚」1 項目	
goal1 から goal12	「達成目標」尺度 12 項目（田中・山内, 2000）	
bunri	文理志望	0：文系，1：理系
japanese	全国模試・国語の偏差値	
math	全国模試・数学の偏差値	

図 3.1 は，鈴木・武藤（2013）データを SPSS の画面で表示させたものです。この画面は「変数ビュー」の画面です。鈴木・武藤（2013）データは，5 つの質的変数と 30 の量的変数からなるデータとなっています[*6]。

*6 質的変数と量的変数については，本章 3-3 節を参照してください。

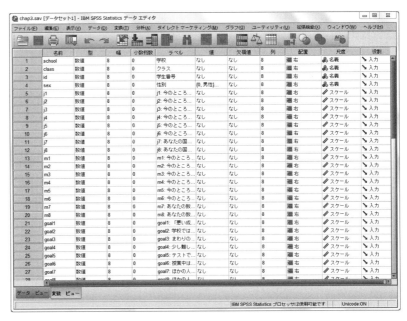

図 3.1 鈴木・武藤（2013）データ（変数ビュー）

3-2 プロフィール項目の分析

SPSSデータを手に入れたら，因子分析[*7]や検定[*8]など（やや）高度な分析をいきなりするのではなく，まずは1つ1つの項目（変数）について丁寧にみていくことが必要です。これは「項目分析」と呼ばれます。項目分析では，視覚的な分析（ヒストグラムや棒グラフなど），データの要約（記述統計）を行い，個々の変数の特徴を概観します。本節では，回答者の属性に関する項目[*9]について分析していくことにします。

3-2-1 度数分布表と棒グラフ

鈴木・武藤（2013）データには，回答者の属性に関する項目として，school（学校），class（クラス），sex（性別），bunri（文理志望）があります。これらについて，度数分布表と棒グラフを作成してみましょう[*10]。SPSSのメニューから「分析」→「記述統計」→「度数分布表」と選びます[*11]（図3.2）。

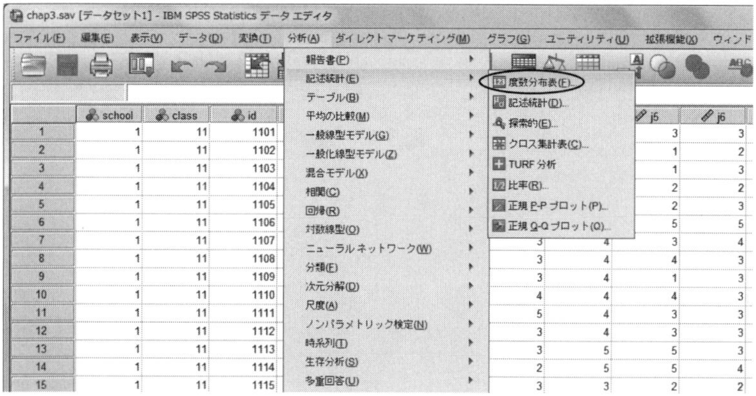

図 3.2 「度数分布表」を選択

すると，「度数」ウィンドウが開きます。「性別 [sex]」をクリックして選択し，「▶」をクリックすると，「変数」の枠の中に「性別（sex）」が移動します（図3.3）。「度数分布表の表示」にチェックが入っていますが，このままにしておいてください[*12]。「度数」ウィンドウの「図表」ボタンをクリッ

[*7] 5章を参照してください。

[*8] 7章を参照してください。

[*9] これをプロフィール項目といいます。

[*10] クラス（class）については，章末の練習問題で，読者の皆さん自身が分析してみてください。

[*11] 度数分布表と棒グラフの作成は，「**分析**」→「**記述統計**」→「**度数分布表**」を選択し，変数を指定し，「統計量」と「図表」の決定をすることで行えます。

[*12] このチェックを外してしまうと，度数分布表が作成されず，棒グラフだけになってしまいます。さらに「度数分布表：図表の設定」ウィンドウの「グラフの種類」で，「棒グラフ」を選ばずに「なし」とすると，「すべての出力を中止しました。出力オプションを選択しない限り，この手順は実行されません。」という注意が表示されてしまいます。

クします。すると，「度数分布表：図表の設定」ウィンドウが開きます（図3.4）。「グラフの種類」の中から「棒グラフ」を選んでクリックして*13，「続行」ボタンを押して1つ前の画面に戻ります。「度数」ウィンドウで「OK」ボタンをクリックすると，性別について，度数分布表（図3.5）と棒グラフ（図3.6）が作成されます。

表（図3.5）と棒グラフ（図3.6）をみると，男女の人数がほぼ同じくらいで，男性がやや多いことがわかります。度数分布表（図3.5）には正確な数値が示され，男性287人，女性281人であることがわかりました。同様

＊13　初期状態（デフォルトの状態）では，グラフの種類として「なし」が選ばれています。このままでは，SPSSの命令を実行しても何のグラフも出力されません。

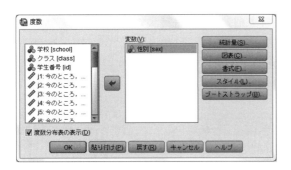

図3.3　「度数」ウィンドウ

図3.4　「度数分布表：図表の設定」ウィンドウ

統計量

性別

度数	有効	568
	欠損値	0

性別

		度数	パーセント	有効パーセント	累積パーセント
有効	男性	287	50.5	50.5	50.5
	女性	281	49.5	49.5	100.0
	合計	568	100.0	100.0	

図3.5　性別の度数分布表

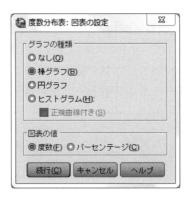

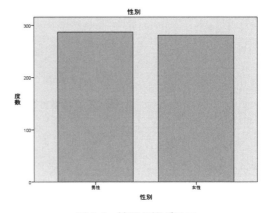

図3.6　性別の棒グラフ

に，学校（school），文理志望（bunri）についても，度数分布表と棒グラフを作成してみましょう。図3.7のように，「度数」ウィンドウの「変数」の枠に複数の変数を一度に入れることができます。こうすると，同時に複数の変数について度数分布表と棒グラフを作成することが可能です[*14]。度数分布表は図3.8のようになります。棒グラフは図3.9と図3.10です。3つの学校がありますが，学校1（239名），学校2（173名），学校3（156名）の順に度数が多いことがわかります。文理志望をみると，文系（238名）よりも理系（330名）が多くなっています。

[*14] 複数の項目を同時に選択するためには，「Ctrl」キーを押したまま項目をクリックします。もちろん，項目を1つだけ選択して▶をクリックし，「変数」ボックスに移動させる，という作業を繰り返すことでも，複数の項目を移動させることはできます。

図3.7 「度数」ウィンドウ

学校

		度数	パーセント	有効パーセント	累積パーセント
有効	1	239	42.1	42.1	42.1
	2	173	30.5	30.5	72.5
	3	156	27.5	27.5	100.0
	合計	568	100.0	100.0	

文理志望

		度数	パーセント	有効パーセント	累積パーセント
有効	文系	238	41.9	41.9	41.9
	理系	330	58.1	58.1	100.0
	合計	568	100.0	100.0	

図3.8 学校と文理志望の度数分布表

3-2 プロフィール項目の分析

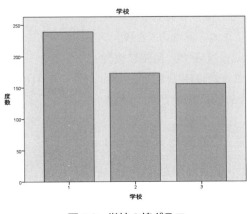

図 3.9 学校の棒グラフ

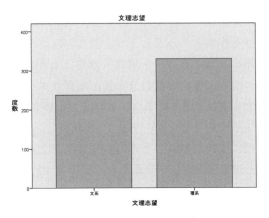

図 3.10 「文理志望」の棒グラフ

3-2-2 クロス集計表

3-2-1 項では，度数分布表と棒グラフを用いて，回答者の属性に関する項目[*15]1つ1つについて分析を行いました。しかし，「文理志望は，性別によって人数比が違うのだろうか？」といった検討をしたい場合，プロフィール項目どうしの関係をみていくことが必要です。本項では，こうしたプロフィール項目どうしの関係[*16]をみる方法として，クロス集計表による分析を紹介します。

文理志望（bunri）と性別（sex）のクロス集計表を作成してみましょう。SPSS のメニューから「分析」→「記述統計」→「クロス集計表」と選びます[*17]（図 3.11）。

[*15] このような項目をプロフィール項目と呼びます。

[*16] 性別や文理志望などのプロフィール項目は，質的変数です。質的変数どうしの関係のことを連関（association）と呼びます。一方で，量的変数どうしの関係のことを相関（correlation）と呼びます。相関については，4章で取り上げます。

[*17] クロス集計表の作成は，「分析」→「記述統計」→「クロス集計表」を選択し，変数の選択と「統計量」「セル」の決定をすることで行えます。

図 3.11 「クロス集計表」を選択

すると,「クロス集計表」ウィンドウが開くので(図3.12),「行」の枠に「文理志望[bunri]」を,「列」の枠に「性別[sex]」をそれぞれ入力します[*18]。図3.12の「統計量」ボタンをクリックすると,「クロス集計表:統計量の指定」ウィンドウが開きます(図3.13)。「カイ2乗」と「名義」の中の「PhiおよびCramer V(P)」にチェックを入れて,「続行」ボタンを

[*18] 変数一覧から枠に入れる変数(例えば「文理志望[bunri]」)を選択して,「行」の左にある矢印 → をクリックすると,「行」の枠の中に文理志望が入ります。

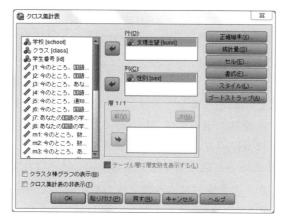

図3.12 「クロス集計表」ウィンドウ

図3.13 「クロス集計表:統計量の指定」ウィンドウ

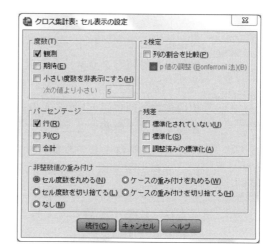

図3.14 「クロス集計表:セル表示の設定」ウィンドウ

3-2 プロフィール項目の分析

押して1つ前の画面に戻ります。図3.12の「セル」ボタンをクリックすると、「クロス集計表：セル表示の設定」ウィンドウが開きます（図3.14）。「パーセンテージ」の枠中の「行」にチェックを入れて、「続行」ボタンを押して1つ前の画面に戻ります。「OK」ボタンをクリックすると、クロス集計表が作成されます（図3.15）。

　図3.15に示された2つめの表がクロス集計表です。文理志望が行方向に、性別が列方向に示されています。文系についてみると、男性が96名、女性が142名。「文系志望の％」の行は、文系志望の学生の中での、男性と女性の比率を表しています。この行をみると、文系志望の高校生のうち、男性は40.3％で、女性は59.7％であるとわかります。このことから、文系は女性の方が多いことがわかります。理系についてみると、男性が191名、女性が139名です。理系志望の％は、男性が57.9％、女性が42.1％と、文系とは逆に、理系は男性の方が多くなっています[19]。

　図3.15の3つめの表には「カイ2乗検定」というタイトルがついています。ここでは、カイ2乗検定による独立性の検定の結果が示されています。この結果の読み取りについては9-4節をご覧ください。

　図3.15の4つめの表には「対称性による類似度」というタイトルがついています。この表に示されている、「ファイ」はファイ係数（ϕ係数）、「CramerのV」はクラメールの連関係数で、いずれも質的変数どうしの連関の強さの指標としてよく利用されるものです[20]。2×2のクロス集計表[21]では、ϕ係数の絶対値とクラメールの連関係数の値は一致します[22]。ここではどちらも .173 という値になっています[23]。ϕ係数は相関係数の特別な場合で、相関係数と同様に−1から1の範囲を取ります。−.173 という値は弱い負の連関があると解釈することができるでしょう。性別という変数について、男性は0、女性は1という値になるようにコーディングをしています。同様に、文理志望という変数について、文系は0、理系は1となるようにコーディングをしています。性別と文理志望の間に弱い負の連関があるということは、女性（1）ほど、文系（0）を選択する[24]傾向がみられるということになります。

　同様に、学校（school）と性別（sex）のクロス集計表を作成してみましょう[25]。図3.16のようなクロス集計表ができましたか。学校1は男性が

[19] ここで、文系・理系それぞれについて男女の％が表示されたのは、「セル表示の設定」で「行」にチェックを入れたからです。「列」にチェックを入れると、男性・女性それぞれについて文理の％が表示されるようになります。目的に応じて使い分けると良いでしょう。

[20] ϕ係数、クラメールの連関係数については、山田・村井（2004）のⅢ-5を参照してください。

[21] 例に示した、文理志望×性別のように、どちらも2つの値を取る質的変数の場合、クロス集計表は「2×2のクロス集計表」と呼ばれます。行の数rと列の数cを用いて、r×cのクロス集計表と呼ぶのです。

[22] ϕ係数が正負の値を取るのに対して、クラメールの連関係数は負の値を取りません。

[23] 絶対値ではなく、ϕ係数の値そのものは、−.173 となります。

[24] 言い換えると、男性（0）ほど、理系（1）を選択するということです。

[25] このクロス集計表は、3×2のクロス集計表と呼ばれます。

処理したケースの要約

	ケース					
	有効数		欠損		合計	
	度数	パーセント	度数	パーセント	度数	パーセント
文理志望*性別	568	100.0%	0	0.0%	568	100.0%

文理志望 と 性別 のクロス表

			性別		合計
			男性	女性	
文理志望	文系	度数	96	142	238
		文理志望 の %	40.3%	59.7%	100.0%
	理系	度数	191	139	330
		文理志望 の %	57.9%	42.1%	100.0%
合計		度数	287	281	568
		文理志望 の %	50.5%	49.5%	100.0%

カイ 2 乗検定

	値	自由度	漸近有意確率 (両側)	正確な有意確率 (両側)	正確有意確率 (片側)
Pearson のカイ 2 乗	17.023[a]	1	.000		
連続修正[b]	16.329	1	.000		
尤度比	17.112	1	.000		
Fisher の直接法				.000	.000
線型と線型による連関	16.993	1	.000		
有効なケースの数	568				

a. 0 セル (0.0%) は期待度数が 5 未満です。最小期待度数は 117.74 です。
b. 2x2 表に対してのみ計算

対称性による類似度

		値	近似有意確率
名義と名義	ファイ	-.173	.000
	Cramer の V	.173	.000
有効なケースの数		568	

図 3.15 文理志望と性別のクロス集計表

学校 と 性別 のクロス表

			性別		合計
			男性	女性	
学校	1	度数	139	100	239
		学校 の %	58.2%	41.8%	100.0%
	2	度数	78	95	173
		学校 の %	45.1%	54.9%	100.0%
	3	度数	70	86	156
		学校 の %	44.9%	55.1%	100.0%
合計		度数	287	281	568
		学校 の %	50.5%	49.5%	100.0%

図 3.16 学校と性別のクロス集計表

多く（男性 58.2%，女性 41.8%），学校 2（男性 45.1%，女性 54.9%）と学校 3（男性 44.9%，女性 55.1%）は女性が少し多いことがわかります[*26]。このように，クロス集計表を用いることで，プロフィール項目どうしの関係を捉えることができるようになります。

[*26] ここでは出力の中から，クロス集計表のみを示しました。

3-3 変数の種類と尺度水準

　ここで，変数の種類と尺度水準について説明します。変数の種類によってデータ分析の方法が変わります。同様に，尺度水準に応じて適用できる分析方法が異なるため，これらについて理解しておくことは，適切な分析方法を選択できるようになるためにも重要なことになります。

3-3-1　質的変数と量的変数

　前節では，回答者の属性を示すプロフィール項目の分析について解説しました。性別や学校などは，質的変数と呼ばれる変数です[*27]。一方，次節で取り上げる，国語と数学に対する「学業的自己概念」尺度の各項目や「大手予備校の全国模試の偏差値」は量的変数です[*28]。質的変数の分析では，度数分布表と棒グラフ，クロス集計表などの視覚的表現が中心となります。一方，量的変数の分析では，度数分布やヒストグラム，散布図などの視覚的表現と，代表値と散布度，相関係数といった統計量を用いた分析が中心となります。統計量を用いることで，データの特徴をいくつかの数値で表すことができるようになります。

3-3-2　4つの尺度水準

　「尺度」とは，何かを測定するための物差しのことです。「心理尺度」とは，目に見えない潜在的な構成概念である心理的特性を数値として表現するための道具です。例えば，「国語の学業的自己概念」尺度では，j1からj6の6項目への回答を得点化し[*29]，各項目の得点を合計したものを，「国語の学業的自己概念」尺度得点としています[*30]。このように，対象に数値を割り当てる規則のことを，一般に尺度[*31]というのです[*32]。

　尺度には性能の違いがあり，これを尺度水準と呼びます。性能の高いものから，比率尺度，間隔尺度，順序尺度，名義尺度という4つの尺度水準があります。比率尺度は最も水準の高い尺度です。特徴は0という絶対的な原点を持つことです。0は何もないことを意味します。体重が0kgといったら重さがないことを意味します。そして，比率尺度では，20kgは10kgの2倍である，というふうに値どうしの倍数関係を扱うことができます。間

[*27] そもそも「変数」とは何でしょうか。山田・村井（2004）では，変数を「個人や状況によって値が変わるもの」であるとしています。そして，変数について沢山の値を集めたものを「データ」と呼びます。

[*28] 質的変数は，分類するための変数。そして，量的変数は「量の大小」が問題となる変数（山田・村井，2004）です。

[*29] 6つの項目j1からj6それぞれについて，1と回答したら1点を，2と回答したら2点を，というふうに各項目の得点を定めます。

[*30] 尺度得点の算出については，6章を参照してください。

[*31] 尺度は，英語ではscaleといいます。

[*32] 南風原（2001a）を参照してください。

隔尺度は0という絶対的な原点を持ちません。しかし，目盛が等間隔であるという特徴を持っています。摂氏温度は0℃が全く熱を持たないことを意味していません[*33]。けれども，10℃と11℃の差と，20℃と21℃の差は，同じ熱量を持つという意味で等しく，目盛は等間隔であるといえます。順序尺度は，目盛が等間隔ではなく，数値の大小関係だけが意味を持ちます。好きな果物ベスト3で，1位：ぶどう，2位：桃，3位：梨，だとします。この時，1位と2位の差と，2位と3位の差は等間隔とはいえなそうです。1位がずば抜けていて，2位と3位が僅差である，という事もあり得るでしょう。しかし，1位，2位，3位という順序性，数値が小さいほど，その果物が好きであるという情報は保持されます。値どうしの大小関係が成り立っています。名義尺度では，値どうしの大小関係もありません。血液型について，1：A型，2：B型，3：O型，4：AB型，と数値を割り当てて分類するとしましょう。この時，数字の大きいAB型の方が，数字の小さいA型よりも優れているといった比較はできません。割り当てられた数値は分類するためのもので，それ以上の意味を持ちません。尺度水準とその特徴をまとめると，表3.2のようになります。

表3.2 尺度水準とその特徴

尺度水準	特徴	可能な計算	扱える変数
比率尺度	0という絶対的な原点を持つ。値どうしの倍数関係を扱える	四則演算すべて ×, ÷, ＋, －	量的変数
間隔尺度	絶対的な原点を持たない。目盛が等間隔	＋, －	量的変数
順序尺度	値の大小関係が意味を持つ	大小関係の比較	量的変数
名義尺度	いくつかのカテゴリに分類するためのもの		質的変数

尺度水準によって，可能な計算や扱える変数の種類が異なることにも注意が必要です[*34]。また，心理学研究では，比率尺度を扱うことはまれです。実際にSPSSデータを作成する場合，「変数」ビューには「尺度」という列があります。ここで選択できるのは，名義，順序，スケールの3つです[*35]。

[*33] 「今日の最低気温は－15℃だった」という場合，－15℃でも熱量を持ちます。0が絶対的な原点ではないというのは，0が何もない（熱を全く持たない）ことを意味していないということです。

[*34] 表3.2では，順序尺度で扱える変数は量的変数であるとしています。これは研究者やテキストによって解釈が異なります。順序尺度で扱えるのは質的変数であるとする立場もあります。

[*35] 「スケール」が間隔尺度に相当します。

3-4 量的変数の分析

3-4-1 視覚的な分析

データ分析の基本は，データを視覚的に表現してみることです。シンプルな分析ですが，データを視覚化することでデータの特徴を捉えることができます。ここでは，量的変数を視覚的に分析する方法として，度数分布表，ヒストグラムを紹介します。

鈴木・武藤（2013）データから，「全国模試・国語の偏差値［japanese］」について，度数分布表とヒストグラムを作成してみます。SPSSのメニューから「分析」→「記述統計」→「度数分布表」と選びます[36]（図3.17）。

すると，「度数」ウィンドウが開くので，「全国模試・国語の偏差値［japanese］」を選択し，▶をクリックして，「変数」の枠に「全国模試・国語の偏差値［japanese］」を入れます（図3.18）。

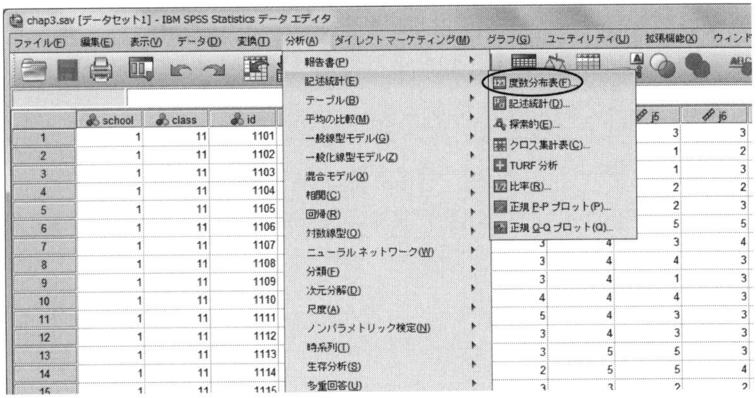

[36] 度数分布表とヒストグラムの作成は，「分析」→「記述統計」→「度数分布表」を選択し，変数の選択，「統計量」と「図表」を決定することで行えます。また，ヒストグラムを作成する方法は，これだけではありません。SPSSのメニューから，「グラフ」→「レガシーダイアログ」→「ヒストグラム」と選び，「変数：」にヒストグラムを作成したい変数を指定することで，同様のヒストグラムを作成することができます。

図3.17 「度数分布表」を選択

図3.18で「図表」ボタンをクリックします。すると，「度数分布表：図表の設定」ウィンドウが開くので，「グラフの種類」から「ヒストグラム」を選びます[37]。「正規曲線付き」のボックスにチェックを入れておきましょう（図3.19）。「続行」をクリックして，「度数」ウィンドウ（図3.18）に戻ったら，「OK」をクリックすると，度数分布表とヒストグラムが作成されます（図3.20）[38]。

[37] ラジオボタンをクリックします。ラジオボタンとは，選択肢のうちの1つを選択する場合に使われるもので，常に1つのボタンだけが押された状態になるボタンです。

[38] ここでは，紙面の都合上，ヒストグラムのみを掲載することにします。

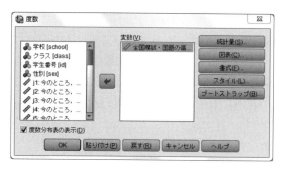

図 3.18 「度数」ウィンドウ

図 3.19 「度数分布表：図表の設定」ウィンドウ

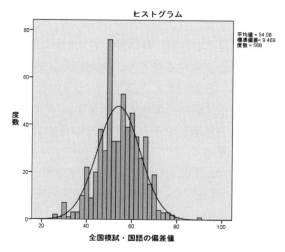

図 3.20 「全国模試・国語の偏差値」のヒストグラム

　図 3.20 には「全国模試・国語の偏差値」のヒストグラムが示されています。図 3.10 の棒グラフ（「文理志望」の棒グラフ）との違いは，棒グラフでは，1つ1つの棒が離れていたのに対して，ヒストグラムでは棒と棒がくっついています。これは連続変数をいくつかの範囲[*39]に区切り，その範囲に属する人数を度数として数え上げているためです。一番度数が多く，ヒストグラムで棒の高さが高い階級は，「49 〜 50」です。全国模試の国語の偏差

[*39] この範囲のことを「階級」といいます。

値を 49 または 50 と自己報告した生徒が合計 76 人（19 + 57）いたことになります。「全国模試・国語の偏差値」のヒストグラムをみると，49〜50 のところがやや度数が多いですが，全体的にみて，正規曲線との重なり具合も良く，左右対称のヒストグラムに近い形状をしていることがわかります。ほとんどの生徒が 20 から 80 の範囲に収まっていますが，80 を超える生徒が一人いることも確認できます[*40]。ヒストグラムはこのように，データ全体の形状を視覚的に把握するのに便利です。

3-4-2　データの要約

3-4-1 項では，量的変数の分析のうち，視覚的表現として度数分布表とヒストグラムを紹介しました。本項では，量的変数を数値で要約することにより，その特徴に迫る方法を紹介します[*41]。具体的には，代表値と散布度という指標を取り上げます。代表値は，データの持つ特徴を 1 つの数値で代表させるもので，平均，中央値，最頻値があります[*42]。散布度は，データの散らばりの大きさを表現する指標で，平均偏差，分散，標準偏差，レンジなどがあります[*43]。分散の求め方は以下のようになります。なお，データの個数（サンプルサイズ）は n であるとします。

1. 「偏差 = データの値 − 平均」をデータの値それぞれについて計算する。
2. 偏差の 2 乗の平均を求める。

このことを数式で書くと，(3.1) 式のようになります。

$$\text{分散} = [(\text{データ 1 の値} - \text{平均})^2 + (\text{データ 2 の値} - \text{平均})^2 \\ + \cdots + (\text{データ } n \text{ の値} - \text{平均})^2] \div \text{サンプルサイズ } n \qquad (3.1)$$

また標準偏差は，分散の正の平方根として計算されます。代表値と散布度を用いることで，量的変数の特徴を数値で表現することが可能です[*44]。このため，心理学研究の論文でも，まず，研究で取り上げる変数の平均や標準偏差を一覧表に示す事から分析結果を掲載することがよく行われます。実際に，鈴木・武藤（2013）でも，表 3.3 のように，研究で扱う変数について，平均と標準偏差が一覧表として示されています[*45]。

[*40] 本書には掲載していませんが，ヒストグラムと一緒に出力された度数分布表を確認すると，89 という偏差値の生徒がひとりいることがわかります。

[*41] このように，量的変数について，そのデータの特徴を数値で要約することが，記述統計において中心的な分析になります。

[*42] 平均，中央値，最頻値それぞれの長所と短所については，山田・村井（2004）などを参照してください。

[*43] レンジは範囲とも呼ばれます。レンジは，データの最大値から最小値を引くことで求められます。

[*44] 代表値や散布度はデータから計算される数値です。こうした指標のことを統計量と呼びます。データの様子を簡潔に説明することから，これらを要約統計量と呼びます。

[*45] 本書で扱う鈴木・武藤（2013）データを分析しても，表 3.3 の結果と数値が一致しません。これは，鈴木・武藤（2013）データが実データではなく，本書のために作成した人工データだからです。この点，留意ください。

表 3.3 各学校の偏差値の平均値・標準偏差および最小値と最大値（鈴木・武藤（2013）を改変）

	平均値	標準偏差	最小値	最大値
国語				
A 校	51.0	8.4	27.0	70.0
B 校	60.3	8.1	31.0	77.0
C 校	55.8	9.4	29.0	72.0
数学				
A 校	54.9	11.1	30.0	76.8
B 校	60.9	9.0	30.0	78.1
C 校	53.8	8.6	38.9	76.0

　鈴木・武藤（2013）データから，「全国模試・国語の偏差値［japanese］」について，要約統計量を求めてみましょう。SPSSのメニューから「分析」→「記述統計」→「記述統計」と選びます[*46]（図3.21）。

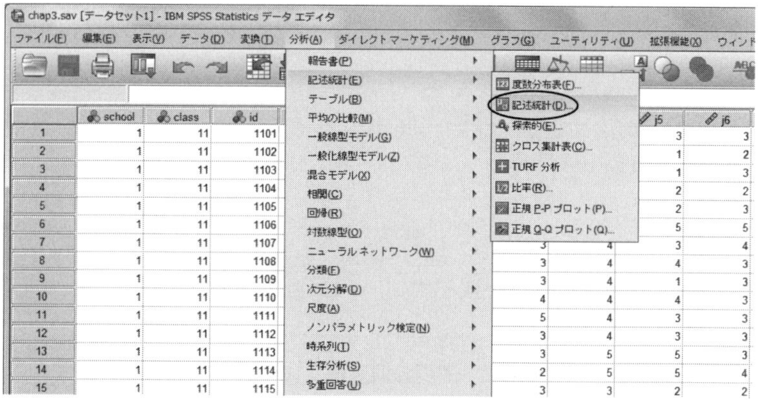

図 3.21 「記述統計」を選択

　すると，「記述統計」ウィンドウが開くので，「全国模試・国語の偏差値［japanese］」を選択し，▶をクリックして，「変数」の枠に「全国模試・国語の偏差値［japanese］」を入れます（図3.22）。

　図3.22で「オプション」ボタンをクリックします。すると，「記述統計：オプション」ウィンドウが開きます（図3.23）。もともと「平均値」「標準偏差」「最小値」「最大値」にはチェックがついています。「分散」と「範囲」

*46 要約統計量の算出は，「分析」→「記述統計」→「記述統計」を選択し，変数の選択と「オプション」を決定することで行えます。

3-4 量的変数の分析

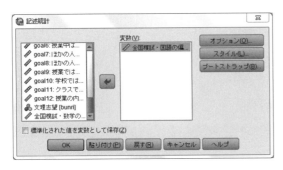

図 3.22 「記述統計」ウィンドウ

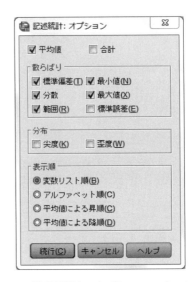

図 3.23 「記述統計:オプション」ウィンドウ

にもチェックを入れておきましょう。「続行」ボタンをクリックして前の画面(図 3.22)に戻ってください。「OK」をクリックすると,要約統計量が算出されます(図 3.24)[47]。

*47 図 3.24 をみるとわかるように,SPSS の出力では「記述統計量」という見出しがついています。平均,標準偏差などの要約統計量は,記述統計量とも呼ばれます。

記述統計量

	度数	範囲	最小値	最大値	平均値	標準偏差	分散
全国模試・国語の偏差値	568	63	26	89	54.06	9.469	89.669
有効なケースの数(リストごと)	568						

図 3.24 「全国模試・国語の偏差値」についての記述統計量

図 3.24 より,全国模試・国語の偏差値についての特徴を読み取ってみましょう。最小値は 26,最大値は 89 です。よって範囲は最大値−最小値= 89 − 26 = 63 となります。平均値は 54.06 です。偏差値は全国平均が 50 となるような指標です[48]。今回の調査対象者の国語の偏差値の平均は 54.06 なので,全国平均よりも,本研究の集団の平均の方がやや値が高くなっていることがわかります。実際に,鈴木・武藤(2013)の研究の対象となった高校はいわゆる学力偏差値の高い進学校ですから,この偏差値の平均値 54.06

*48 偏差値は,平均が 50,標準偏差が 10 である得点で,「標準得点」と呼ばれるものの一種です。

は学力の高い高校生を対象としていることを確認できる結果となっているといえるでしょう。分散は89.669，標準偏差は9.469です。標準偏差は分散の正の平方根として計算される指標です。$\sqrt{89.669} = 9.469$ であり，計算結果は一致します。本研究の対象データから計算した偏差値の標準偏差は9.469なので，少し標準偏差が小さくなっています。このことは，本研究の調査対象者集団が，日本の高校生全体と比べると，均質な集団であることを示唆するものとなっています[*49]。「偏差値の標準偏差は10である」という基準があるため，図3.24で示された「9.469という標準偏差の値」を解釈しやすくなっています。しかし，標準偏差は通常，1つのデータにのみ示されても値の解釈は簡単ではありません。一方で，同一の量的変数のデータに関し，いくつかのグループについて標準偏差が計算されていた場合，標準偏差の値をみることでその量的変数についてグループ間のばらつきの大きさを比較できるようになります。このことについては，すぐ次で説明します。

3-4-3 ファイルの分割を用いて，グループ間比較を行う

表3.3では，調査対象となった3つの高校の（国語と数学の）偏差値の平均・標準偏差（さらに最小値，最大値）が示されています。同様の分析を，SPSSを用いて行ってみましょう。

SPSSのメニューから「データ」→「ファイルの分割」と選びます[*50]（図3.25）。「ファイルの分割」ウィンドウが開くので，「グループの比較」の前のラジオボタンをクリックして，「グループ化変数」に「学校［school］」を入れます。「OK」ボタンをクリックします（図3.26）。

すると，図3.27のように，「IBM SPSS Statistics データエディタ」ウィンドウの右下に「分割 school」と表示されるようになります。これは，データがschool変数の値によって分割された状態で，ここから分析を行うと，学校毎に分析を実行してくれるのです。

先ほどと同様に，「全国模試・国語の偏差値」について記述統計量を算出します。手順は全く同一です。SPSSのメニューから「分析」→「記述統計」→「記述統計」と選びます[*51]。「記述統計」ウィンドウが開くので，「全国模試・国語の偏差値［japanese］」を選択し，▶をクリックして，「変数」

[*49] 鈴木・武藤（2013）データから偏差値の標準偏差を求めると，9.469となり，10よりも小さな値になりました。これは，データのばらつきが期待される値よりも小さいことを意味しています。それは，調査対象者の学力のばらつきが日本全国の高校生の学力のばらつきよりも小さいためであると考えることができます。つまり，国語の学力という観点から均質な集団であると捉えることができる，ということです。ただし，日本全国の高校生の学力のばらつきと比較して，鈴木・武藤（2013）で調査対象となった高校生の学力のばらつきが意味があるほど小さいかについては，検定によって検討する必要があります。

[*50] ファイルの分割は，「データ」→「ファイルの分割」を選択し，「グループの比較」にチェックを入れ，分割に使用する変数を選択することで行うことができます。

[*51] 記述統計量の算出は，「分析」→「記述統計」→「記述統計」を選択し，変数の選択と「オプション」の決定をすることで行えます。

3-4 量的変数の分析

図 3.25 「ファイルの分割」を選択

図 3.26 「ファイルの分割」ウィンドウ

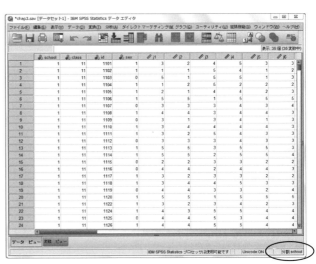

図 3.27 ファイルが分割された状態

の枠に「全国模試・国語の偏差値［japanese］」を入れます。「オプション」ボタンをクリックします。すると，「記述統計：オプション」ウィンドウが開きます。「分散」と「範囲」にチェックを入れ，「続行」ボタンをクリックして前の画面に戻ります。「OK」をクリックすると，記述統計量（要約統計量）が算出されます。

図 3.28 に，学校の値（1, 2, 3）毎の記述統計量が示されています。

記述統計量

学校		度数	範囲	最小値	最大値	平均値	標準偏差	分散
1	全国模試・国語の偏差値	239	44	26	70	50.25	8.756	76.659
	有効なケースの数（リストごと）	239						
2	全国模試・国語の偏差値	173	58	31	89	57.92	9.330	87.047
	有効なケースの数（リストごと）	173						
3	全国模試・国語の偏差値	156	50	29	79	55.60	8.503	72.294
	有効なケースの数（リストごと）	156						

図 3.28　学校ごとの記述統計量の比較

図 3.28 は，表 3.3 とほぼ対応しています[*52]。平均値を比較することで，学校 2（平均 57.92），学校 3（平均 55.60），学校 1（50.25）の順で国語の偏差値の平均が高いことがわかります。また，標準偏差を比較することで学校間の偏差値のばらつきの大きさを比べることができます。国語の偏差値については，学校 3 の標準偏差が 8.503 となっていて，他の学校に比べて標準偏差の値が小さく，偏差値のばらつきが小さいことがわかります。「ファイルの分割」はこのように，学校毎に記述統計量を計算したい，といった場合に便利な機能です。

注意すべき点として，「学校毎の分析をもうしなくて良い，今度はデータ全部を用いて別の分析をしたい」という場合は，「ファイルの分割」を解除して，全データを用いた分析をできる状態にしなければなりません。「ファイルの分割」を解除するには[*53]，SPSS のメニューから「データ」→「ファイルの分割」と選び，「ファイルの分割」ウィンドウで「全てのケースを分析」のラジオボタンをクリックして（図 3.29），「OK」をクリックしてください。

[*52] 繰り返しになりますが,本書で用いているデータは人工データのため，数値はピッタリ一致していません。

[*53] ファイルの分割の解除は，「データ」→「ファイルの分割」を選択。「全てのケースを分析」を決定することで行えます。

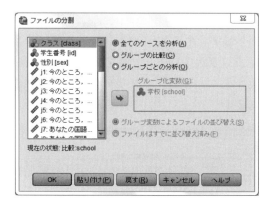

図 3.29 「ファイルの分割」を解除する

すると，図 3.27 で表示されていた「分割 school」が消えて，データ全部を使っての分析が可能になります。「ファイルの分割」の解除は，忘れやすいので注意してください。

3-5 練習問題

鈴木・武藤（2013）データを用いて，以下の分析を実行してください。実行結果からわかることをまとめてみましょう。

1) class（クラス）について度数分布表と棒グラフを作成しなさい。
2) school（学校）と class（クラス）のクロス集計表を作成しなさい。
3) school（学校）と bunri（文理志望）のクロス集計表を作成しなさい。
4) math（全国模試・数学の偏差値）のヒストグラムを作成しなさい。
5) math（全国模試・数学の偏差値）について，平均，中央値，最頻値，分散，標準偏差をそれぞれ求めなさい。
6) math（全国模試・数学の偏差値）について，学校毎に，平均，中央値，最頻値，分散，標準偏差をそれぞれ求めなさい（ヒント：「ファイルの分割」）。

4章 2つの変数の関係の視覚化と要約
——相関分析

心理学の研究では,例えば「学業成績が高い人ほど学業的自己概念は高いのか」といった,変数と変数の関係について検討することが多いです。本章では,こうした変数間の関係を視覚化するために利用される散布図と,変数間の関係を記述する指標である相関係数について解説します[*1]。

本章で学ぶこと	・散布図 ・相関係数 ・層別相関

[*1] ここでは,線形相関について扱います。線形相関とは,一方の変数が大きくなるほど,他方の変数も大きくなる傾向があるという,2変数間の直線的な関連を意味しています。相関には,線形相関だけではなく,曲線相関もありますが,そうしたケースは本章では想定しません。

4-1 散布図と相関係数

4-1-1 散布図

心理学研究では,「自分の学業水準が学校の中で高いと思っている(学校内での相対的な学業水準の知覚が高い)人ほど,学業的自己概念は高いか」など,ある変数と別のある変数との関係について検討することがあります。こうした2つの変数の関係のことを相関[*2]と呼びます。また,2つの変数

[*2] 相関は,英語ではcorrelationといいます。

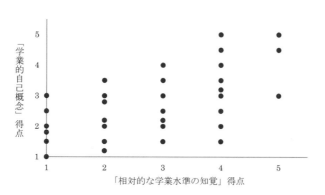

図 4.1 「相対的な学業水準の知覚」と「学業的自己概念」の散布図

4-1 散布図と相関係数

の相関関係を視覚的・直観的に把握するために作成されるのが，図 4.1 のような散布図[*3]です。図 4.1 は，例として，横軸に「相対的な学業水準の知覚」得点，縦軸に「学業的自己概念」得点の値をプロット[*4]したものです。例えば，「相対的な学業水準の知覚」得点が「5」の人をみると，「学業的自己概念」得点が「3」の人や「5」の人がいることがわかります。このように，「相対的な学業水準の知覚」と「学業的自己概念」という 2 つの変数の値を（各々の人が）持っていて，それら 2 つの変数の値を全員分図中にプロットしたものが散布図（図 4.1）になります。

また，図 4.1 では，プロットした点が全体として右上がりの配置となっています。このように，一方の値が大きいほど，もう一方の値も大きい傾向がある場合，2 つの変数の間には正の相関関係があるといいます。もし逆に，点の配置が全体として右下がりになっていて，一方の値が大きいほど，もう一方の値は逆に小さい傾向があるなら，2 つの変数の間には負の相関関係があるといいます。

4-1-2 相関係数

1 変数の場合，ヒストグラムの様子を平均値や標準偏差といった指標で要約することができました[*5]。2 変数の関係についても同様に，相関係数[*6]と呼ばれる指標で要約することができます。相関係数は，共分散を各変数の標準偏差の積で割ることで求めることができます。具体的には，変数 x と変数 y の相関係数は (4.1) 式で求めることができます[*7]。また，共分散[*8]は (4.2) 式で求められます[*9]。

$$\text{変数}x\text{と変数}y\text{の相関係数} = \frac{\text{変数}x\text{と変数}y\text{の共分散}}{\text{変数}x\text{の標準偏差} \times \text{変数}y\text{の標準偏差}} \quad (4.1)$$

$$\begin{aligned}&\text{変数}x\text{と変数}y\text{の共分散}\\&= [(\text{変数}x\text{のデータ}1-\text{変数}x\text{の平均値}) \times (\text{変数}y\text{のデータ}1-\text{変数}y\text{の平均値})\\&\quad + (\text{変数}x\text{のデータ}2-\text{変数}x\text{の平均値}) \times (\text{変数}y\text{のデータ}2-\text{変数}y\text{の平均値})\\&\quad + \cdots\\&\quad + (\text{変数}x\text{のデータ}n-\text{変数}x\text{の平均値}) \times (\text{変数}y\text{のデータ}n-\text{変数}y\text{の平均値})]\\&\quad \div \text{サンプルサイズ}n\end{aligned} \quad (4.2)$$

[*3] 散布図は相関図とも呼ばれます。

[*4] プロットするとは，点を打つ・置くという意味です。そのため，図 4.1 のような図はプロット図と呼ばれることもあります。

[*5] ヒストグラムや平均値，標準偏差については 3 章を参照してください。

[*6] 相関係数は，英語では correlation coefficient といいます。

[*7] 標準偏差の求め方は，3 章を参照してください。

[*8] 共分散は，英語では covariance といいます。

[*9] 相関係数の求め方の詳細や共分散の性質については，山田・村井 (2004) などを参照してください。

相関係数の値は，−1から+1の範囲に収まり，相関係数の値が正のときは変数の間に正の相関関係，負のときは変数の間に負の相関関係があることを意味します。また，絶対値が1に近いほど，2つの変数の相関関係が強いことを示します[*10]。相関係数の値がどの程度の値であれば，相関が強いと判断できるのかについては，明確な基準はありませんが，山田・村井（2004）では，表4.1のように解釈されることが多いと紹介されています[*11]。

表4.1 相関係数の値の評価

$0 < r \leq 0.2$	$-0.2 \leq r < 0$	ほとんど相関なし
$0.2 < r \leq 0.4$	$-0.4 \leq r < -0.2$	弱い相関あり
$0.4 < r \leq 0.7$	$-0.7 \leq r < -0.4$	中程度の相関あり
$0.7 < r \leq 1.0$	$-1.0 \leq r < -0.7$	強い相関あり

なお，(4.1)式で求められる相関係数以外にも相関係数と呼ばれるものがある[*12]ので，それらと区別する必要がある時には，ピアソンの積率相関係数と呼ばれます。

4-1-3 相関係数の性質

相関係数は，2つの変数の関係を記述する指標として，心理学研究では非常によく使われるものですが，相関係数を解釈する際には，いくつか注意すべき点があります[*13]。

まず，相関係数の値は，外れ値[*14]がある場合に大きく変化してしまいます。例えば，偏差値と「学業的自己概念」の関係を検討する際に，偏差値が「100」などの極端な値を示す人がいると，その人がデータに含まれるかどうかで，相関係数の値は大きく変わってしまう可能性があります。こうした外れ値の影響は，調査対象者が少ない[*15]ほど顕著になります。

また，関心のある2つの変数の間に本当は相関がないにもかかわらず，それとは別の変数の存在によって，見かけ上の相関があらわれることがあります。これを擬似相関といいます。例えば，ある小学校で1年生から6年生までの全校生徒を対象に調査を行い，身長と語彙力の関係について検討したところ，強い正の相関がみられたとします。しかし，「身長の高い児童ほど語彙力が高い」というのは一般的には考えにくいです。これは，年齢

[*10] 相関係数の値が−1から+1の範囲に収まることについて，南風原（2002）では，変数 x と変数 y の共分散の最大値が「変数 x の標準偏差×変数 y の標準偏差」，最小値が「−（変数 x の標準偏差×変数 y の標準偏差）」になることによって説明されています。

[*11] 相関係数の値の解釈は，研究者やテキストによって異なります。例えばCohen（1988, 1992）は，相関係数を効果量として用いる場合，その値を以下のように解釈できるとしています（効果量については実践編5-2節を参照）。
$r = 0.1$ だと小さい効果
$r = 0.3$ だと中程度の効果
$r = 0.5$ だと大きな効果

[*12] 具体的には，スピアマンの順位相関係数，ケンドールの順位相関係数などがあります。

[*13] 相関係数の性質に関する詳しい解説は，山田・村井（2004）などを参照してください。

[*14] 外れ値とは，極端に大きな，または小さな少数のデータのことです。

[*15] つまり，サンプルサイズが小さいということです。

という別の変数によって,身長と語彙力の間に見かけ上の相関があらわれたと考えることができます。一般に,年齢とともに身長は高くなり,また,年齢とともに語彙も増加していきます。つまり,身長も語彙力も,ともに年齢との間には,強い正の相関があると考えられます。このため,身長と語彙力の間には実際には相関関係がなくても,年齢によって見かけ上の相関があらわれてしまうのです。こうした擬似相関を暴くための第1の方法は,層別相関を求めることです。例えば,身長と語彙力の間の正の相関が擬似相関であるかどうかを調べる場合には,学年ごとに相関係数を算出する(相関係数を6つ算出する)ことが考えられます。学年ごとに相関係数を算出したときに,もし有意な[16]相関関係が消失するのであれば,全学年を対象としたデータでみられた有意な相関は擬似相関であることを意味します。

擬似相関を暴くための第2の方法としては,偏相関係数を算出することが考えられます。2つの変数の相関関係に影響を及ぼす第3の変数があるとき,偏相関係数とは,第3の変数の影響を数学的に除去したときの,2変数間の相関係数のことです[17]。

[16] 「有意な」の意味については7章で学びます。

[17] 偏相関係数については,10章で解説します。

4-2 SPSSによる相関分析

本節では,SPSSを用いて相関分析を行う方法について説明します。

図4.2 「散布図ドット」を選択

図 4.3 「散布図/ドット」ウィンドウ

4-2-1 散布図の表示

相関係数を算出する前に，SPSS で散布図を描く方法を紹介します。散布図を描くには，SPSS のメニューから「グラフ」→「レガシーダイアログ」→「散布図/ドット」を選択します[18]（図 4.2）。

「散布図/ドット」を選択し，「散布図/ドット」ウィンドウ（図 4.3）が開かれたら，「単純な散布」を選択して「定義」をクリックします。

「単純な散布」を選択すると，「単純散布図」ウィンドウが開かれます（図4.4）。ここでは例として，「国語の学校内での相対的な学業水準の知覚」と「国語の学業的自己概念」の散布図を作ります[19]。「国語の学業的自己概念」

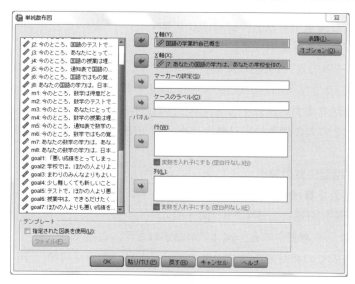

図 4.4 「単純散布図」ウィンドウ[20]

[18] 散布図を出力するためには，メニューから「グラフ」→「レガシーダイアログ」→「散布図/ドット」を選択し，「単純な散布」を選び，「Y軸」と「X軸」に入る変数を指定します。

[19] 「学業的自己概念」得点の作成方法は，6章で紹介しています。そのため，この分析を実際に SPSS で行う場合は，6章で尺度得点を作成し終えてから行ってください。

[20] 6章で尺度得点を作成してから行ってください。

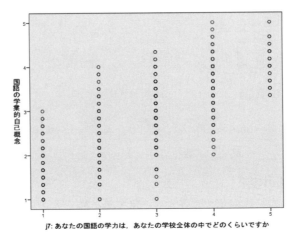

図 4.5 「相対的な学業水準の知覚」と「学業的自己概念」の散布図

を選択し，ウィンドウ中央の一番上にある「■」をクリックすると，「Y軸」ボックスに選択した項目が移動します。同様に，「[j7：あなたの国語の学力は，あなたの学校全体の中でどのくらいですか [j7]」を選択し，ウィンドウ中央の上から二番目にある「■」をクリックすると，「X軸」ボックスに選択した項目が移動します。「Y軸」に指定した変数が散布図の縦軸，「X軸」に指定した変数が散布図の横軸になります[21]。「OK」をクリックすると，散布図が表示されます（図 4.5）。

図 4.5 をみると，右上がりになっているため，「学校内での相対的な学業水準の知覚」と「学業的自己概念」の間には正の相関関係がありそうだということがわかります。つまり，学校の中での自分の学業水準が高いと思っているほど，その人の学業的自己概念は高い傾向にあることが示唆されます。

4-2-2 相関係数の算出

相関係数を算出するためには，SPSS のメニューから「分析」→「相関」→「2 変量」を選択します[22]（図 4.6）。

「2 変量」を選択すると，図 4.7 が開かれます。ここでは，例として，「国語の学校内での相対的な学業水準の知覚」と国語の学業成績，「国語の学業的自己概念」の 3 つの変数の間の相関係数を算出します。左のボックスから，「j7：あなたの国語の学力は，あなたの学校全体の中でどのくらいです

[21] 図 4.4 で，オプションにある「表題」を選択すると，表示される散布図にタイトルをつけることもできます。

[22] 相関係数を算出するためには，メニューから「分析」→「相関」→「2 変量」を選択し，変数を指定します。

図4.6 「2変量」を選択

か [j7]」(国語の学校内での相対的な学業水準の知覚) と「全国模試・国語の偏差値 [japanese]」(国語の学業成績),「国語の学業的自己概念」を選択して,ウィンドウの中央にある「■」をクリックします[*23]。すると,選択した項目が「変数」ボックスに移動されます。また,「相関係数」[*24] の枠内で「Pearson」,「有意差検定」[*25] の枠内で「両側」が選択されていることを確認してください。さらに,「有意な相関係数に星印を付ける」にチェックが入っていることも確認してください。

「2変量の相関分析」には,「オプション」というメニューがあります。この「オプション」を選択すると,図4.8が開かれます。このメニューでは,選択した項目の平均値と標準偏差を出力するかどうかや,欠損値の処理をどうするかが選択できます。今回は,相関係数以外の統計量は算出しませ

*23 複数の項目を同時に選択するためには,「Ctrl」キーを押したまま項目をクリックします。もちろん,項目を1つだけ選択して■をクリックし,「変数」ボックスに移動させる,という作業を3回繰り返すことでも,3つの項目を移動させることはできます。

*24 「Pearson」にチェックを入れるとピアソンの積率相関係数,「Kendallのタウb」にチェックを入れるとケンドールの順位相関係数,「Spearman」にチェックを入れるとスピアマンの順位相関係数が出力されます。順位相関係数については,森・吉田(1990)や吉田(1998)などを参照してください。

*25 「両側」のラジオボタンを選択すると両側検定,「片側」のラジオボタンを選択すると片側検定が行われます。両側検定と片側検定については,7-2-1項を参照してください。

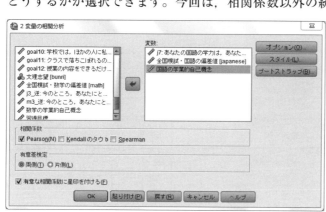

図4.7 「2変量の相関分析」ウィンドウ

図4.8 「2変量の相関分析:オプション」ウィンドウ

4-2 SPSS による相関分析

んので,「統計」のところには何もチェックを入れなくて大丈夫です。また，データセットに欠損値は含まれていないため,「欠損値」のうちの「ペアごとに除外」と「リストごとに除外」のどちらを選択しても，相関分析の結果は変わりません。

これが完了したら,「続行」をクリックして元の画面（図 4.7）に戻り,「OK」をクリックすると結果が出力されます[26]（図 4.9）。

この表のうち，表の左下の三角部分と，右上の三角部分の値は全く同じ結果であるため，いずれか一方だけみてもらえれば大丈夫です。まず,「Pearson の相関係数」と書かれた行の値をみると，相関係数の値を確認することができます。例えば，j7 の得点で示される「学校内での相対的な学業水準の知覚」と「学業的自己概念」の相関係数の値は .766 であり，2つの変数の間には強い正の相関関係があることがわかります。また,「有意確率（両側）」の行の値をみると，相関係数の有意確率[27]（両側）を知ることができます。このとき，有意確率の値と有意水準を比較して，有意確率の値が有意水準よりも小さければ，相関係数の値は統計的に有意であることがわかります。有意水準を $\alpha = .05$ とすると，有意確率（両側）は .000[28] ですから，.000 < .05 であり,「学校内での相対的な学業水準の知覚」と「学業的自己概念」の相関係数は統計的に有意であることがわかります[29]。最後に,「度数」という行の値はサンプルサイズを意味し，568 人のデータがあることがわかります。

[26] 「2 変量の相関分析」には「スタイル」というオプションもあります。今回は使用しませんが，このオプションを利用することで，例えば有意確率が 0.05 未満の場合には，表の有意確率の部分を黄色でハイライトするなど，表のスタイルにデザインを加えることができます。

[27] 有意確率や有意水準など，検定に関する用語については，7 章を参照してください。

[28] ここでは有意確率が .000 と表記されていますが，確率が全くないということとは限りません。例えば，.0001 かもしれません。有効桁数が 3 桁なので .000 と表記されているのであって，もっと有効桁数が多ければ正確な値を得ることができます。

[29] オプションで「有意な相関係数に星印を付ける」にチェックを入れたため，0 よりも有意に大きい相関係数にはアスタリスク（*）がついています。

		j7: あなたの国語の学力は，あなたの学校全体の中でどのくらいですか	全国模試・国語の偏差値	国語の学業的自己概念
j7: あなたの国語の学力は，あなたの学校全体の中でどのくらいですか	Pearson の相関係数	1	.563**	.766**
	有意確率（両側）		.000	.000
	度数	568	568	568
全国模試・国語の偏差値	Pearson の相関係数	.563**	1	.404**
	有意確率（両側）	.000		.000
	度数	568	568	568
国語の学業的自己概念	Pearson の相関係数	.766**	.404**	1
	有意確率（両側）	.000	.000	
	度数	568	568	568

**. 相関係数は 1% 水準で有意（両側）です。

図 4.9　相関係数

4-2-3 層別相関係数の算出

相関分析によって,「学校内での相対的な学業水準の知覚」と「学業的自己概念」の間には正の相関関係があることが示されました。しかし, 男性と比較して女性は「国語の相対的な学業水準の知覚」や「国語の学業的自己概念」が高いことから, 性別の違いを反映していることによって生じた擬似相関である可能性もあります[*30]。そこで, 男女別に「学業的自己概念」と「相対的な学業水準の知覚」の相関係数を算出してみます。

まず, SPSS のメニューから「データ」→「ファイルの分割」を選択します (図 4.10) [*31]。

図 4.10 「ファイルの分割」を選択

「ファイルの分割」をクリックすると, 図 4.11 が開かれます。「グループの比較」にチェックを入れ,「性別 [sex]」を選択して, ウィンドウの中央にある「▶」をクリックします。「グループ化変数」ボックスに「性別 [sex]」が移動されたことを確認したら,「OK」をクリックします。

[*30] 実際に,「国語の学業的自己概念」得点と,「国語の相対的な学業水準の知覚」得点に男女差があるかを t 検定によって検討すると, 女性の得点の方が高いことが示されます。t 検定については, 7 章を参照してください。

[*31] ファイルの分割は,「データ」→「ファイルの分割」を選択し,「グループの比較」にチェックを入れ, 分割に使用する変数を選択することで行うことができます。

4-2 SPSSによる相関分析

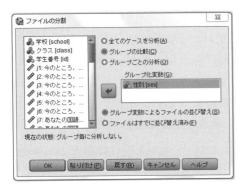

図4.11 「ファイルの分割」ウィンドウ

図4.12 「2変量の相関分析」ウィンドウ

*32 相関係数を算出するためには、メニューから「**分析**」→「**相関**」→「**2変量**」を選択し、変数の指定をします。

あとは、先程と同様の手順で相関係数を算出します。具体的には、SPSSのメニューから「分析」→「相関」→「2変量」を選択します[*32]。「2変量」をクリックすると、先ほど相関分析を行ったときと同じウィンドウが開きます。ここでは、「j7：あなたの国語の学力は、あなたの学校全体の中でどのくらいですか [j7]」と「国語の学業的自己概念」の2つを「変数」ボックスに入れることにします。また、「相関係数」の枠内で「Pearson」、「有意差検定」の枠内で「両側」が選択され、「有意な相関係数に星印を付ける」にチェックが入っていることを確認してください（図4.12）。

「OK」をクリックすると、男性と女性ごとの相関係数が算出されます（図4.13）。結果の見方は、先ほど同様です。「学校内での相対的な学業水準の知覚」と「学業的自己概念」の男性の相関係数は .760 であり、女性の相関係数は .765 であることから、これら2つの変数の間の相関係数は男女でほとんど同じであることがわかります。

なお、「ファイルの分割」をすると、以降の全ての分析に適用されますので、グループの比較を終えて、全体を対象に分析を行いたい場合には、改めてSPSSのメニューから「データ」→「ファイルの分割」を選択し、「全てのケースを分析」にチェックを入れ、「OK」をクリックしてください[*33]。

*33 全てのデータを使った分析に戻るためには、「**データ**」→「**ファイルの分割**」を選んで、「全てのケースを分析」にチェックを入れます。

性別			j7: あなたの国語の学力は、あなたの学校全体の中でどのくらいですか	国語の学業的自己概念
男性	j7: あなたの国語の学力は、あなたの学校全体の中でどのくらいですか	Pearson の相関係数	1	.760**
		有意確率 (両側)		.000
		度数	287	287
	国語の学業的自己概念	Pearson の相関係数	.760**	1
		有意確率 (両側)	.000	
		度数	287	287
女性	j7: あなたの国語の学力は、あなたの学校全体の中でどのくらいですか	Pearson の相関係数	1	.765**
		有意確率 (両側)		.000
		度数	281	281
	国語の学業的自己概念	Pearson の相関係数	.765**	1
		有意確率 (両側)	.000	
		度数	281	281

**. 相関係数は 1% 水準で有意 (両側) です。

図 4.13　男女別の相関係数（層別相関係数）

4-2-4　論文での結果の報告例

相関係数は，例えば表 4.2 のような表で整理することができます[34]。表 4.2 では，左下の三角部分にだけ値が書かれ，右上の三角部分は空白になっています[35]。実際の論文では，左下の三角部分ではなく，右上の三角部分にだけ相関係数が記載されていることもあり，どちらに値を載せるか決まっているわけではありません。また，相関係数は－1 から＋1 の範囲の値をとり，－1 や＋1 になることはほとんどないため，一の位の値は省略して表記することが一般的です[36]。例えば，「学業的自己概念」と学業成績の相関は 0.40 ですが，一の位の「0」をとって，「.40」と表記します。

表 4.2　各変数間の相関係数

	1	2
1.　学業的自己概念		
2.　学業成績	.40**	
3.　学校内での相対的な学業水準の知覚	.77**	.56**

** $p<.01$ [37]

[34] 本書では，表を作成する場合や「結果の報告例」の中で，SPSS の出力をそのまま掲載せずに，有効桁数を小数点以下 2 桁にして表記しているところがあります。

[35] これは，2 つの部分で値が同じになるので，繰り返しを避けるためです。

[36] 同じ理由で有意確率などの確率を表記する場合も，.05 のように，一の位の値を省略して表記します。

[37] ** $p<.01$ が意味することについては，7 章で学びます。

最後に，これらの結果と結果の解釈について，実際の論文での記述例を紹介します。

> 「学業的自己概念」と学業成績，「学校内での相対的な学業水準の知覚」の関連について，相関係数を算出した（表4.2）。その結果，学業成績と「学校内での相対的な学業水準の知覚」の間に中程度の正の相関が示された（$r=.56, p<.01$）[38]。したがって，客観的な学業水準の高い生徒ほど，そのことを自分自身で認識し，主観的な学業水準も高くなる傾向にあるといえる。また，「学業的自己概念」と学業成績の間に中程度の正の相関がみられた（$r=.40, p<.01$）。そのため，学業成績の高い生徒ほど学業に対する肯定的な自己概念を持つ傾向にあるといえる。さらに，「学校内での相対的な学業水準の知覚」と「学業的自己概念」の間に強い正の相関関係がみられた（$r=.77, p<.01$）。したがって，所属する学校の中で学業水準が高いと思っている生徒ほど，学業に関する有能感を高く持つ傾向にある。

[38] 相関係数は，r（小文字のアール）と表記されることが一般的です。

4-3　練習問題

鈴木・武藤（2013）データを用いて，以下の分析を実行してください。

1) 「数学の学業的自己概念」と，全国模試・数学の偏差値（学業成績），「数学の学校内での相対的な学業水準の知覚」得点を用いて，これらの変数間の相関係数を求めなさい。
2) 1)の相関係数を男女別に求めなさい。

5章 尺度構成
——因子分析

　心理学研究，特に質問紙を用いた調査研究では，因子分析がよく用いられます。因子分析とは，質問紙に含まれる項目間の相関関係の情報をもとに，ある項目群に共通している成分（これを因子と呼びます）を見つけるための方法です。本章では，心理学研究で尺度構成を行う場合には必須ともいえる，この因子分析について紹介します。

本章で学ぶこと	・因子分析の考え方 ・因子分析に関する基本的な用語 ・因子分析の手順

5-1 因子分析

5-1-1 因子分析とは

　心理学研究では，「学業的自己概念」[*1] など，それ自体はみることも触ることもできない構成概念[*2]を扱います。例えば「国語の学業的自己概念」を直接測定することはできないため，「国語は得意だと思いますか？」や「国語の授業は理解できていると思いますか？」などの質問項目を使って，構成概念を間接的に測定することになります[*3]。そして，質問項目に対する回答に得点を与えて[*4]，その合計点（尺度得点）を「国語の学業的自己概念」得点とすることで，学業的自己概念の程度を数値で表します[*5]（図5.1）。

図 5.1　構成概念と妥当性（尾崎・荘島（2014）をもとに作成）

　鈴木・武藤（2013）で使用された「学業的自己概念」尺度は，6つの項目で構成されています。すなわち，これらの6項目は，「学業的自己概念」と

*1　学業的自己概念とは，学業に対する有能感ということができます（1章参照）。

*2　構成概念は，英語ではconstructといいます。

*3　例えば，ある2人の身長を比べたいときに，「背の高さ」は目でみて観測することができるため，直接比べることができます。しかし，ある2人の「学業的自己概念」を比べたいときに，その人たちの「学業的自己概念」をみたり触れたりすることはできないため，直接測定することはできません。

*4　対象に数値を割り当てる規則のことを，一般に尺度（scale）といいます（3-3-2項参照）。

*5　構成概念を直接測定することはできないため，尺度による構成概念の測定が適切かどうかを評価する必要があります。このことは6章で説明します。

いう同一の概念を測定していることになります。言い換えると，6つの質問項目に対する回答の背後には「学業的自己概念」という構成概念があり，「学業的自己概念」の高低によって，6つの項目の得点を予測することができるということです。例えば，国語の学業的自己概念の高い学習者というのは，「j1：今のところ，国語は得意だと思いますか？」という質問項目では「得意」や「どちらかといえば得意」と回答し，「j2：今のところ，国語のテストでよい点を取っていると思いますか？」という項目では，「良い」「どちらかと言えば良い」と回答する傾向にあることが予測されます（図5.2）。また，ある複数の項目が同一の概念を測定していて，回答結果が類似しているならば，それらの項目間の相関は高くなると考えられます。因子分析は，こうした項目間の相関の情報をもとに，ある項目群が同一の構成概念を測定しているのかについて検討するための方法といえます。

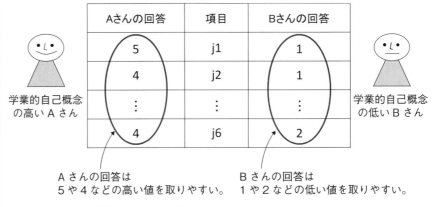

図5.2 学業的自己概念を測定する項目群に対する回答傾向のイメージ

5-1-2　因子分析の考え方

　因子分析では，観測変数[*6]が，それらに共通する成分と，それぞれの観測変数に独自の成分から構成されるという単純なモデルを考えます（図5.3）。このうち，回答結果の類似性（観測変数間の相関）を説明する要素であり，観測変数に共通する成分は共通因子[*7]，または単に因子と呼ばれます。また，共通因子では説明することのできない要素であり，各観測変数

[*6] ここでは，質問項目に対する回答結果が観測変数となります。

[*7] 共通因子は，英語では common factor といいます。

に独自の成分は独自因子[*8]と呼ばれます[*9]。

なお，観測変数に対して，共通因子や独自因子のように，それ自体は観測されない変数は潜在変数と呼ばれます。構成概念と共通因子，潜在変数は互いに似た用語ですが，構成概念はあくまでも概念であり，構成概念を因子分析によって数量的に捉えたものが共通因子や潜在変数ということです[*10]。また，潜在変数は共通因子と独自因子を含みます。これらの用語を表5.1に整理します。

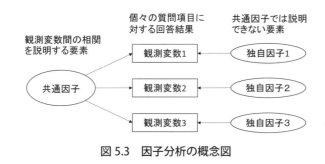

図 5.3　因子分析の概念図

表 5.1　用語の整理

構成概念	「有能感」のような抽象的な概念。直接観測することができない潜在的なもの
因子（共通因子）	因子分析によって捉えられた構成概念であり，観測変数間の相関を説明する要素
独自因子	共通因子では説明することのできない，各観測変数に独自の成分
潜在変数	観測されていない変数で，共通因子と独自因子を含む

1）1因子モデル

まず，観測変数間の相関を説明する共通因子が1つである，1因子モデルについて説明します。例として図5.4に，「国語の学業的自己概念」の因子分析モデルを示しました[*11]。この例では，j1～j6が観測変数であり，「国語の学業的自己概念」が共通因子，ε_1～ε_6が各観測変数の独自因子になります。また，「国語の学業的自己概念」因子から各観測変数に向けられている矢印は，「国語の学業的自己概念」因子によって，各質問項目の回答結果（観測変数）を予測できる（観測変数が因子を反映している）ことを表しています。この矢印の横に書かれている文字（β_1～β_6）は，それぞれの観測

[*8] 独自因子は，英語ではunique factorといいます。

[*9] 10章で解説する回帰分析の枠組みでいえば，共通因子は独立変数，観測変数は従属変数，独自因子は残差に相当すると考えることができます。

[*10] 南風原（2002）を参照してください。

[*11] このような図は，パス図と呼ばれます（パスとは矢印のことです）。パス図では，観測変数を四角形，潜在変数を楕円で表現します。

変数の因子負荷[*12]と呼ばれるものです。因子負荷は，それぞれの観測変数が，その因子をどの程度反映しているかを示すもので，1因子モデルであれば−1〜+1の値を取ります[*13]。言い換えると，「国語の学業的自己概念」の高低によって観測変数を予測できる程度が，因子負荷の大きさによって表されているということです。そのため，例えば因子負荷の絶対値が小さいことは，因子から観測変数を予測できない（その観測変数は因子を反映していない）ことを意味し，尺度を構成する変数としては相応しくないことになります。なお，因子負荷の値がどの程度であれば大きいと判断できるかについては明確な基準はありませんが，因子負荷の絶対値が0.4以上であれば中程度以上の大きさとみなされることが多いようです。

[*12] 因子負荷は，英語ではfactor loadingといいます。

[*13] 2因子以上あり，斜交回転を行った場合には，因子負荷の絶対値が1を超えることもあります。

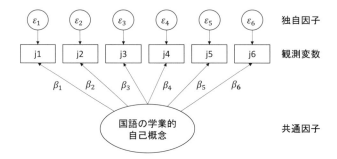

図5.4 「国語の学業的自己概念」の因子分析モデル（1因子モデル）

2）2因子モデル

また，因子分析は，概念の弁別が可能であるかを検討する上でも有用な方法です。例えば，鈴木・武藤（2013）で使用している「達成目標」尺度では，3つの目標があることが仮定されていますが，従来の達成目標理論では，習得目標[*14]と遂行目標[*15]という2種類の目標が仮定されてきました。その後，「習得−遂行」という目標の次元に，「接近−回避」という目標の次元が加わって，遂行目標が遂行接近目標と遂行回避目標にさらに細分化されました[*16]（表5.2）。因子分析では，こうした理論的な弁別が妥当であるかについて検討することができます。

[*14] 習得目標の高い学習者というのは，学習それ自体や，自分自身の能力を伸ばすことに関心のある学習者のことです（1章参照）。

[*15] 遂行目標の高い学習者というのは，他者との相対的な成績の良し悪しに関心のある学習者のことです（1章参照）。

[*16] 本書の目的とは無関係のため詳細な説明はしませんが，習得回避目標という概念は想定されながらも，尺度による測定はあまりされてきませんでした。そのため，鈴木・武藤（2013）を含め，多くの研究では，習得接近目標のことを単に習得目標と呼び，習得目標と遂行接近目標，遂行回避目標の3つの目標を扱ってきました。

表 5.2 達成目標の 2×2 の階層モデル

	接近	回避
習得	習得接近目標（習得目標） 例：わかるようになりたい	習得回避目標 例：習得できないのは嫌だ
遂行	遂行接近目標 例：人より良い成績を取りたい	遂行回避目標 例：無能だと思われたくない

　ここでは説明を簡便にするために，「達成目標」尺度に含まれる項目のうち，goal1, 2, 3, 5, 7, 8（表 5.3）の 6 項目[17]の得点が 2 つの共通因子で表されることを仮定したモデルを図 5.5 に示します。この例では，goal1, 2, 3, 5, 7, 8 が観測変数であり，「F1」と「F2」が共通因子，$\varepsilon_1, \varepsilon_2, \varepsilon_3, \varepsilon_5, \varepsilon_7, \varepsilon_8$ が各観測変数の独自因子になります。また，「F1」因子と「F2」因子を結んでいる双方向の矢印は，2 つの因子の間に相関があることを表しています[18]。

　さて，先ほどの 1 因子モデルのときとは異なり，共通因子には「学業的自己概念」のような具体的な名称（因子名）がついていません。これは，因子が複数ある場合には，推定された因子負荷をもとに，各因子がどのような概念を表しているかについて事後的に解釈する必要があるからです[19]。例えば，goal1, 5, 7 は，項目内容から遂行回避目標を測定していると考えられる項目です。もし，「F1」因子から goal1, 5, 7 へのパスにかかる因子負荷（$\beta_{11}, \beta_{51}, \beta_{71}$ の値）だけが大きく，「F2」因子から goal1, 5, 7 へのパスにかかる因子負荷（$\beta_{12}, \beta_{52}, \beta_{72}$ の値）は小さいのであれば，「F1」因子は「遂行回避目標」という概念を反映した因子といえます。同様に，goal2, 3, 8 は，項目内容から遂行接近目標を測定していると考えられる項目です。もし，「F1」因子から goal2, 3, 8 へのパスにかかる因子負荷（$\beta_{21}, \beta_{31}, \beta_{81}$ の値）は小さく，「F2」因子から goal2, 3, 8 へのパスにかかる因子負荷（$\beta_{22}, \beta_{32}, \beta_{82}$ の値）だけが大きいのであれば，「F2」因子は「遂行接近目標」という概念を反映した因子といえます。

　このように，因子が複数あるときは，項目ごとに，因子の数だけ因子負荷が推定されます。そして，特定の 1 つの因子負荷のみが高い値を示し，残りの因子負荷は小さい値を示すなど，メリハリのある状態になれば[20]，複数の因子は弁別できていることになります。一方で，複数の因子負荷の値が大きい場合，因子の区別はできていないことになります。例えば，goal1

[17] goal4 や goal6 は，習得目標を測定するための項目と考えられるものです。また，達成目標尺度は 12 項目で構成されているため，本来は，goal9〜12 もあります。しかし，ここでは説明を簡便にするために，これらの項目は除いて説明しています。

[18] 例えば，遂行接近目標と遂行回避目標は，どちらも遂行成績（他者との成績の良し悪し）に注意が向けられた目標であるため，互いに正の相関がある（遂行接近目標の高い生徒は遂行回避目標も高い）と考えられます。このように，因子の間に相関関係が予想される場合には，因子間に相関を仮定します。5-1-3 項で説明するように，因子分析では，因子間に相関があると予想されるかは，どのような方法で因子軸の回転を行うかに関わる問題です。

[19] 5-3-3 項を参照してください。

[20] 因子負荷にメリハリがある場合に，単純構造であるといいます（5-1-3 項参照）。

の2つの因子負荷（β_{11} と β_{12} の値）がともに大きいとき，この項目の得点の大小は，遂行接近目標が高い（低い）ためなのか，遂行回避目標が高い（低い）ためなのか判断することができません[*21]。

*21 反対に，すべての因子負荷が小さい場合には，その項目はいずれの因子も反映していないことになるため，達成目標という概念を測定する項目としては相応しくないことになります。

表 5.3 「達成目標」尺度の項目（6項目のみ抜粋）

遂行回避目標を測定していると考えられる項目
goal1：「悪い成績をとってしまったらどうしよう」と考えることがよくある
goal5：テストで，ほかの人より悪い点数をとってしまうことが心配だ
goal7：ほかの人よりも悪い成績をとらないようにしたいと思う
遂行接近目標を測定していると考えられる項目
goal2：学校では，ほかの人よりよい成績をとることを目標にしている
goal3：まわりのみんなよりもよい成績をとろうと思うと，自分はやる気が出る
goal8：ほかの人よりよい点数をとることは，自分にとって大切だ

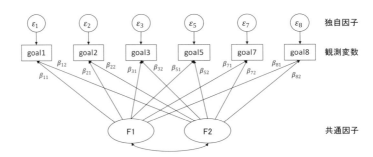

図 5.5 「達成目標」の因子分析モデル（2因子モデル）

5-1-3 因子分析の手順[*22]

因子分析の手順の概要を図 5.6 に示しました。因子分析では，分析を行う過程で分析者自身が判断する必要のあることがいくつかあります。はじめに，共通因子の数を決定する必要があります。また，因子負荷などの値を推定するための方法を選択する必要があります。さらに，因子数が2つ以上の場合は因子軸の回転を行い[*23]，最終的に得られた結果に基づいて因子の解釈を行います。そして，得られた結果によっては，因子数や推定方法，回転方法を変更して因子分析をやり直すこともあります。例えば，いずれの因子に対しても因子負荷が小さい項目があった場合は，こうした項目を除外して（変数の選択），再度因子分析を行うこともあります。以下では，

*22 厳密には，探索的因子分析の手順です。因子分析には探索的因子分析と確認的因子分析の2種類があり（実践編1章参照），本章では探索的因子分析について説明しています。

*23 言い換えると，因子数が1つの場合は因子軸の回転は行いません。

それぞれの手順について説明します。

図 5.6　因子分析の手順の概要[*24]

1) 因子数の決定

　因子分析を実行する際，多くの場合は，はじめに因子数を決定することになります。先行研究で使用された尺度を利用する際には，因子数がその先行研究において決定されているため，改めて因子数を決定するという作業に違和感を持たれるかもしれません。しかし，鈴木・武藤（2013）の「達成目標」尺度のように，先行研究とは項目数が異なる場合や[*25]，先行研究とは調査対象者が異なる場合には，因子数が同一にならない可能性もあります。また，新たに尺度を作成した場合には，尺度に含まれる項目がいくつの共通因子で説明できるかわからないため，やはり因子数を決定する必要があります。ただし，因子数を決定するための明確な基準はありません。本節では因子数を決定する方法について，3つの方法を紹介しますが，実際には何か1つの基準のみで因子数を決定するということは少なく，複数の基準を考慮して，総合的に因子数を決めることが多いです。

a) 固有値の値が1以上となる固有値の数による決定

　この方法は，固有値の値が1以上となる固有値の数を因子数とするというもので，カイザー基準やガットマン基準と呼ばれます[*26]。

b) スクリー基準による決定

　固有値を縦軸，因子の数を横軸にとって，固有値の変化をプロットした折れ線グラフをスクリープロットと呼びます。多くの場合，固有値の大きさは最初の数個で急激に減少して，あとは徐々に減少していきます。スクリー基準では，固有値の推移がなだらかになる直前までの固有値の数を因子数とします。

c) 先行研究の知見や理論に基づいた決定

　実際の研究では，先行研究で使用された尺度を用いる場合など，採用し

[*24] 図5.6で，「変数の選択」と「回転法の選択」が実線ではなく破線で囲まれているのは，変数の選択や回転法の選択が行われないこともあるためです。

[*25] 田中・山内（2000）の達成目標尺度は16項目で構成されていますが，鈴木・武藤（2013）では，回答者の負担を軽減するために，各下位尺度に関する質問項目を4項目ずつ選択し，計12項目で調査を行っています。

[*26] 固有値がどのようなものであるかについて本書では説明をしませんので，固有値の詳細については，豊田（2012）などを参照してください。

5-1 因子分析

たい因子数が予め決まっている場合が少なくありません。また，自分で尺度を作成した場合でも，因子数が理論的に想定されていることもあります。そのため，先行研究の知見や理論に基づいて，因子数を決めることもあります[*27]。ただし，自分の好きなように因子数を決めて良いわけではなく，あくまでも理論的な説明ができるかが重要になります。

2) 推定法の選択

因子負荷などの値を推定するための方法にはいくつかありますが，近年では最尤法[*28]の利用が推奨されることが多いため[*29]，本章でも最尤法によって因子分析を行います。

3) 因子軸の回転

共通因子が複数ある場合には，単純構造になるように因子軸を回転します。単純構造とは，因子が複数あるときに，各観測変数が1つの因子だけに高い負荷を示し，他の因子負荷は0に近くなることです。このように因子負荷にメリハリがつくことで，因子の解釈が容易になります。

因子軸の回転法は，直交回転と斜交回転の大きく2つに分類されます。直交回転は，因子間の相関が0であることを仮定したものです。そのため，直交回転を行うと因子間相関はすべて0になります。心理学研究において直交回転が使われる場合，バリマックス回転が利用されることが多いです。

また斜交回転は，因子間に相関がある（因子軸が斜交する）ことを仮定したものです。現在の心理学研究においては，斜交回転の利用が推奨されることが多いです。それは，①心理学研究で検討される因子間の相関が無相関であるという仮定を置きにくい，②斜交回転の方が因子負荷のメリハリがつく，つまり単純構造になりやすいことが理由です。そこで本章では，斜交回転として利用されることの多いプロマックス回転によって分析を行います。

[*27] 先行研究で因子の性質などがある程度明らかになっている場合は，確認的因子分析と呼ばれる分析が行われることも多いです（確認的因子分析については，実践編1章の1-2節を参照してください）。

[*28] 最尤法は，さいゆうほうと読みます。最尤法というのは，因子分析に限らず，母数を推定するための一般的な統計的推定法であり，実際に得られたデータの生起確率が最大となる母数の値を推定値とする方法のことです。

[*29] 豊田（2012）などを参照してください。

5-2 SPSSによる因子分析その1 （因子数が1つの因子分析）

5-2-1 逆転項目の処理

因子分析の前に逆転項目の処理をすることは必須ではありませんが，ここでは説明を簡便なものにするために，逆転項目の処理を行います。逆転項目とは，同一の概念を反映した項目群のうち，値の高低の解釈が逆になっている項目のことです。例えば「国語の学業的自己概念」尺度では，「j3：今のところ，あなたにとって国語は難しいと思いますか？」という項目がありました。この項目では，数字が大きいほど，回答者が国語を難しいと思っていることになります。しかし，「国語の学業的自己概念」が高い場合には，国語をより簡単だと思うと考えられるため，数字が大きいほど国語を簡単だと思っていることを表せるように，項目の値を逆転させます[30]。

まず，SPSSのメニューから「変換」→「変数の計算」を選びます[31]。「目標変数」ボックスには，逆転項目の処理をした後の変数の名前を入れます（図5.7）。項目j3を処理したものなので，ここでは「j3_逆」とします。「数式」ボックスには計算式を入れます。「6−j3」とすることで[32]，もともと値が1であったものは5に，値が5であったものは1になるように，評定値が逆転されます。

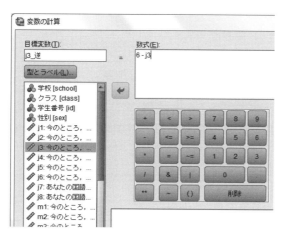

図 5.7 「変数の計算」ウィンドウ

[30] 項目の値を逆転させるとは，具体的には，値が「5」のものを「1」，「4」を「2」，「3」はそのまま，「2」を「4」，「1」を「5」にすることを意味しています。

[31] 逆転項目の処理は，SPSSのメニューから**「変換」→「変数の計算」**を選び，「目標変数」ボックスに逆転項目の処理をした後の変数の名前，「数式」ボックスに計算式を入力することで行えます。

[32] 全角文字ではなく，半角文字で入力する必要があります。

5-2 SPSSによる因子分析その1（因子数が1つの因子分析）

「OK」をクリックすると，新しい変数「j3_逆」が変数に追加されます。「データビュー」の最後の列を確認すると，「j3_逆」が追加されていることが確認できます（図5.8）。

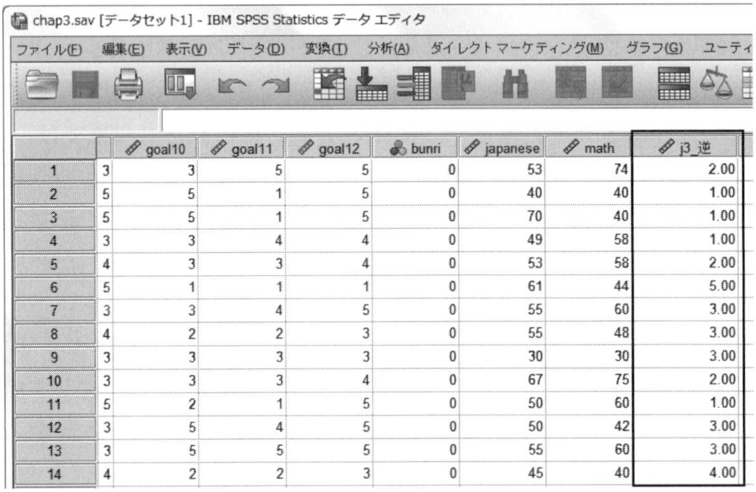

図5.8　最後の列に新しい変数が加わっていることを確認

*33　「変数ビュー」については，2-2-3項を参照してください。その他にも，必要に応じて，「型」や「尺度」などが他の質問項目と同一になるように，新しく作成した変数の情報を修正してください。具体的には，「型」が数値，「小数桁数」は「0」，「尺度」は「スケール」になるようにします。

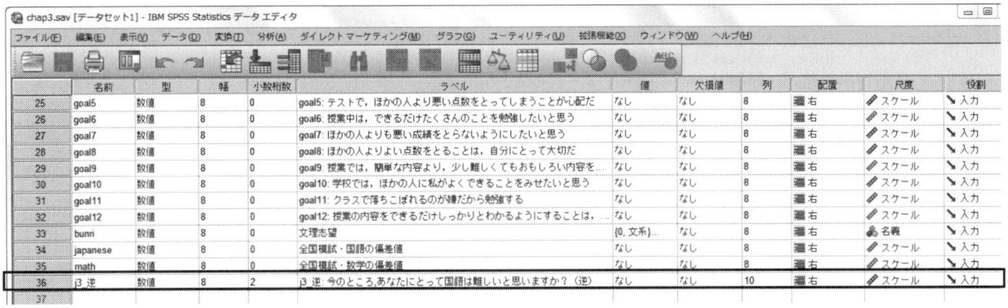

次に，「変数ビュー」を開いて，逆転項目の処理をする前の項目と弁別できるように，「ラベル」に「今のところ，あなたにとって国語は難しいと思いますか？（逆）」と入力します（図5.9）[33]。

図5.9　「変数ビュー」での変数情報の修正

5-2-2 因子分析の実行（因子数の決定）

因子分析を実行するためには，メニューから「分析」→「次元分解」→「因子分析」を選びます[*34]（図 5.10）。

図 5.10 「因子分析」を選択

「因子分析」を選択すると，「因子分析」ウィンドウが開かれます（図 5.11）。ここでは，「国語の学業的自己概念」を測定している項目を選択して，ウィンドウの中央にある「▶」をクリックします[*35]。すると，選択した項目が「変数」ボックスに移動されます。なお，項目 j3 については，逆転項目の処理をしたものを選んでいますので，注意してください。

「因子分析」には，5つのメニューがあります。まず「因子抽出」を選択すると，図 5.12 が開かれます。ここでは「方法」として最尤法を選択します[*36]。また，スクリープロットを出力するために，「表示」の枠内にある「スクリープロット」にチェックを入れます。さらに，「抽出の基準」で因子数を指定することができます。ここでは，「固有値に基づく」で「固有値の下限」を「1」とするというデフォルトのまま分析を行います。これは，固有値の値が 1 以上の固有値の数を因子数とするということです[*37]。これらが完了したら，「続行」をクリックして，元の画面（図 5.11）に戻ります。

次に，「因子分析」ウィンドウ（図 5.11）で「オプション」を選択すると，図 5.13 が開かれます。「係数の表示書式」の枠内にある「サイズによる並び

[*34] 因子分析は，「分析」→「次元分解」→「因子分析」を選択し，変数の選択とオプションの決定をすることで行えます。

[*35] 複数の項目を同時に選択するためには，「Ctrl」キーを押したまま項目をクリックします。

[*36] デフォルトでは，「主成分分析」が選択されていますが，この状態で分析を行うと，因子分析ではなく主成分分析が実行されます。主成分分析については，足立（2006）や Rendcher（2002）などを参照してください。

[*37] こうして因子数を決定する方法は，カイザー基準による因子数の決定と呼ばれます。

5-2 SPSSによる因子分析その1（因子数が1つの因子分析）

図 5.11 「因子分析」ウィンドウ

*38 「サイズによる並び替え」にチェックを入れなかった場合は、「因子分析」ウィンドウ（図 5.11）の「変数」ボックスに入っている項目順に因子負荷が表示されます。

替え」にチェックをいれます。これによって，因子負荷の大きい順に項目が並び変わるため，結果が読み取りやすくなります[*38]。完了後，「続行」をクリックして，元の画面（図 5.11）に戻ります。

図 5.12 「因子分析：因子抽出」ウィンドウ

図 5.13 「因子分析：オプション」ウィンドウ

「OK」をクリックすると，結果が出力されます。まずは因子数について検討するために，「説明された分散の合計」と「スクリープロット」をみます。「説明された分散の合計」という表の「初期の固有値」の「合計」の列の値[*39]が固有値になります（図5.14）。値が1を超えている固有値の数は1つ（3.608のみ）であるため，カイザー基準では因子数は1となります。

[*39] 図5.14で，左から2番目の列が「合計」の列です。そこを縦にみていくと，3.608, .761, .646,…という値を読み取ることができます。

説明された分散の合計

因子	初期の固有値			抽出後の負荷量平方和		
	合計	分散の %	累積 %	合計	分散の %	累積 %
1	3.608	60.131	60.131	3.185	53.081	53.081
2	.761	12.677	72.808			
3	.646	10.762	83.570			
4	.470	7.833	91.403			
5	.320	5.328	96.731			
6	.196	3.269	100.000			

因子抽出法: 最尤法

図 5.14　固有値の確認（「国語の学業的自己概念」尺度）

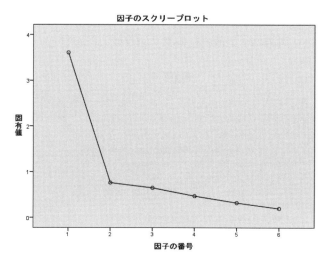

図 5.15　スクリープロット（「国語の学業的自己概念」尺度）

次に，スクリープロットをみてみます（図5.15）。スクリー基準で考えると，第2因子以降でなだらかになっているため，1つ前の第1因子までを因子数とするという判断をすることができます。

以上のように，カイザー基準とスクリー基準からは，1因子解が示唆されます。また，「学業的自己概念」尺度はもともと1因子構造であることが想定されています。そのため，理論的にもデータからも1因子解が妥当と考えられます。そこで，1因子解を採用することにします。

5-2-3 因子分析の実行（因子負荷の推定）

因子数が決定したら，因子負荷の推定を行います。ただし，1因子解を採用した結果がすでに出力されているため（「抽出の基準」でカイザー基準を採用し，カイザー基準では1因子解が得られたためです），このまま因子負荷の確認をします。なお，因子数が1つの場合には因子軸の回転は行いません[*40]。

「因子行列」という表にある値が，各観測変数の因子負荷です（図5.16）。「オプション」で「サイズによる並び替え」を選択したため，値が大きい順に並び替えられています。最も小さい値でも.50を超えていることから，すべての項目は「国語の学業的自己概念」を反映した項目といえそうです。

*40 5-1-3項でも述べたように，因子数が1つの場合は因子軸の回転は不要です。因子軸の回転が意味を持つのは，因子数が2つ以上ある，つまり，因子軸が複数存在する場合です。因子軸が2つ以上あることで，それらの軸が直交するか斜交するかということを考えることができるようになります。因子数が1つ，つまり，因子軸が1つしかない場合は，因子軸が直交・斜交ということを考えることができません。

因子行列[a]

	因子1
j2: 今のところ，国語のテストでよい点を取っていると思いますか？	.875
j1: 今のところ，国語は得意だと思いますか？	.860
j5: 今のところ，通知表で国語の成績はいいほうだと思いますか？	.799
j6: 今のところ，国語ではもの覚えがいいと思いますか？	.684
j4: 今のところ，国語の授業は理解できていると思いますか？	.544
j3_逆 今のところ，あなたにとって国語は難しいと思いますか？（逆）	.528

因子抽出法: 最尤法
a. 1個の因子が抽出されました。4回の反復が必要です。

図5.16 因子負荷の確認（「国語の学業的自己概念」尺度）

5-3 SPSS による因子分析その 2 （因子数が複数ある因子分析）

5-3-1 因子分析の実行（因子数の決定）

次に「達成目標」尺度について因子分析を実行します。メニューで，「分析」→「次元分解」→「因子分析」を選びます[*41]。5-2-2 項の分析から続けて実行した場合，「変数」ボックスの中に，「国語の学業的自己概念」を測定している項目（「j1」～「j6」）があると思います[*42]。そのため，先に「変数」ボックスにある項目を選択し，ウィンドウ中央にある「◀」をクリックして，「変数」ボックスから取り除きます。この状態で，今度は「達成目標」尺度の 12 項目[*43]を選択し，「変数」ボックスへ移動させます（図 5.17）。

[*41] 因子分析は，「分析」→「次元分解」→「因子分析」を選択し，変数の選択とオプションの決定をすることで行えます。

[*42] 正確には，項目 j3 については，逆転項目の処理を行った「j3_逆」になります。

[*43] 「goal1」から「goal12」のことです。

図 5.17 「因子分析」ウィンドウ

先ほどと同様に，「因子抽出」を選択し，「方法」として最尤法を選択し，「スクリープロット」と「固有値に基づく」にチェックを入れ，「固有値の下限」を 1 とします。最後に，「オプション」を選択し，「係数の表示書式」で「サイズによる並び替え」にチェックを入れたら，「OK」をクリックすると，結果が出力されます。

まず，因子数を決定するために，固有値の確認をします。「説明された分散

5-3 SPSSによる因子分析その2（因子数が複数ある因子分析）

の合計」の「初期の固有値」の「合計」の列の値[*44]をみると，値が1を超えている固有値は2つであり，カイザー基準では，2因子解になります（図5.18）。

[*44] 4.508, 1.737, .992, .888, …となっています。

説明された分散の合計

因子	初期の固有値			抽出後の負荷量平方和		
	合計	分散の %	累積 %	合計	分散の %	累積 %
1	4.508	37.566	37.566	3.978	33.150	33.150
2	1.737	14.472	52.038	1.089	9.075	42.225
3	.992	8.266	60.304			
4	.888	7.402	67.706			
5	.801	6.679	74.385			
6	.632	5.266	79.650			
7	.533	4.438	84.088			
8	.505	4.211	88.299			
9	.454	3.782	92.081			
10	.384	3.204	95.285			
11	.298	2.485	97.770			
12	.268	2.230	100.000			

因子抽出法：最尤法

図5.18　固有値の確認（「達成目標」尺度）

また，スクリープロットをみると，3因子以降でなだらかになっているため，1つ前の第2因子までを因子数とすると判断できます（図5.19）。

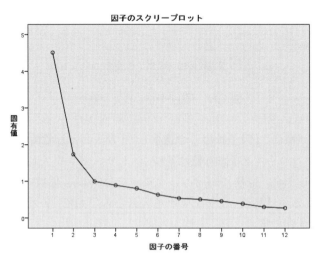

図5.19　スクリープロット（「達成目標」尺度）

以上のように，カイザー基準とスクリー基準からは2因子解が示唆されますが，理論的には3つの因子に分類される尺度で，先行研究では3因子解が採用されています。また，固有値をみると，第3因子の固有値も1に近く，3因子解を採用することも選択肢としては考えられます。そこで本節では，因子数を3に指定して分析をすることにします。

5-3-2　因子分析の実行（因子負荷の推定）

　因子数を3に決定したため，因子数が3つであることと，因子軸の回転法を指定して，因子負荷の推定を行います[*45]。まず，メニューで「分析」→「次元分解」→「因子分析」を選び，「因子抽出」をクリックします。「抽出の基準」で「因子の固定数」にチェックを入れると，「抽出する因子」ボックスに数字を入力することができます。ここでは3因子解を採用するために，「3」と入力します[*46]（図5.20）。完了したら，「続行」をクリックして，元の画面（図5.17）に戻ります。

　また，因子が複数個あるので，因子軸の回転方法についても指定をします。「回転」をクリックすると，図5.21が開かれます。ここではプロマックス回転を採用することにして，「プロマックス」にチェックを入れます[*47]。完了後，「続行」をクリックして，元の画面（図5.17）に戻ります。

[*45] 先ほど，因子数を決定するために行った因子分析では，2因子を採用した場合の結果が出力されています。これは，「抽出の基準」でカイザー基準を採用し，カイザー基準では2因子解が得られたためです。

[*46] 1因子解を採用するときは「1」，2因子解を採用するときは「2」といったように，抽出したい因子の数に応じた数字を入力します。

[*47] デフォルトでは「なし」が選択されており，この場合は回転前の因子負荷だけが出力されます。プロマックスなどの回転を選択すると，回転前の因子負荷と回転後の因子負荷が出力されます。

図5.20　「因子分析：因子抽出」ウィンドウ　　図5.21　「因子分析：回転」ウィンドウ

5-3 SPSSによる因子分析その2（因子数が複数ある因子分析）

「OK」をクリックして結果が出力されたら，因子負荷を確認してみます。斜交回転を選択すると，「因子行列」の他に「パターン行列」と「構造行列[*48]」が出力されますが，回転後の因子負荷は「パターン行列」で確認することができます。項目 goal7 をみると，第1因子の因子負荷が最も高い

*48 構造行列とは，観測変数と因子との相関係数を行列の形で表したものです。構造行列については，南風原（2002）などを参照してください。

パターン行列[a]

	因子 1	因子 2	因子 3
goal8: ほかの人よりよい点数をとることは，自分にとって大切だ	.849	.022	-.132
goal2: 学校では，ほかの人よりよい成績をとることを目標にしている	.793	.051	.013
goal3: まわりのみんなよりよい成績をとろうと思うと，自分はやる気が出る	.652	-.094	.131
goal7: ほかの人よりも悪い成績をとらないようにしたいと思う	.517	.297	.001
goal10: 学校では，ほかの人に私がよくできることをみせたいと思う	.428	.035	.030
goal12: 授業の内容をできるだけしっかりとわかるようにすることは，自分にとって大切なことだ	.382	-.037	.220
goal5: テストで，ほかの人より悪い点数をとってしまうことが心配	.020	.879	.039
goal1: 「悪い成績をとってしまったらどうしよう」と考えることがよくある	-.097	.794	.027
goal11: クラスで落ちこぼれるのが嫌だから勉強する	.160	.435	-.120
goal9: 授業では，簡単な内容より，少し難しくてもおもしろい内容をするほうが好きだ	-.097	.027	.725
goal4: 少し難しくても新しいことを勉強するほうが好きだ	.084	-.096	.629
goal6: 授業中は，できるだけたくさんのことを勉強したいと思う	.183	.098	.455

因子抽出法: 最尤法
回転法: Kaiser の正規化を伴うプロマックス法[a]
a. 6回の反復で回転が収束しました。

図 5.22 因子負荷の確認（1回目の因子分析）

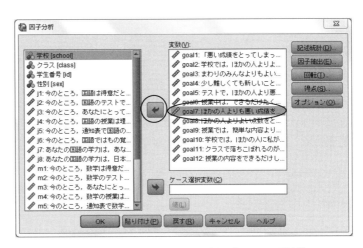

図 5.23 「因子分析」ウィンドウ（goal7 の除外）

（.517）ですが，第2因子の因子負荷も比較的高く（.297），どちらの因子を反映した項目であるかはあまり明確ではありません（図5.22）。そこで，項目goal7を除外して，再度因子分析を実行することにします。

メニューで「分析」→「次元分解」→「因子分析」を選び，「変数」ボックスの中から項目goal7を選択し，ウィンドウの中央にある「◀」をクリックすると，「変数」ボックスから除外できます（図5.23）。

そして，「OK」をクリックして分析を行います。出力結果のうち「パターン行列」をみると，今度は項目goal12について，第1因子と第3因子の因子負荷（それぞれ，.289, .261）が同程度となっています（図5.24）。そのため，goal12も除外して因子分析を実行することにします[*49]。

*49 このように，結果の解釈を行う過程で，因子分析をやり直すこともあります（図5.6）。

パターン行列ᵃ

	因子 1	因子 2	因子 3
goal8: ほかの人よりよい点数をとることは，自分にとって大切だ	.807	.060	-.111
goal2: 学校では，ほかの人よりよい成績をとることを目標にしている	.805	.052	.009
goal3: まわりのみんなよりもよい成績をとろうと思うと，自分はやる気が出る	.664	-.094	.126
goal10: 学校では，ほかの人に私がよくできることをみせたいと思う	.449	.027	.021
goal12: 授業の内容をできるだけしっかりとわかるようにすることは，自分にとって大切なことだ	.289	.034	.261
goal1: 「悪い成績をとってしまったらどうしよう」と考えることがよくある	-.139	.882	.047
goal5: テストで，ほかの人より悪い点数をとってしまうことが心配	.132	.747	.012
goal11: クラスで落ちこぼれるのが嫌だから勉強する	.140	.469	-.107
goal9: 授業では，簡単な内容より，少し難しくてもおもしろい内容をするほうが好きだ	-.090	-.004	.715
goal4: 少し難しくても新しいことを勉強するほうが好きだ	.062	-.097	.640
goal6: 授業中は，できるだけたくさんのことを勉強したいと思う	.128	.123	.486

因子抽出法: 最尤法
回転法: Kaiserの正規化を伴うプロマックス法ᵃ
a. 6回の反復で回転が収束しました。

図5.24 因子負荷の確認（2回目の因子分析）

再びメニューで「分析」→「次元分解」→「因子分析」を選び，「変数」ボックスの中から項目goal12を除外して再度因子分析を行います[*50]。「パターン行列」をみると，goal2, goal8, goal3, goal10は第1因子，goal1, goal5, goal10は第2因子，goal9, goal4, goal6は第3因子にのみ高い因子負荷を示しています。このように，すべての観測変数がいずれか1つの因子に高い因子負荷を示していることから，単純構造が得られたと判断して良いでしょう（図5.25）。

*50 このためには，「変数」ボックスの中から項目12を選択し，ウィンドウ中央にある◀をクリックします。そして，「OK」をクリックすれば，因子分析が実行されます。

5-3 SPSS による因子分析その2（因子数が複数ある因子分析）

パターン行列[a]	因子1	因子2	因子3
goal2: 学校では，ほかの人よりよい成績をとることを目標にしている	**.819**	.047	.003
goal8: ほかの人よりよい点数をとることは，自分にとって大切だ	**.776**	.078	-.106
goal3: まわりのみんなよりもよい成績をとろうと思うと，自分はやる気が出る	**.682**	-.102	.132
goal10: 学校では，ほかの人に私がよくできることをみせたいと思う	**.430**	.042	.040
goal1: 「悪い成績をとってしまったらどうしよう」と考えることがよくある	-.124	**.864**	.041
goal5: テストで，ほかの人より悪い点数をとってしまうことが心配だ	.120	**.762**	.026
goal11: クラスで落ちこぼれるのが嫌だから勉強する	.127	**.475**	-.101
goal9: 授業では，簡単な内容より，少し難しくてもおもしろい内容をするほうが好きだ	-.081	.011	**.725**
goal4: 少し難しくても新しいことを勉強するほうが好きだ	.076	-.090	**.649**
goal6: 授業中は，できるだけたくさんのことを勉強したいと思う	.149	.128	**.429**

因子抽出法: 最尤法
回転法: Kaiserの正規化を伴うプロマックス法[a]
a. 6回の反復で回転が収束しました。

図5.25　因子負荷の確認（3回目の因子分析）

5-3-3　因子の解釈

　因子分析を実行した後は，各因子について解釈をする必要があります。因子の解釈とは，各因子を強く反映する観測変数の内容から，その因子の内容を推測することです[*51]。具体的に行う作業としては，各因子がどのような概念を表しているかについて，因子名をつけます。先行研究の尺度を用いた場合には，先行研究の因子名を参考に命名できますが，自分で尺度を作成した場合には，自分自身で因子名を考案する必要があります。

　まず第1因子をみると，「学校では，ほかの人よりよい成績をとることを目標にしている」「ほかの人よりよい点数をとることは，自分にとって大切だ」といった項目が高い因子負荷を示しています。これらは，学習において他者よりも良い成績を取ることを目標にしている人が高い得点を取ると考えられる項目で，先行研究において「遂行接近目標」と呼ばれている概念を表したものといえます。そのため，第1因子は「遂行接近目標」因子と命名できます。次に第2因子をみると，「『悪い成績をとってしまったらどうしよう』と考えることがよくある」「テストで，ほかの人より悪い点数をとってしまうことが心配だ」といった項目が高い因子負荷を示しています。

*51　因子の解釈は，分析結果から自動的になされるものではなく，分析者自身の判断によって行うものです。

これらは，学習において他者よりも悪い成績を取ることを避けたいと思っている人が高い得点を取ると考えられる項目で，先行研究において「遂行回避目標」と呼ばれている概念を表したものといえます。そのため，第2因子は「遂行回避目標」因子と命名できます。最後に第3因子をみると，「授業では，簡単な内容より，少し難しくてもおもしろい内容をするほうが好きだ」「少し難しくても新しいことを勉強するほうが好きだ」など，学習においては他人との相対的な成績よりも学習内容の習得を目標とする人が高い得点を取ると考えられる項目が，高い因子負荷を示しています。これは先行研究において，「習得目標」と呼ばれる概念を表したものといえます。そのため，第3因子は「習得目標」と命名することができます[*52]。

今回はプロマックス回転を選択して因子分析を実行したため，因子間相関に関する結果が出力されています[*53]。「因子相関行列」がそれになります（図5.26）。第1因子は遂行接近目標，第2因子は遂行回避目標，第3因子は習得目標であったため，遂行接近目標と遂行回避目標は中程度の正の相関を示し，遂行接近目標と習得目標も中程度の正の相関を示していることがわかります[*54]。遂行接近目標と遂行回避目標はもともと遂行目標という1つの目標が分離したものであり，先行研究でも同程度の相関が示されていることから，先行研究通りの結果が得られたと判断することができます[*55]。したがって，因子間相関の結果からは，3因子解を採用することがある程度正当化できるといえます。

因子相関行列

因子	1	2	3
1	1.000	.613	.423
2	.613	1.000	.115
3	.423	.115	1.000

因子抽出法: 最尤法
回転法: Kaiserの正規化を伴うプロマックス法

図5.26 因子間の相関係数

[*52] 因子の解釈の結果をまとめると，
第1因子：遂行接近目標
第2因子：遂行回避目標
第3因子：習得目標
となります。

[*53] 直交回転を行った場合には，因子間相関行列は出力されません。直交回転には，バリマックス回転などがあります。また，因子の回転を行わなかった場合と，因子数が1つの場合も，因子間相関行列は出力されません。

[*54] 具体的には，遂行接近目標（第1因子）と遂行回避目標（第2因子）の間の相関係数は.613，遂行接近目標と習得目標（第3因子）の間の相関係数は.423となっています。

[*55] また，遂行接近目標と習得目標は，どちらも課題に対して接近的である（課題達成に向かう）という側面を表したものであることから，中程度の正の相関を示すことは理解できる結果です。

5-4 共通性と因子寄与

因子（共通因子）が観測変数をどの程度説明しているかを表す指標としては因子負荷がありますが，因子負荷以外にも，共通性と因子寄与という指標があります。

5-4-1 共通性と独自性

共通性[*56]は，各観測変数が全ての因子（共通因子）によってどの程度説明されるのかを表す指標です。SPSSでは，「共通性」の表で共通性の値を確認することができます。例として図5.27に，「達成目標」尺度について因子分析を行ったときに出力される，「共通性」の表を示します。「因子抽出後」の列にある方の値が共通性になります。

[*56] 共通性は，英語では communality といいます。

共通性

	初期	因子抽出後
goal1:「悪い成績をとってしまったらどうしよう」と考えることがよくある	.462	.636
goal2: 学校では，ほかの人よりよい成績をとることを目標にしている	.589	.722
goal3: まわりのみんなよりもよい成績をとろうと思うと，自分はやる気が出る	.406	.481
goal4: 少し難しくても新しいことを勉強するほうが好きだ	.292	.455
goal5: テストで，ほかの人より悪い点数をとってしまうことが心配だ	.561	.716
goal6: 授業中は，できるだけたくさんのことを勉強したいと思う	.260	.312
goal8: ほかの人よりよい点数をとることは，自分にとって大切だ	.518	.622
goal9: 授業では，簡単な内容より，少し難しくてもおもしろい内容をするほうが好きだ	.279	.484
goal10: 学校では，ほかの人に私がよくできることをみせたいと思う	.249	.225
goal11: クラスで落ちこぼれるのが嫌だから勉強する	.305	.304

因子抽出法: 最尤法

図5.27 共通性の確認（「達成目標」尺度）

共通性は観測変数ごとに得られるもので，因子軸の回転をしない場合や直交回転を行った場合は，各観測変数について因子負荷を2乗したものの合計が共通性になります。一方，斜交回転を行った場合は，この関係性は成り立ちません。ただし，ここで注意をする必要があるのは，斜交回転をすることで「因子負荷の2乗和＝共通性」という関係性がなくなるだけであり，回転をしない場合でも，直交回転や斜交回転を行った場合でも，共通性の値自体は1つしかないということです[*57]。

例えば，「達成目標」尺度について因子分析を行ったときに得られる，項

[*57] 言い換えると，因子軸の回転をしたりすることで，共通性の値が変わるということはありません。実際に，SPSSで「達成目標」尺度について因子分析を行う際に，因子軸の回転をしなくとも，バリマックス回転やプロマックス回転を行っても，出力される「共通性」の表はすべて図5.27になります。

目 goal1 の共通性の値は .636[*58] です[*59]。また，3 因子解を採用し，回転を行わなかったときの項目 goal1 の因子負荷と因子負荷の 2 乗和，バリマックス回転を行ったときの項目 goal1 の因子負荷と因子負荷の 2 乗和，プロマックス回転を行ったときの項目 goal1 の因子負荷との 2 乗和を表 5.4 に示します。表 5.4 からわかるように，因子負荷の値は回転の有無や回転の種類によって異なりますが，回転を行っていない場合とバリマックス回転を行った場合は，因子負荷を 2 乗したものの合計が共通性の値（.636）と等しくなっています[*60]。一方で，プロマックス回転を行った場合は，因子負荷を 2 乗したものの合計（.764）は共通性の値とは異なっています。

表 5.4　項目 goal1 の因子負荷と因子負荷の 2 乗和

	因子負荷			因子負荷の 2 乗和
	因子 1	因子 2	因子 3	
回転なし	.635	−.402	.267	.636 $(=.635^2+(-.402)^2+.267^2)$
バリマックス回転	.161	.779	.049	.635 $(=.161^2+.779^2+.049^2)$
プロマックス回転	−.124	.864	.041	.764 $(=(-.124)^2+(.864)^2+.041^2)$

因子負荷と共通性の関係について，因子負荷は，ある特定の共通因子によってある観測変数がどの程度説明されるかを表す指標であり，共通性は，全ての共通因子によってその観測変数がどの程度説明されるかを表す指標として区別することができます[*61]。なお，観測変数が共通因子以外の要因で説明される程度を表すものは，独自性[*62]と呼ばれます。共通性と独自性の関係について，数学的には「共通性＋独自性＝1」となります。この関係から，独自因子が 0 のとき（観測変数を共通因子で完全に説明できるとき），共通性は最大になり，1 という値をとります。

5-4-2　因子寄与

因子寄与[*63]は，各因子が説明できる観測変数の分散の大きさを表すものです。因子軸の回転を行わない場合や，直交回転を行った場合は，因子寄与は，因子ごとに全ての観測変数の因子負荷を 2 乗して合計したものに等

[*58] 因子軸の回転をしない場合でも，バリマックス回転やプロマックス回転をした場合でも，共通性の値は .636 になります。

[*59] ここでは，goal7 と goal12 を除外して因子分析を行った結果について述べています。

[*60] ただし，小数第 4 位以下の値を丸めて計算している関係で，値は完全に一致しません。

[*61] 共通性は，重回帰分析の枠組みでいえば，分散説明率に相当するものです（重回帰分析や分散説明率については，10 章を参照してください）。

[*62] 独自性は，英語では uniqueness といいます。

[*63] 因子寄与は，単に寄与（contribution）とも呼ばれます。

5-4 共通性と因子寄与

しくなります。SPSSでは,「説明された分散の合計」の表で因子寄与の値を確認することができます。

例として図5.28[64]に,「国語の学業的自己概念」尺度について因子分析を行ったときに出力される,「説明された分散の合計」の表を示します。「抽出後の負荷量平方和[65]」の「合計」の列で因子寄与の値(3.185)を確認することができます[66]。因子寄与は,観測変数の因子負荷の2乗和であるため,図5.16から,「$3.185 = .875^2 + .860^2 + .799^2 + .684^2 + .544^2 + .528^2$」であることを確認することができます。

また,図5.28で,「分散の%」の列の値は,「因子寄与 ÷ 項目数」で算出されるもので,因子寄与率と呼ばれます。

説明された分散の合計

因子	初期の固有値			抽出後の負荷量平方和		
	合計	分散の%	累積%	合計	分散の%	累積%
1	3.608	60.131	60.131	3.185	53.081	53.081
2	.761	12.677	72.808			
3	.646	10.762	83.570			
4	.470	7.833	91.403			
5	.320	5.328	96.731			
6	.196	3.269	100.000			

因子抽出法: 最尤法

図5.28 因子寄与の確認(「国語の学業的自己概念」尺度)

次に,回転を行った場合について説明をします。例として図5.29に,「達成目標」尺度について因子分析を行い,バリマックス回転を行ったときに出力される「説明された分散の合計」の表を示します[67]。回転を行った場合は,「回転後の負荷量平方和」の「合計」の列で因子寄与の値を確認することができます。因子寄与は因子ごとに計算されるため,3つの因子寄与が算出されています(1.931, 1.741, 1.283)。また,因子寄与率も同様に3つ算出されています。

なお,「回転後の負荷量平方和」のところにある「累積%」の列の値は,各因子の寄与率を合計した値で,累積寄与率と呼ばれます。例えば図5.29で,「因子」が「2」の行の「累積%」の値(36.722)は,第1因子と第2因子の寄与率の合計(19.314 + 17.408 = 36.722)であり,「因子」が「3」の行

[64] 図5.28は図5.14と同一のものです。

[65] 「平方」は「2乗」を意味するため,「平方和」と「2乗和(2乗したものの合計)」は同じことを意味しています。

[66] 「初期の固有値」の「合計」の列の値は,因子寄与ではなく,固有値になりますので注意が必要です。

[67] ここでは,goal7とgoal12を除外して因子分析を行ったときに出力されるものを示しています。また,バリマックス回転による因子分析を実行するためには,メニューで「分析」→「次元分解」→「因子分析」を選び,「因子分析」ウィンドウが開いたら,「回転」をクリックして「バリマックス」にチェックを入れます。

の「累積%」の値 (49.551) は，第 1 因子から第 3 因子までの寄与率の合計になります[*68]。

では，プロマックス回転を行ったときに出力される「説明された分散の合計」の表を図 5.30 に示します。この表は，図 5.29 とは異なり，「回転後の負荷量平方和」という欄には「合計」しかなく，因子寄与率や累積寄与率が出力されていません。これは，斜交回転を行った場合は，因子寄与率を計算する際のもととなる因子寄与の最大値が特定できないためです[*69]。このように斜交回転を行った場合は，因子寄与の最大値は特定できず，また，

[*68] ただし，小数第4位以下の値を丸めて計算している関係で，値は完全に一致しません (19.314 + 17.408 + 12.830 = 49.552)。

[*69] 回転をしない場合や直交回転を行った場合は，項目数が因子寄与の最大値になります。

説明された分散の合計

因子	初期の固有値			抽出後の負荷量平方和			回転後の負荷量平方和		
	合計	分散の %	累積 %	合計	分散の %	累積 %	合計	分散の %	累積 %
1	3.765	37.653	37.653	3.298	32.980	32.980	1.931	19.314	19.314
2	1.676	16.756	54.409	1.150	11.496	44.477	1.741	17.408	36.722
3	.946	9.465	63.874	.507	5.075	49.551	1.283	12.830	49.551
4	.820	8.197	72.070						
5	.674	6.743	78.814						
6	.594	5.943	84.756						
7	.459	4.593	89.349						
8	.455	4.552	93.902						
9	.317	3.174	97.076						
10	.292	2.924	100.000						

因子抽出法: 最尤法

図 5.29　因子寄与の確認（「達成目標」尺度（バリマックス回転））

説明された分散の合計

因子	初期の固有値			抽出後の負荷量平方和			回転後の負荷量平方和[a]
	合計	分散の %	累積 %	合計	分散の %	累積 %	合計
1	3.765	37.653	37.653	3.298	32.980	32.980	2.991
2	1.676	16.756	54.409	1.150	11.496	44.477	2.499
3	.946	9.465	63.874	.507	5.075	49.551	1.618
4	.820	8.197	72.070				
5	.674	6.743	78.814				
6	.594	5.943	84.756				
7	.459	4.593	89.349				
8	.455	4.552	93.902				
9	.317	3.174	97.076				
10	.292	2.924	100.000				

因子抽出法: 最尤法
a. 因子が相関する場合は，負荷量平方和を加算しても総分散を得ることはできません。

図 5.30　因子寄与の確認（「達成目標」尺度（プロマックス回転））

因子寄与率は算出されませんが，因子間で因子寄与の大きさを比較することは可能です。つまり，観測変数に対する寄与の大きい因子はどれか，について検討することはできます。

また斜交回転を行った場合は，因子ごとに因子負荷を2乗したものを合計しても，因子寄与とは等しくなりません。これは，斜交回転を行った場合は，「因子寄与＝因子ごとに，因子と観測変数との相関係数を2乗したものの合計」となるためです。SPSSでは，因子と観測変数との相関係数は，「構造行列」という表で確認をすることができます[*70]。

最後に，ここまで述べてきた用語を表5.5に整理します。

[*70] なお，SPSSで直交回転を行ったときに「構造行列」が出力されないのは，因子と観測変数との相関係数が因子負荷と一致するためです。

5-5 論文での結果の報告例

因子分析の実行手順について説明をしてきましたが，論文などで分析結果を報告する際には，どの情報をどのように記述すれば良いのでしょうか。因子分析の結果について報告をする際には，まず，因子数の決定方法について記述をします。因子数を決定するための絶対的な方法はないことから，複数の観点から因子数を検討したことを説明する必要があります。そのため，「報告例」では最初に，値が1以上となった固有値の数と，固有値の減衰状況について記述がされています。これによって，カイザー基準とスクリー基準に基づいた場合に，いくつの因子数が適切と判断されるのかを，論文の読み手も知ることが可能になります。なお，スクリー基準に関する記述では，例えば「第3因子以降でなだらかになっているため，2因子解が示唆された」と丁寧に記述されることは少なく，単に「減衰状況からは2因子解が示唆された」と書かれることが多いです。また，「達成目標」尺度では，最終的に理論や解釈可能性を優先させて因子数を決定したことが報告されています。このような場合には，先行研究の知見などを踏まえて，その因子数を採用することのメリットなどをできるだけ具体的に記述することが重要であると考えられます[*71]。

また，選択した推定法や回転法によって，因子負荷などの推定値は異なるため，因子数の決定方法について記述をした後には，推定法と（因子数が2以上であれば）回転法を明記します。このとき，もし因子分析の過程

[*71] 鈴木・武藤(2013)では，確認的因子分析を利用して，2因子解と3因子解のどちらが適切かを検討しています。確認的因子分析については，実践編1章を参照してください。

表 5.5 因子分析に関する用語の整理

用語	説明
固有値	因子数を決定する際に参照される値。SPSS では，「説明された分散の合計」の「初期の固有値」の「合計」で確認できる
因子負荷	それぞれの観測変数が，その因子をどの程度反映しているかを示す指標。SPSS では，回転しない場合は「因子行列」，直交回転を行った場合は「回転後の因子行列」，斜交回転を行った場合は「パターン行列」で確認できる
因子寄与	各因子が説明できる観測変数の分散の大きさを表す指標。回転をしない場合と，直交回転を行った場合は，「因子ごとに，観測変数の因子負荷を 2 乗して合計したもの」，斜交回転を行った場合は「因子ごとに，観測変数と因子との相関係数を 2 乗して合計したもの」が因子寄与になる。SPSS では，「説明された分散の合計」のうち，回転をしない場合は「抽出後の負荷量平方和」の「合計」，回転をした場合は「回転後の負荷量平方和」の「合計」で確認できる
共通性	各観測変数がすべての因子（共通因子）によってどの程度説明されるのかを表す指標。因子軸の回転をしない場合と，直交回転を行った場合は，「観測変数ごとに，因子負荷を 2 乗して合計したもの」が共通性になる。SPSS では，「共通性」の「因子抽出後」で確認できる
独自性	共通因子以外の要因で説明される程度を表すもので，数学的には「独自性＝1 －共通性」という関係が成り立つ。SPSS では出力されない
スクリープロット	固有値を縦軸，因子の数を横軸にとって，固有値の変化をプロットした折れ線グラフ
単純構造	各観測変数が 1 つの因子だけに高い負荷を示し，他の因子負荷が 0 に近くなること
因子軸の回転	因子軸の回転は，単純構造に近づける目的で行われる。因子軸の回転法は，直交回転と斜交回転の大きく 2 つに分類される。直交回転は，因子間の相関が 0 であることを仮定したもので，直交回転を行うと因子間相関はすべて 0 になる。斜交回転は，因子間に相関があることを仮定したもの
因子行列	各観測変数の因子負荷を一覧にしたもの。SPSS では，因子数が 2 つ以上のときは，因子軸を回転する前の因子負荷の値が「因子行列」として示され，直交回転を行った場合は「回転後の因子行列」に回転後の因子負荷が示される
パターン行列	斜交回転を行った後の因子負荷を一覧にしたもの
構造行列	観測変数と因子との間の相関係数を表したもの
因子の解釈	各因子を強く反映する観測変数の内容から，その因子の内容を推測すること。具体的には，各因子がどのような概念を表しているかについて，因子名をつける

で除外した項目があれば，どのような基準でどの項目を削除したかについて説明をします。さらに，因子数が 2 つ以上であれば，因子間の関係を明確にするために，因子間相関についても報告をします[*72]。

そして，最終的に得られた各項目の因子負荷を，表 5.6 や表 5.7 のような形で整理します。このときに，共通性と因子寄与率，因子間相関，削除した項目とその因子負荷なども記載できると，重要な情報がまとまって良いと思います。

なお，ここで例として示した「報告例」はあくまでも一例であり，報告の仕方は様々です。しかし，分析の手続きや結果が適切なものであることを伝えるためには，因子数決定の手続き，推定法，回転法，項目選択の手

[*72] ここでは，因子の回転法として，プロマックス回転などの斜交回転を用いていることを想定しています。

続き，最終的に得られた結果（因子負荷，共通性，因子寄与率，因子間相関）について報告をすることは重要といえます。

表 5.6 「国語の学業的自己概念」尺度の因子分析結果

質問項目	因子負荷	共通性
今のところ，国語のテストでよい点を取っていると思いますか	.88	.76
今のところ，国語は得意だと思いますか	.86	.73
今のところ，通知表で国語の成績はいいほうだと思いますか	.80	.63
今のところ，国語ではもの覚えがいいと思いますか	.68	.46
今のところ，国語の授業は理解できていると思いますか	.54	.29
(-) 今のところ，あなたにとって国語は難しいと思いますか	.53	.27

注）(-) は逆転項目を意味する

表 5.7 「達成目標」尺度の因子分析結果

質問項目	因子負荷 因子1	因子2	因子3	共通性
因子1：遂行接近目標				
学校では，ほかの人よりよい成績をとることを目標にしている	.82	.05	.00	.72
ほかの人よりよい点数をとることは，自分にとって大切だ	.78	.08	−.11	.62
まわりのみんなよりもよい成績をとろうと思うと，自分はやる気が出る	.68	−.10	.13	.48
学校では，ほかの人に私がよくできることをみせたいと思う	.43	.04	.04	.23
因子2：遂行回避目標				
「悪い成績をとってしまったらどうしよう」と考えることがよくある	−.12	.86	.04	.64
テストで，ほかの人より悪い点数をとってしまうことが心配だ	.12	.76	.03	.72
クラスで落ちこぼれるのが嫌だから勉強する	.13	.48	−.10	.30
因子3：習得目標				
授業では，簡単な内容より，少し難しくてもおもしろい内容をするほうが好きだ	−.08	.01	.73	.48
少し難しくても新しいことを勉強するほうが好きだ	.08	−.09	.65	.46
授業中は，できるだけたくさんのことを勉強したいと思う	.15	.13	.43	.31
削除した項目				
ほかの人よりも悪い成績をとらないようにしたいと思う	.52	.30	.00	.56
授業の内容をできるだけしっかりとわかるようにすることは，自分にとって大切なことだ	.29	.03	.26	.24
因子間相関　因子2	.61			
因子3	.42	.12		

「国語の学業的自己概念」尺度6項目に対して固有値を求めたところ，3.61，.76，.65，…であり，値が1を超えた固有値の数は1つであった。また，固有値の減衰状況からも1因子解が示唆された。これらの結果と，理論的には1因子構造であることを考慮して，1因子解を採用することとした。そこで，1因子解を当てはめて因子分析（最尤法）を行った結果，6項目すべてが高い因子負荷を示した（表5.6）。なお，因子寄与率は53.08％であった。以上のことから，尺度が「国語の学業的自己概念」という単一の概念を測定していることが示唆された。

「達成目標」尺度12項目に対して固有値を求めたところ，4.51，1.74，.99，.89，.80，…であり，値が1を超えた固有値の数は2つであった。また，固有値の減衰状況からも2因子解が示唆された。しかし，達成目標は理論的には3つの目標に分類されるものであり，2因子解を採用して因子分析（最尤法・プロマックス回転）を行うと，1つの因子に習得目標に関する項目と遂行接近目標に関する項目が混在するなどの問題が生じた。また村山（2003b）では，遂行接近目標と遂行回避目標の相関は高い傾向（.60程度）にあるが，これらを分けることの有用性が示されている。そこで本研究では解釈可能性を重視し，3因子解を当てはめて因子分析（最尤法・プロマックス回転）を行った。その結果，2つの因子に高い因子負荷を示した項目が1つあったため，これを除外して再度因子分析を行った。分析の結果，別の1項目が2つの因子に対して同程度の大きさの因子負荷を示したことから，これも除外して10項目で再度因子分析を行った。その結果，すべての項目がいずれか1つの因子に対して高い因子負荷を示した（表5.7）。なお，回転前の3因子での累積寄与率は49.55％であった。

第1因子は，「学校では，ほかの人よりよい成績をとることを目標にしている」や「ほかの人よりよい点数をとることは，自分にとっ

> て大切だ」など，他者よりも良い成績をとることを目標としていることを示す項目を含むことから，「遂行接近目標」因子と命名した。
>
> 　第2因子は，「『悪い成績をとってしまったらどうしよう』と考えることがよくある」や「テストで，ほかの人より悪い点数をとってしまうことが心配だ」など，他者よりも悪い成績を取ることを避けることを目標とする項目を含むことから，「遂行回避目標」因子と命名した。
>
> 　第3因子は，「授業では，簡単な内容より，少し難しくてもおもしろい内容をするほうが好きだ」や「少し難しくても新しいことを勉強するほうが好きだ」など，学習内容の習得を目標としていることを示す項目を含むことから，「習得目標」と命名した。

5-6　練習問題

　鈴木・武藤（2013）データを用いて，以下の分析を実行してください。

1) 「数学の学業的自己概念」について，因子分析を行いなさい。
2) 達成目標尺度について，因子の抽出法として主因子法を採用して因子分析を行いなさい。

6章 尺度得点についての分析[*1]

尺度による測定を行った場合には，一般に尺度得点を算出し，尺度得点を用いて分析を進めていきます。また，尺度得点を用いて分析する際には，その尺度が適切であるかについて吟味をする必要があります。これは，尺度の妥当性と信頼性の問題と呼ばれます。そこで本章では，まず尺度の妥当性と信頼性について説明し，その後，SPSSを用いて尺度得点について分析する方法を紹介します。

本章で学ぶこと	・妥当性と信頼性 ・尺度得点 ・逆転項目の処理

6-1 尺度の妥当性

6-1-1 妥当性とは

5章でも説明したように，人の学習意欲やパーソナリティなど，それ自体はみることも触ることもできない構成概念を測定することに，心理学の特徴があります。質問紙調査で用いられる心理尺度というのは，こうした構成概念を間接的に測定するための1つの方法であるため，尺度が構成概念を適切に測定できているかどうかについて評価する必要があります。このように，目的とする構成概念を適切に反映できている程度のことを妥当性[*2]と呼びます。

妥当性の概念は時代とともに変遷していますが，妥当性には構成概念妥当性と内容的妥当性，基準連関妥当性の3種類があると，歴史的に考えられてきました（表6.1）。まず，尺度得点の高低が目的とする構成概念をどの程度適切に反映しているか，という観点から評価されるのが構成概念妥当性[*3]になります。また，尺度に含まれる項目が測定目的に合致しているか，という観点から評価されるのが内容的妥当性[*4]です。例えば，「小学校で学習した算数の達成度を評価する」ことを目的に学力テストを実施する

[*1] 4章の相関分析をSPSSで実行するためには，本章で紹介する尺度得点の計算を先に実行する必要があります。

[*2] 妥当性は，英語ではvalidityといいます。

[*3] 構成概念妥当性は，英語ではconstruct validityといいます。

[*4] 内容的妥当性は，英語ではcontent validityといいます。

6-1 尺度の妥当性

のであれば，学習指導要領や教科書を参照しながら，小学校算数の学習事項を網羅し，項目の不備や偏りがないように出題できているかが，内容的妥当性においては問題になります。そして，目的としている構成概念と関連のある外的な基準との相関関係によって評価されるのが，基準連関妥当性[*5]です。基準連関妥当性は，外的基準となるデータがどの時期に得られるかによって，併存的妥当性と予測的妥当性にさらに分けられます。例えば知能検査の基準連関妥当性を検討するときに，知能検査と同時期に測定された学業成績との相関を検討するなど，妥当性を評価しようとする尺度のデータと同じ時期に，外的基準となるデータが得られる場合が，併存的妥当性になります。一方の予測的妥当性とは，例えば将来の学業成績との相関を検討するなど，妥当性を評価しようとする尺度のデータよりも後に，外的基準となるデータが得られる場合に呼ばれます。

[*5] 基準連関妥当性は，英語では criterion-related validity といいます。

表 6.1 3種類の妥当性

構成概念妥当性	尺度得点の高低が目的とする構成概念をどの程度適切に反映しているかによって評価される，妥当性の側面
内容的妥当性	尺度に含まれる項目が測定目的に合致しているかによって評価される，妥当性の側面
基準連関妥当性	目的としている構成概念と関連のある外的な基準との間に相関があるかによって評価される，妥当性の側面。外的基準となるデータが得られる時期によって，併存的妥当性と予測的妥当性に分かれる

しかし近年では，構成概念妥当性が妥当性そのものであり，妥当性は構成概念妥当性という統合的な概念として捉えることができると考えられています。例えば先の例で，ある学力テストの内容的妥当性が満たされているのであれば，達成度の高い児童はそのテストで高い点数を取るはずです。このように，尺度得点（学力テストの得点）の高低が「算数の達成度」という構成概念を適切に反映しているならば，それは構成概念妥当性を満たしていることの1つの証拠になります。つまり，内容的妥当性をつきつめれば，構成概念妥当性に行きつくことになります。このように，妥当性はいくつかの種類に分かれるのではなく，構成概念妥当性に集約されると考えられるようになってきています[*6]。

[*6] 妥当性に関するより詳しい解説や概念の変遷については，平井 (2006) や, Messick (1995), 村山 (2012), 尾崎・荘島 (2014) などを参照してください。

6-1-2 妥当性の評価

Messick（1995）は，構成概念妥当性こそが妥当性であるとした上で，尺度得点を用いて構成概念妥当性を解釈できることを示すための証拠として，「内容的側面の証拠」と「本質的側面の証拠」「構造的側面の証拠」「一般化可能性の側面の証拠」「外的側面の証拠」「結果的側面の証拠」の6つを挙げています（図6.1）[*7]。以下では，これら6つの証拠について説明をしますが，実際の研究で，6つの証拠をすべて示す必要があるというわけではありません。妥当性がどのような証拠に支えられているのか，あるいは，どの証拠は不十分であるのかを認識して研究を進めていくことが重要だといえるでしょう。

[*7] 観測可能な尺度得点によって観測できない構成概念を解釈するということは，5章の図5.1でも示しました。

尺度得点を用いて構成概念の解釈を行うことの適切さを示すための証拠
- 内容的側面の証拠
- 本質的側面の証拠
- 構造的側面の証拠
- 一般化可能性の側面の証拠
- 外的側面の証拠
- 結果的側面の証拠

図 6.1　妥当性検証のための6つの証拠（尾崎・荘島（2014）をもとに作成）

1) 内容的側面の証拠

内容的妥当性の概念と近く，尺度の内容が測定したい構成概念を十分に代表しているかに関する証拠です。その分野の専門家によって判断されることが多いです。

2) 本質的側面の証拠

項目に対する回答のプロセスを心理学的に説明できるかに関する証拠です。例えば，質問項目に回答する際の思考内容を調査協力者に発話してもらうことで得られるデータの分析などを通じて証拠を得ます。

3) 構造的側面の証拠

尺度の構造が理論や仮説と合致しているかに関する証拠です。因子分析[*8]などによって判断されることが多いです。例えば「達成目標」尺度では，習得目標と遂行接近目標，遂行回避目標の3つの下位尺度が想定されていました。そのため，回答データに対して因子分析を適用し，3因子解が

[*8] 因子分析については，5章を参照してください。

2因子解や4因子解などの他の因子解と比較して適切であることを示せれば，構造的側面の証拠となります。

4）一般化可能性の側面の証拠

他の調査対象者や実施時期，項目群に対しても結果を一般化できるかに関する証拠です。他の測定時期に対する一般化は再検査信頼性，別の項目群に対する一般化は平行検査信頼性を表すように，次節で紹介する「信頼性」の概念は，ここに含まれます。

5）外的側面の証拠

基準連関妥当性の概念と近く，外的な基準との間の関連が，予想通りであるかに関する証拠です。この証拠には，関連が高いと思われる外的基準との間の相関が高いという証拠（収束的証拠）以外にも，関連がないと思われる基準との相関が実際に低いという証拠（弁別的証拠）も含まれます。

6）結果的側面の証拠

尺度を使用した結果として生じた事態の適切性に関する証拠になります。例えば，生徒の学力を把握し，授業改善に活用することを目的に学力テストが作成された場合，授業改善が実際に上手くいったかどうかによっても，その学力テストの妥当性が評価されます[9]。

[9] 村山（2012）を参照してください。

6-2 尺度の信頼性

6-2-1 信頼性とは

尺度によって構成概念を測定する際には，尺度の信頼性も重要になります。信頼性[10]とは，回答の安定性や一貫性のことを指します。例えば学習意欲を測定する尺度を開発した場合に，回答者の気分や調子，その日の気候などによって回答結果が大きく変わるような尺度では，たとえ同じ回答者であっても，調査を受ける日によって回答結果が変わってしまいます。このように，回答結果が安定しないということは，学習意欲などの構成概念を適切に測定できていないことを意味します。

また，複数の項目から構成される尺度では，尺度内での回答が類似することが想定されています。つまり，ある項目に「4」や「5」などの高い評点をつける人は，他の項目にも高い評点をつける傾向にあることが想定さ

[10] 信頼性は，英語ではreliabilityといいます。

れています[*11]。なぜなら，同一の尺度に含まれる項目群は同じ概念を測定していることから，回答傾向が類似（一貫）するはずだからです。

これらの例からもわかるように，信頼性には複数の見方・考え方があります。前者のような信頼性は測定時期を越えた一貫性，後者は尺度に含まれる項目に対する回答者の回答傾向の一貫性や内的整合性といえます[*12]。そして，次項で詳しく説明するように，構成概念を適切に測定するためには，妥当性だけでなく，信頼性の高い尺度であることが必要になります。

6-2-2 妥当性と信頼性の関係

信頼性は回答結果が安定・一貫しているかを問題としているため，その尺度が何を測っているかは問題としていません。例えば，身長計を用いて身長を計測すれば，（身長はすぐには変化しないため）何度測っても結果はほとんど変わらず，身長計の測定結果は安定・一貫します。つまり，信頼性は高いといえます。しかし，もし測定しようとしている構成概念が「学業的自己概念」であれば，身長計の値が「学業的自己概念」の程度を反映しているとは考えにくいため，妥当性が高いとはいえません。

このように，妥当性と信頼性は異なる概念ですが，互いに無関係というわけではありません。なぜなら，信頼性が低く，測定の度に結果が変わってしまうようでは，目的とする構成概念を適切に測定できているとはいえないからです。こうした妥当性と信頼性の関係を理解する上で，図6.2に示したようなダーツのアナロジーがしばしば用いられます[*13]。

的の中心の円が，ある尺度で測りたいものだとすると，図6.2の（a）のように，何度投げても的の中心近くに当たるような尺度は，妥当性が高い

[*11] 逆に，ある項目に低い評定をした人は，残りの項目でも低く評定することが想定されます。

[*12] 6-2-4項では，様々な信頼性の推定方法について紹介します。

[*13] 例えば，村山（2006）などで，ダーツのアナロジーが紹介されています。

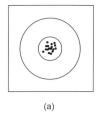 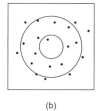  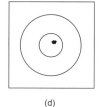

(a)　　　　(b)　　　　(c)　　　　(d)

図6.2　妥当性と信頼性の関係

6-2 尺度の信頼性

といえます。また，投げた結果（当たる場所）が一貫しているため，信頼性も（ある程度）高いといえます。一方で，図 6.2 の (b) のように，投げる度に当たる場所が変わってしまうような場合は，的の中心にあまり当たらないため，妥当性の低い尺度といえます。また，結果が安定・一貫していないため，信頼性も低いことになります。さらに，図 6.2 の (c) のように，何回投げても同じところに当たるが，当たる場所が的外れであるということもありえます。これは，的の中心に当たらないため妥当性は低いですが，同じ場所に当たっていることから信頼性は高いことになります。

このアナロジーを使って考えると，妥当性は低いが信頼性は高い尺度というものは存在する可能性がありますが，妥当性は高いが信頼性は低い尺度というものは存在しないことがわかると思います。言い換えると，「妥当性が高ければ信頼性は高い」という命題が成り立ち，妥当性と信頼性の間には，「妥当性は信頼性の十分条件」，「信頼性は妥当性の必要条件」[*14]という関係があります。したがって，尺度の妥当性が高いことを示すためには，信頼性が高いことを示すことも重要であるといえます。このため，近年の妥当性の考え方では，信頼性が高いことは構成概念妥当性の証拠の1つとして位置づけられています[*15]。

ただし，ここで留意する必要のあることがあります。それは，信頼性と妥当性のいずれか一方を高めようとすると，もう一方は低くなりがちになってしまう傾向があるということです。例えば，似たような項目を集めれば，尺度の信頼性は高くなると考えられます。しかし，内容のほとんど同じ項目ばかりを集めても，その尺度は構成概念の一部しかカバーできないため，尺度得点が意味するものは，目的とする概念よりも狭く，偏ったものになってしまいます。ダーツのアナロジーでいえば，図 6.2 の (d) のように，的の中心近くに一貫して当たる（信頼性は高い）が，的の中心の円の特定の場所にしか当たらないような状況です。的の中心の円全体を概念と考えると，測定したい概念のほんの一部分しか測定できておらず，概念全体をカバーできていないことがわかります。こうした問題は，構成概念の代表性不足と呼ばれます[*16]。例えば，「小学校で学習する算数の達成度」を評価することを目的にテストの作成をする際に，「23×3」や「132÷12」のような整数の計算問題ばかりを集めれば，信頼性は高くなると考え

[*14] 「p ならば q である」という命題（真偽判断の対象となる文章のこと）が真であるとき，「p は q の十分条件」，「q は p の必要条件」といいます。例えば，「雨が降っているならば，地面は濡れている」という命題において，「雨が降っている」ことが事実ならば「地面が濡れている」ことになります。そのため，「雨が降っている」ことは「地面が濡れている」と判断する上で，「十分な条件」といえます。一方で，「地面が濡れている」ことは「雨が降っている」ことを必ずしも意味しません。例えば，誰かが道路に水をまいた結果として「地面が濡れている」可能性もあるためです。このように，「地面が濡れている」ことから，「雨が降っている」かもしれないけれど，そうではない可能性もある，という場合は必要条件になります（「地面が濡れている」ことは「雨が降っている」と判断する上で「必要な条件」だけれども，それだけでは「十分」ではないということです）。

[*15] 6-1-2 項で説明したように，一般化可能性の側面の証拠として，信頼性は妥当性の証拠の1つに位置づけられています。

[*16] 平井（2006）などを参照してください。

られます。しかし，分数や小数の計算，文章題や図形に関する問題がなければ，「小学校算数」の領域全体をカバーすることはできないため，テストは目的とする構成概念を適切に反映できていないことになります。

　このように，信頼性を高めようとして，似たような項目ばかりを集めては構成概念の一部しかカバーできず，妥当性に問題が生じます。一方で，構成概念全体をカバーするために幅広い内容の項目を集めれば，信頼性は低くなる可能性があります[17]。したがって，妥当性と信頼性の問題は独立して考えるのではなく，双方の関係性にも注意を向けながら尺度作成をすることが重要といえるでしょう。

6-2-3　古典的テスト理論と信頼性係数

　尺度の信頼性は，信頼性係数によって評価されます。ここで，信頼性係数について説明をする前に，古典的テスト理論[18]という理論について説明をします[19]。古典的テスト理論では，尺度得点が（6.1）式のように表現されます。

$$尺度得点 = 真の得点 + 誤差 \tag{6.1}$$

　「尺度得点」は，調査対象者が尺度に回答することによって得られる，実際の得点を表します。一方の「真の得点」とは，ある個人に対して同一の心理尺度による測定を無限回繰り返し行ったと仮定し，無限回の測定によって得られた尺度得点の平均のことです。例えば，尺度によって，調査対象者の「学業的自己概念」を測定した場合に，そのときの尺度得点（回答結果）は，真の得点と一致するとは限りません。なぜなら，その日の体調や気分など，調査対象者のその時の状態によって，回答結果は変わる可能性があるためです。また，回答する際の気の迷いや読み違い，回答ミス（例：「5」と回答するつもりが，「4」と回答してしまった）など，瞬間的な揺れによっても回答結果は変わる可能性があります。これらのように，回答時の状態や回答ミスなど，回答結果（「学業的自己概念」尺度の得点）に影響を与えるものが「誤差」です。古典的テスト理論では，尺度によって得られる得点には様々な誤差が含まれていることを想定しています。

[17] こうしたことは，帯域幅と忠実度のジレンマ（bandwidth and fidelity dilemma）と呼ばれます。帯域幅と忠実度のジレンマについては，山田・村井・杉澤（2015）の3-2節などを参照してください。

[18] 古典的テスト理論は，英語では classical test theory といいます。また，「古典的」というのは時代遅れであることを意味するのではなく，比較的新しいテスト理論である項目反応理論（item response theory）が考案される前にあったという意味で，この名称が使われます。

[19] 古典的テスト理論と信頼性係数については，加藤・山田・川端（2014）などを参照してください。

さて、信頼性を数値化した指標である信頼性係数は、古典的テスト理論では、「尺度得点から得られる分散のうち、真の得点の分散の比率」と定義され、(6.2) 式と (6.3) 式のように表現されます。つまり、尺度得点が真の得点によって決定される程度（誤差によって左右されない程度）が信頼性ということになり、信頼性が高いことは誤差が小さいことを意味します[20]。

$$信頼性 = 真の得点の分散 \div 尺度得点の分散 \quad (6.2)$$
$$= 真の得点の分散 \div (真の得点の分散 + 誤差の分散) \quad (6.3)$$

[20] 言い換えると、誤差が全くない（0 である）とき、信頼性は最大（1）になります。

6-2-4 信頼性係数の推定

信頼性係数の定義をみると、「真の得点の分散」もしくは「誤差の分散」が分かれば信頼性はすぐに求められると思われるかもしれません。しかし、「真の得点」というのは理論上のもので、直接計算することはできません。したがって、いくつかの方法を使って、信頼性係数を推定することになります。

信頼性係数の推定方法は、①一定の期間を置いて、同じ尺度による測定を 2 度行い、得られた尺度得点の間の相関係数を信頼性係数とする再検査法（再テスト法）、②同じ内容を測定するために作成された 2 つの尺度による測定を行い、尺度間の相関係数を信頼性係数とする平行検査法（平行テスト法）、③ 1 つの尺度を折半し、2 つの尺度とみなして、尺度間の相関係数を信頼性係数とする折半法などがあります。これらのうち、再検査法によって示される信頼性は、測定時期を越えた一貫性、平行検査法と折半法によって示される信頼性は、尺度に含まれる項目に対する回答者の回答傾向の一貫性や内的整合性を表します。つまり、信頼性係数が意味するものは方法によって異なるため、留意が必要になります。

そして、信頼性係数の推定値として最も利用されることが多いのが、クロンバック (Cronbach) の α 係数です[21]。α 係数が示すのは、項目を超えた一貫性であり、「尺度に含まれる項目群を、別の項目群に置き換えても結果は安定しているか」という意味での安定性になります。α 係数の値の解釈について明確な基準はありませんが、α 係数の最大値は 1 であり、一般には 0.8 以上であれば、信頼性が高いと判断されます[22]。

[21] α 係数は、折半法による信頼性係数の推定と関連があります。つまり、折半法によるテストの分割について、可能なすべての分割の組合せそれぞれに関して信頼性係数を求め、それらを平均すると、α 係数に一致することが知られています（具体的には、Cronbach (1951) を参照してください）。折半法による信頼性係数の推定では、どのようにテストを分割するかによって信頼性係数の推定値が変わってしまいます。こうした、折半法による信頼性係数の持つ恣意性に対して、1 つのテストから算出される α 係数の値は一意に定まります。このことも α 係数がひろく利用されてきた理由の 1 つといえるでしょう（詳細は、岡田 (2015) を参照してください）。

[22] 尾崎・荘島 (2014) などを参照してください。

α係数は具体的には，(6.4) 式で求めることができます。

$$\alpha 係数 = \frac{項目数}{項目数-1} \times \left(1 - \frac{項目得点の分散の和}{尺度得点の分散}\right) \quad (6.4)$$

α係数の値は，項目間の相関が高いほど大きくなります。これは，項目間の相関が高いほど，尺度得点の分散[*23]が大きくなり，$\frac{項目得点の分散の和}{尺度得点の分散}$ の値が0に近くなるためです。$\frac{項目得点の分散の和}{尺度得点の分散}$ の値が0に近いほど，$1-\frac{項目得点の分散の和}{尺度得点の分散}$ の値は1に近くなり，α係数の値は大きくなります。このように，尺度を構成する項目間の相関が高いとき，尺度の内的整合性[*24]が高いといいます。また，α係数には，項目数が多いほど値が大きくなるという性質があります。(6.4) 式のうち，$\frac{項目数}{項目数-1}$ の部分は，項目数が多いほど小さくなりますが，項目数が多いほど尺度得点の分散も大きくなります[*25]。そして，後者の影響の方が大きいため，項目数が増えるほどα係数は大きな値をとるようになります。このように，項目間の相関が高くない場合でも，項目数が多ければα係数の値は大きくなることから，南風原 (2001a) は，α係数は純粋な内的整合性の指標ではないと指摘しています[*26]。

本項で紹介した信頼性係数の推定方法と特徴を表6.2にまとめました。実際の心理学研究では，α係数が報告されることが多いです[*27]。それは，再検査法や平行検査法は2回以上の調査を行う必要があり，実施の負担が大きいことが1つの理由と考えられます。また，平行検査法では，同じ内容を測定できる尺度を複数作る必要がありますが，これが現実的には難しいという問題もあります。しかし，それぞれの方法によって得られる信頼性係数が意味するものは同一ではないため，複数の方法で信頼性を検討することが望まれます。

[*23] 尺度得点の分散は，項目得点の和の分散のことです。また，項目得点の和の分散は，「項目得点の分散の和」と「項目得点どうしの共分散の和」をあわせたものになります（変数の和の分散に関する詳細は，南風原 (2002) などを参照してください）。項目間の相関が高いほど，項目得点どうしの共分散も大きくなることから（共分散については，4章参照），項目間の相関が高いほど，尺度得点の分散（項目得点の分散の和）は大きくなります。

[*24] 内的整合性は，英語では internal consistency といいます。

[*25] 項目数が多くなるにつれて，「項目どうしの共分散」の数が大きく増えるため（項目数が2つのとき共分散の数は1つですが，項目数が20のとき共分散の数は190個にもなります），尺度得点の分散（＝項目得点の分散の和＋項目得点どうしの共分散の和）は大きな値を取るようになります。

[*26] こうしたα係数の性質に関する詳細な説明については，岡田 (2015) を参照してください。

[*27] 髙本・服部 (2015) では，尺度作成に関する論文における信頼性係数の利用動向についてまとめられています。

表6.2 信頼性係数を推定するための方法と特徴

名称	推定方法と特徴
再検査法 （再テスト法）	一定の期間を置いて，同じ尺度による測定を2度行い，得られた尺度得点の間の相関係数をとる。測定時期を超えた回答の一貫性や安定性を表す
平行検査法 （平行テスト法）	同じ内容を測定するように作成された2つの尺度による測定を行い，尺度得点の間の相関係数をとる。項目に対する回答傾向の内的整合性を表す
折半法	1つの尺度を折半（分割）し，2つの尺度とみなして，尺度得点間の相関係数をとる。項目に対する回答傾向の内的整合性を表す
α係数	(6.4) 式参照。内的整合性を表す信頼性の指標として最もよく利用される

6-3 SPSSによる尺度得点についての分析

本節では，SPSSを用いて信頼性係数の推定値の1つであるα係数と，尺度得点を算出する方法について説明をします[28]。

*28 4章の分析を行うには，ここで書いてある尺度得点の計算を先に実行する必要があります。

6-3-1 逆転項目の処理

α係数や尺度得点を算出する前には，逆転項目の処理をする必要があります。5-2-1項においても，逆転項目の処理について説明をしましたが，ここでは残りの逆転項目の処理をします。鈴木・武藤（2013）の質問項目のうち，逆転項目になっているのは「j3:今のところ，あなたにとって**国語**は難しいと思いますか？ [j3]」と「m3:今のところ，あなたにとって**数学**は難しいと思いますか？ [m3]」の2項目です。これらのうち，項目j3については5-2-1項で処理を行いましたので，ここでは項目m3の処理を行います。まず，SPSSのメニューから「変換」→「変数の計算」を選びます[29]。「目標変数」ボックスには，逆転項目の処理をした後の変数の名前を入れます（図6.3）。項目m3を処理したものなので，ここでは「m3_逆」とします。「数式」ボックスには計算式を入れます。「6−m3」とすることで，もともと値が1であったものは5に，値が5であったものは1になるように，評定値が逆転されます。

*29 逆転項目の処理は，SPSSのメニューから「**変換**」→「**変数の計算**」を選び，「目標変数」ボックスに逆転項目の処理をした後の変数の名前，「数式」ボックスに計算式を入力することで行えます。

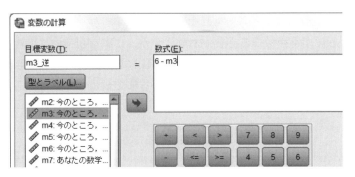

図6.3 「変数の計算」ウィンドウ

「OK」をクリックすると，新しい変数「m3_逆」が変数に追加されます[30]。

*30 「データビュー」の最後の列を確認すると，「m3_逆」が追加されていることが確認できます（図6.4）。

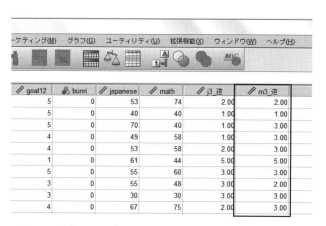

図 6.4 最後の列に新しい変数が加わっていることを確認

次に,「変数ビュー」を開いて,新しく作成した変数の情報を修正します[*31]。「型」や「小数桁数」,「尺度」などは,逆転項目の処理をする前と同じにし,「ラベル」には「m3_逆:今のところ,あなたにとって数学は難しいと思いますか?(逆)」と入力します(図6.5)。

*31 「変数ビュー」については, 2-2-3 項を参照してください。

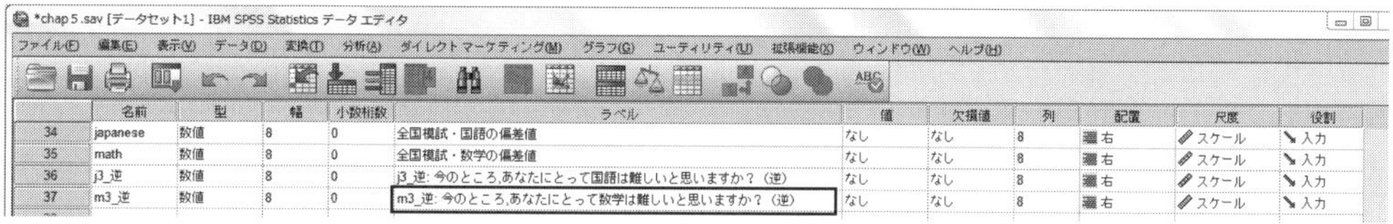

図 6.5 変数ビューで入力する情報

6-3-2 α係数の算出

鈴木・武藤(2013)では,同じ尺度による測定を2度行ったり,同じ内容を測定する尺度を2つ以上用いたりしていないため,再検査法や平行検査法による信頼性係数を求めることができません。そのため本書では,信頼性係数の推定値としてα係数の算出を行います[*32]。鈴木・武藤(2013)の調査において,複数の項目から構成される尺度は,表6.3に示した5つになります[*33]。

*32 鈴木・武藤(2013)では,信頼性係数の推定値として,α係数の他にω係数を算出し,報告しています。ω係数については,岡田(2011)や尾崎・荘島(2014)などを参照してください。

*33 達成目標の各下位尺度を構成する項目は,因子分析の結果をふまえたものです。

6-3 SPSSによる尺度得点についての分析

表6.3 尺度の名前と尺度を構成する項目

尺度名	項目名
国語の学業的自己概念	j1, j2, j3_逆, j4, j5, j6
数学の学業的自己概念	m1, m2, m3_逆, m4, m5, m6
習得目標	goal4, goal6, goal9
遂行接近目標	goal2, goal3, goal8, goal10
遂行回避目標	goal1, goal5, goal11

α係数を算出するためには，メニューから「分析」→「尺度」→「信頼性分析」を選びます[*34]（図6.6）。

*34 α係数の算出は，「分析」→「尺度」→「信頼性分析」を選択し，変数の選択とオプションの決定をすることで行えます。

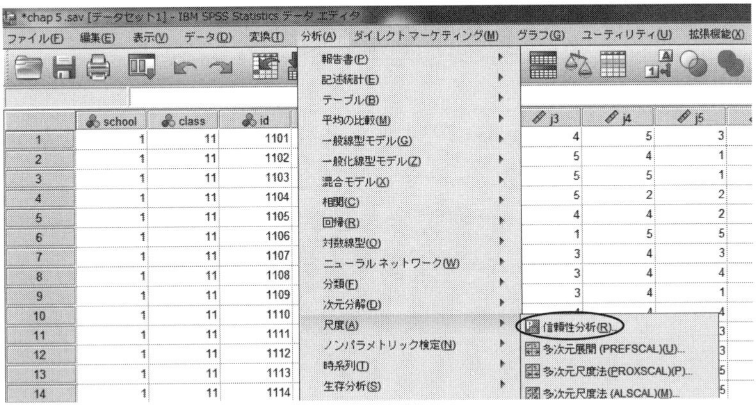

図6.6 「信頼性分析」を選択

「信頼性分析」を選択すると，「信頼性分析」ウィンドウが開かれます（図6.7）。ここでは，「国語の学業的自己概念」を測定している項目（j1, j2, j3_逆, j4, j5, j6）を選択して，ウィンドウの中央にある「▶」をクリックします[*35]。すると，選択した項目が「項目」ボックスに移動されます。なお，項目j3については，逆転項目の処理をしたものを選んでいますので，注意してください。また，「モデル」ボックスの中が「アルファ」になっていることを確認してください[*36]。

*35 複数の項目を同時に選択するためには，「Ctrl」キーを押したまま項目をクリックします。

*36 デフォルトの状態（初期状態）では，「アルファ」が選択されています。

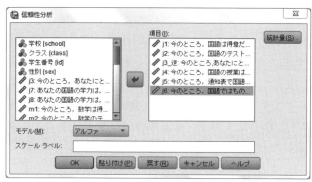

図 6.7 「信頼性分析」ウィンドウ

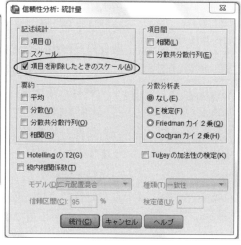

図 6.8 「信頼性分析：統計量」ウィンドウ

「信頼性分析」には，「統計量」というメニューがあります。この「統計量」を選択すると，図 6.8 が開かれます。このメニューでは，出力する統計量を選択することができます。ここでは，「記述統計」の枠内にある「項目を削除したときのスケール」にチェックを入れます。これが完了したら，「続行」をクリックして，元の画面（図 6.7）に戻ります。

「OK」をクリックすると，結果が出力されます。図 6.9 の「Cronbach のアルファ」の値をみることで，α 係数の値がわかります。「国語の学業的自己概念」尺度の α 係数の値は .867 であり，内的整合性は十分に高いといえそうです。

Cronbach の アルファ	項目の数
.867	6

図 6.9　α 係数の確認

6-3 SPSSによる尺度得点についての分析

*37 例えば、「j1:今のところ、国語は得意だと思いますか?」の行にある「項目が削除された場合の尺度の平均値」とは、項目j1を削除したときの「国語の学業的自己概念」尺度の得点(j2～j6の5項目の合計得点)の平均値を意味しています。

*38 厳密には、逆転項目の処理を行った後の項目j3(j3_逆)です。

次に、図6.10をみてください。この表では、当該項目を削除したときの統計量を知ることができます[*37]。この表の右端にある「項目が削除された場合のCronbachのアルファ」をみることで、当該項目を削除したときの、尺度のα係数の値を知ることができます。例えば、項目j1を削除したときのα係数(j2～j6の5項目のα係数)は.820であり、項目j1を削除すると、α係数は低下することがわかります。一方で、項目j3[*38]を削除した場合、尺度のα係数は.871となりますので、α係数の値は増加することになります。ある項目を削除したときにα係数の値が大きくなるのであれば、その項目を削除した方が良いと思われるかもしれませんが、α係数が大きくなるということは、必ずしも項目を削除するべきということを意味しません。これは、6-2-2項で説明したように、項目を削除することで、尺度得点が意味するものが、目的とする構成概念よりも狭く偏ったものとなり、妥当性が低下する可能性があるためです。

	項目が削除された場合の尺度の平均値	項目が削除された場合の尺度の分散	修正済み項目合計相関	項目が削除された場合のCronbachのアルファ
j1: 今のところ、国語は得意だと思いますか?	14.2835	17.406	.788	.820
j2: 今のところ、国語のテストでよい点を取っていると思いますか?	14.4331	18.271	.776	.823
j3_逆: 今のところ、あなたにとって国語は難しいと思いますか?(逆)	14.6180	22.032	.490	.871
j4: 今のところ、国語の授業は理解できていると思いますか?	13.5739	21.508	.533	.865
j5: 今のところ、通知表で国語の成績はいいほうだと思いますか?	14.2782	18.593	.730	.831
j6: 今のところ、国語ではもの覚えがいいと思いますか?	14.2271	20.169	.662	.844

図6.10 項目を削除したときのα係数の確認

表 6.4 α 係数[39]

尺度名	α 係数
国語の学業的自己概念	.87
数学の学業的自己概念	.91
習得目標	.65
遂行接近目標	.78
遂行回避目標	.76

[39] SPSS の出力とは別に，ここでは有効桁数を小数点以下 2 桁としています。

　ここでは，「国語の学業的自己概念」を例に取り上げましたが，残りの尺度も同じ手順によって α 係数を算出することができます。得られた α 係数を表 6.4 にまとめました[40]。「習得目標」の α 係数だけ低い値を示しましたが，α 係数が低いことの問題については，実践編の 1 章で解説します。

[40] 残りの尺度の α 係数については，章末の練習問題で，読者の皆さん自身で分析してみてください。

6-3-3　尺度得点の計算

　「学業的自己概念」尺度や「達成目標」尺度のように，複数の項目で構成される尺度を研究で用いる際には，一般に因子構造や信頼性を確認した後に，尺度得点の算出をします。尺度得点とは，ある尺度を構成する項目の得点の合計点（あるいは平均点）のことです。例えば，表 6.5 における id 番号 1101 の生徒の「国語の学業的自己概念」の尺度得点（項目得点の平均）は，3 点となります[41]。ここで注意する必要があるのは，尺度得点を算出する際には，逆転項目の処理をした後の得点を使うという点です。なお，合計点と平均点のいずれを尺度得点としても，後の章で行う分析の結果は変わりませんが，得点の意味が理解しやすいという利点から，本書では尺度得点として，尺度を構成する項目の得点の平均点を用います。

[41] （3+2+2+5+3+3)/6=3 より，3 点となります。

表 6.5　「国語の学業的自己概念」の尺度得点の算出例

id	j1	j2	j3_逆	j4	j5	j6	国語の学業的自己概念
1101	3	2	2	5	3	3	3.00
1102	1	1	1	4	1	2	1.67
1103	5	1	1	5	1	3	2.67

6-3 SPSSによる尺度得点についての分析

では，実際にSPSSを用いて尺度得点の計算をします。SPSSのメニューから「変換」→「変数の計算」を選び，「目標変数」ボックスには尺度名を入力し，「数式」ボックスには計算式を入れます[*42]。例えば「国語の学業的自己概念」の尺度得点を作成するためには，「目標変数」ボックスに「国語の学業的自己概念」と入力し，「数式」ボックスに「(j1 + j2 + j3_逆 + j4 + j5 + j6) / 6」と入力します[*43]（図6.11）。

[*42] 尺度得点の算出は，「**変換**」→「**変数の計算**」を選び，「目標変数」ボックスに尺度名，「数式」ボックスに計算式を入力することで行います。

[*43] 尺度得点の算出をする際には，逆転項目の処理をした後の項目を使うように注意してください。mean()という，平均値を求める関数を用いることも可能です。

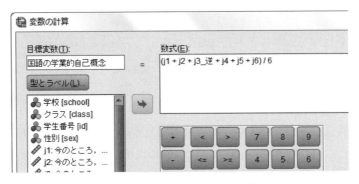

図6.11 「変数の計算」ウィンドウ

ここでは，「国語の学業的自己概念」を例として取り上げましたが，他の尺度得点も同じ手順で作成することができます[*44]。尺度得点を算出した後は，「変数ビュー」を開いて，新しく作成した変数の情報の修正をします[*45]。「型」はすべて「数値」，「尺度」は「スケール」とし，「小数桁数」は「2」で統一することにします（図6.12）。

[*44] 残りの尺度得点は，章末の練習問題で，読者の皆さん自身で算出してみてください。

[*45] 「変数ビュー」については，2-2-3項を参照してください。

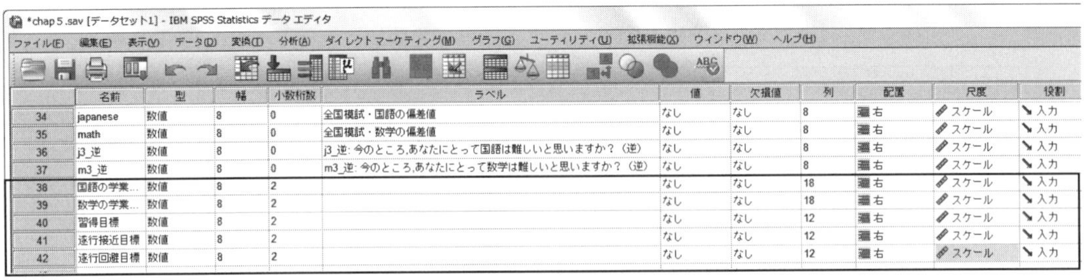

図6.12 変数ビューで入力する情報

6-3-4 尺度得点の記述統計量の算出

心理学研究では，尺度得点を用いて分析を進める場合に，尺度得点の記述統計量として平均値と標準偏差を報告することが多いです。そこで本章の最後に，各尺度の平均値と標準偏差を算出してみましょう[46]。

SPSSメニューから「分析」→「記述統計」→「記述統計」を選びます[47]（図6.13）。

[46] 論文では報告をしなくても,尺度得点の度数分布表を確認することも重要です。度数分布については，3章を参照してください。

[47] 項目や尺度の記述統計量の算出は,「分析」→「記述統計」→「記述統計」を選ぶことで行います。

図6.13 「記述統計」を選択

「記述統計」を選択すると，図6.14が開かれます。左のボックスから「国語の学業的自己概念」と「数学の学業的自己概念」，「習得目標」，「遂行接近目標」，「遂行回避目標」を選択し，ウィンドウの中央にある「■」をクリックします。すると，選択した項目が「変数」ボックスに移動されます（図6.14）。

次に，「記述統計」ウィンドウ（図6.14）の右上にあるオプションをクリックします。すると，「記述統計：オプション」ウィンドウが開きます（図6.15）。「平均値」と「標準偏差」，「最大値」，「最小値」にチェックが入っていることを確認してください[48]。「OK」をクリックすると，結果が出力されます（図6.16）。

[48] チェックが入っていなければチェックを入れ，「続行」をクリックして元の画面（図6.14）に戻ります。

6-3 SPSS による尺度得点についての分析

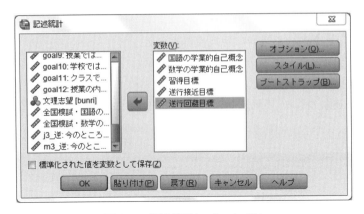

図 6.14 「記述統計」ウィンドウ

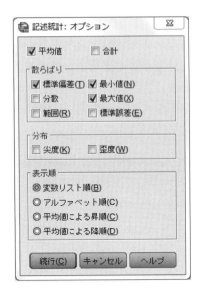

図 6.15 「記述統計：オプション」ウィンドウ

	度数	最小値	最大値	平均値	標準偏差
国語の学業的自己概念	568	1.00	5.00	2.8471	.87526
数学の学業的自己概念	568	1.00	5.00	2.7829	.96819
習得目標	568	1.00	5.00	3.4572	.87047
遂行接近目標	568	1.00	5.00	3.2478	.97131
遂行回避目標	568	1.00	5.00	3.2617	1.10915
有効なケースの数 (リストごと)	568				

図 6.16 各尺度の記述統計量

表には，度数（生徒の人数）と最小値，最大値，平均値，標準偏差が表示されています。例えば，「国語の学業的自己概念」の度数は 568 なので，568 人分の「国語の学業的自己概念」得点が得られたことを意味します。また，「国語の学業的自己概念」の平均値は 2.8471 点であり，標準偏差は .87526 です。また，最小値は 1.00 で，最大値は 5.00 ですので，6 項目すべてで「1」と回答した人[49]も，6 項目すべてで「5」と回答した人[50]もいることがわかります。なお，もしも最小値が 1.00 未満である場合や，最大値が 5.00 よ

*49 厳密には，項目 j3 のみ「5」と回答し，他は「1」と回答した人。

*50 厳密には，項目 j3 のみ「1」と回答し，他は「5」と回答した人。

りも高い場合には，尺度得点の算出をする際に，誤った数式で尺度得点を算出した可能性があります[*51]。そのため，論文の中で報告をしないとしても，他の分析に先立って尺度得点の最小値や最大値を確認する方が良いでしょう。

　実際の心理学論文で記述統計量を報告する場合は，表6.6のように，平均値と標準偏差が一覧表として示されます[*52]。また，鈴木・武藤（2013）では，平均値と標準偏差に加えて，信頼性係数であるα係数とω係数も記載されています。

表 6.6　各変数の基礎統計量とω係数，α係数（鈴木・武藤（2013）を改変）

	平均値	標準偏差	ω係数	α係数
国語				
学業的自己概念	2.85	0.87	.87	.86
学校内での相対的学業水準の知覚	2.80	1.16		
学校の学業水準の知覚	3.29	0.90	.84	.83
一般的な高校生との相対的学業水準の知覚	3.15	1.09		
数学				
学業的自己概念	2.79	0.97	.91	.91
学校内での相対的学業水準の知覚	2.65	1.20		
学校の学業水準の知覚	3.82	0.86	.86	.85
一般的な高校生との相対的学業水準の知覚	3.06	1.19		
習得目標	3.56	0.83	.67	.67
遂行接近目標	3.26	1.02	.79	.78
遂行回避目標	3.29	1.02	.80	.79

[*51] この他にも，データ入力の際のミスによって，取るはずのない値を示すことがありえます。そのためにも，事前に項目分析（3章参照）をしておく必要があります。

[*52] 本書で扱う鈴木・武藤（2013）データを分析しても，表6.6の結果と数値は一致しません。これは，鈴木・武藤（2013）データが実データではなく，本書のために作成した人工データだからです。

6-4　練習問題

鈴木・武藤（2013）データを用いて，以下の分析を実行してください。

1) 「数学の学業的自己概念」尺度と，達成目標尺度の各下位尺度のα係数を求めなさい。
2) 「数学の学業的自己概念」尺度と達成目標尺度の各下位尺度の尺度得点を求めなさい。また，それぞれの尺度得点の平均値と標準偏差を求めなさい。

7章 学業的自己概念の性差の検討
――独立な2群の t 検定

　前章では，尺度の妥当性と信頼性，さらに，SPSSを用いて尺度得点を作成する方法を紹介しました。本章では，前章で作成した尺度得点を用いて，2群の平均値差の検定を行います。このために，独立な2群の t 検定を紹介します。

本章で学ぶこと	・統計的仮説検定の理論と基本的な用語 ・独立な2群の t 検定 ・分散の等質性の検定

7-1　学業的自己概念の性差の検討

　1章でも述べたように，鈴木・武藤（2013）では，性差については検討を行っていません。しかし，先行研究では，女性よりも男性の方が数学に対する自信や興味が高いことが示されています[*1]。そこで，「数学の学業的自己概念」の性差を t 検定によって検討することにします。

　このために用いることができるのが，独立な2群[*2]の t 検定[*3]です。6章で求めた「数学の学業的自己概念」尺度得点の平均値が，性別によって異なるかを検討するために，統計的仮説検定を行います。

7-2　統計的仮説検定の基礎

　本節では，統計的仮説検定[*4]についてその考え方を説明しておきます。独立な2群の t 検定は，統計的仮説検定の一種です。この検定は，ある1つの変数について，2つの群の平均値に統計的に有意な差があるかを確認するために行われるもので，心理学研究では非常によく利用されるものです。

7-2-1　統計的仮説検定の手順

　統計的仮説検定の手順を，山田・村井（2004）を参考に紹介します。こ

[*1] Else-Quest et al. (2010) を参照してください。

[*2] ここで「独立な2群（または対応のない2群）」という言葉が出てきました。40人の生徒をランダムに2つの群に分けるような場合，「独立な2群」になります。例えば，同じ40人を学力の近い者どうしをペアにして，ペアの一方を1群に，もう一方を2群に，という形で2つの群を作ると，こうしてできた群は「対応のある2群」と呼ばれる群になります。独立な2群か対応のある2群か，によって適用すべき検定が変わります。データの対応のある・なしについては実践編3章で，被験者間計画・被験者内計画については，基礎編8章で紹介します。

[*3] あるいは，対応のない2群の t 検定とも呼ばれます。

[*4] 統計的仮説検定（statistical hypothesis testing）は，仮説検定や単に検定と呼ばれることもあります。

7-2 統計的仮説検定の基礎

こで紹介する手順は，本章以降の検定でも同様の手順で用いられます。統計的仮説検定の手順は表7.1のようになります。

表7.1 統計的仮説検定の手順

1. 帰無仮説と対立仮説を設定する
2. 仮説に応じた検定統計量を選択する
3. 有意水準 α の値を決める
4. データから検定統計量の実現値を求める
5. 検定統計量の実現値が棄却域に入れば帰無仮説を棄却して，対立仮説を採択する。棄却域に入らなければ，帰無仮説を採択する

本章で取り上げる，「数学の学業的自己概念」の性差を例に，上記の統計的仮説検定の手順を説明してみましょう。まず，帰無仮説[*5]と対立仮説[*6]です。これらは統計的仮説検定を行う際に最初に設定するものです。帰無仮説とは，基本的には研究者が本来主張したいこととは反対の仮説として設定されるものです。先に述べたように，「数学の学業的自己概念」の性差については，先行研究から女性よりも男性の方が数学に対する自信や興味が高いことが示されています。つまり，「数学の学業的自己概念」尺度得点の平均値については，「男性の平均値＞女性の平均値」であることを期待しているのですが，ここではあえて，「男性の平均値と女性の平均値が等しい[*7]」ということを仮説として設定し，これを帰無仮説とします[*8]。一方，対立仮説とは，研究者が本来主張したいことをそのまま仮説として設定します。対立仮説は，「男性の平均値と女性の平均値が等しくない[*9]」とします[*10]。帰無仮説が間違っていると判断され，棄てられる[*11]と，代わりに対立仮説が採択されることになります。このように≠（等しくない）を用いて対立仮説が表現される場合，両側検定という検定になります。一方，男性の母平均＞女性の母平均のように，不等号を用いて対立仮説が表現される場合，片側検定という検定になります。本章で取り上げる例では，「女性よりも男性の方が数学に対する自信や興味が高い」ことを確かめようとしているので，「男性の母平均＞女性の母平均」のように対立仮説を設定して，片側検定を行う方が自然に思われます。しかし，独立な2群のt検定を行う場合，心理学研究では両側検定を用いることが一般的です。ここでも両側検定を行うことにします。

[*5] 帰無仮説は，英語ではnull hypothesisといいます。帰無という呼び方から，無に帰する仮説，つまり，始めから採用されないことを意図している仮説，と考えるとわかりやすいかもしれません。

[*6] 対立仮説は，英語ではalternative hypothesisといいます。

[*7] 正確には，「男性の母平均＝女性の母平均」が帰無仮説となります。帰無仮説，対立仮説は標本平均について設定されるものではなく，母数である母平均について設定されるものです。

[*8] 帰無仮説は，H_0という記号で表記されます。$H_0: \mu_{男性} = \mu_{女性}$が独立な2群のt検定での帰無仮説となります。μ（ミュー）は，母平均を表しています。アルファベットのmに対応するギリシャ文字です。統計学では，母数を表すのにギリシャ文字を用いるのが一般的です。

[*9] 対立仮説も正確には，「男性の母平均≠女性の母平均」となります。

[*10] 対立仮説は，H_1という記号で表記されます。$H_1: \mu_{男性} \neq \mu_{女性}$が独立な2群の$t$検定での対立仮説となります。

[*11] 帰無仮説を棄てる

続いて，手順2の検定統計量の選択です。検定統計量とは，検定に用いられる標本統計量です。標本統計量とは，標本から計算される値のことです。検定の方法に応じて選択すべき検定統計量[*12]が変わります。独立な2群の t 検定では，(7.1) 式の検定統計量を用います。(7.1) 式中の分母の「平均値差の標準誤差」は，(7.2) 式で求められます[*13]。

$$t = \frac{男性の標本平均 - 女性の標本平均}{平均値差の標準誤差} \tag{7.1}$$

$$平均値差の標準誤差 = 2群をプールした標準偏差 \times \sqrt{\frac{1}{男性のサンプルサイズ} + \frac{1}{女性のサンプルサイズ}} \tag{7.2}$$

この検定統計量は，帰無仮説のもとで，自由度＝男性のサンプルサイズ＋女性のサンプルサイズ－2の t 分布に従います[*14]。数式で書くとややこしそうに見えるかもしれませんが，検定統計量の t は，2群の標本平均の差を，差の標準誤差で割ることで計算されています。標準誤差は，検定統計量のばらつきの大きさを表す数値です。2つの群の不偏分散の平均的な値（正確には，2群をプールした分散）をサンプルサイズで割り，その平方根を求めたものが標準誤差となります[*15]。

続いて手順3です。帰無仮説が正しいと仮定したときに，標本から計算した検定統計量の実現値がどの程度珍しいものだったら，帰無仮説が正しいという前提が間違っていると判断してこれを棄却するのか，その判断基準となる確率が有意水準です。有意水準には，5％や1％といった値が用いられることが多いです。ここでは有意水準を5％とすることにします。

手順4では，実際に手に入れた標本から，手順2で定めた検定統計量を計算します。こうして検定統計量の実現値を求めます。

最後の手順5では，手順4で求めた検定統計量の実現値が，帰無仮説が正しいという前提のもとでどの程度手に入りやすいものかを調べて，帰無仮説を棄却するかどうかを判断します。このために，帰無仮説が正しいという仮定のもとで，5％以下の確率でしか生じない検定統計量の実現値の範囲を計算します。この検定統計量の範囲のことを棄却域といいます。具体的には，帰無仮説のもとでの検定統計量の分布から，両側検定なら，分布

ことを，棄却するといいます。棄却するとは，英語のrejectに対応する言葉です。

[*12] この他にも，Z や F や χ^2 といった検定統計量があります。

[*13] 2群をプールした標準偏差とは，各群の不偏分散の平均（正確には，各群の不偏分散に，それぞれの「サンプルサイズ－1」をかけて足したものを，「サンプルサイズの和－2」で割ります）を求め，その平方根を求めたものです。

[*14] 自由度とは，t 分布や F 分布などの確率分布の形状を決める値です。自由度の英語 degrees of freedom の頭文字を取って df と表記されることがあります。

[*15] 検定統計量の導出については，山田・村井 (2004) を参考にしてください。

の両裾部分で5%の領域に対応する検定統計量の値の範囲を求めます。片側検定なら、分布の片方の裾部分で5%の領域に対応する検定統計量の値の範囲を求めることになります。山田・村井（2004）など、心理統計の入門的なテキストでは、検定統計量の実現値と棄却域を比較して、検定統計量の実現値が棄却域に入ったら帰無仮説を棄却するという方法が紹介されることが多いです。SPSSなどの統計ソフトを利用する場合は、p値[*16]と呼ばれる確率が計算されます。p値と有意水準を比較して、p値が有意水準よりも小さかったら、帰無仮説を棄却するという判断をすることになります。このことについては、7-3-3項でさらに詳しく述べます。

*16 英語ではp-valueと呼ばれます。

7-2-2 独立な2群の t 検定の手順

独立な2群の t 検定では、この検定を実行できるために前提条件が定められています[*17]。そこで、独立な2群の t 検定を実行する前に、「2群の母分散が等質である」という前提条件が満たされているかどうかを確認するための検定が実行されることが一般的です[*18]。このため、独立な2群の t 検定は、通常以下のような2段階のステップを踏むことになります。

ステップ1：分散の等質性の検定
ステップ2A：独立な2群の t 検定
ステップ2B：ウェルチの検定

ステップ1の結果に応じて、ステップ2Aかステップ2Bかを選択します。具体的には、はじめに分散の等質性の検定を行い（ステップ1）、帰無仮説が棄却されなかったら、分散の等質性が満たされているということになります。この場合は、ステップ2Aの独立な2群の t 検定を行います。分散の等質性の検定の結果、帰無仮説が棄却されたら、分散の等質性が満たされていないということになるので、この場合は、ステップ2Bのウェルチの検定[*19]を行うのです。この場合は、ステップ2Aの独立な2群の t 検定を行うのです。このことを図示すると、図7.1のようになります。

分散の等質性の検定では、「2群の母分散が等しい」が帰無仮説となります[*20]。この帰無仮説が棄却されたら、「分散の等質性」という独立な2群の

*17 独立な2群の t 検定の前提条件は、①標本が無作為抽出されていること、②各群の母集団分布が正規分布であること、③2つの母分散が等質であること、の3つです。詳しくは、山田・村井（2004）を参照してください。

*18 このために行われる検定が「分散の等質性の検定」です。データの無作為性や正規性といった他の前提条件のチェックに比べて、分散の等質性の検定の方がよく行われます。

*19 ウェルチの検定（Welch's test）とは、分散の等質性が満たされない場合にも適用できる検定です。

*20 記号では $H_0: \sigma^2_{男性} = \sigma^2_{女性}$ と表記されます。

図 7.1 2 群の平均値差の検定のための 2 つのステップ

t 検定のための前提条件が満たされないことになります。帰無仮説が棄却されなかったら，分散の等質性という前提条件が満たされていることになります[*21]。

7-3 SPSS による独立な 2 群の t 検定

本節では，SPSS を用いて独立な 2 群の t 検定を行う方法について説明をします。

7-3-1 独立な 2 群の t 検定の実行

SPSS で独立な 2 群の t 検定を実行するためには，メニューから「分析」→「平均の比較」→「独立したサンプルの t 検定」を選択します（図 7.2）[*22]。

「独立したサンプルの t 検定」を選択すると，図 7.3 が開かれます。ここ

図 7.2 「独立したサンプルの t 検定」を選択

[*21] 独立な 2 群の t 検定で通常行われる，分散の等質性の検定→独立な 2 群の t 検定（あるいは，ウェルチの検定）という 2 ステップの手続きについては，批判もあります。一貫してウェルチの検定を用いるべきと考える研究者もいます。山田ほか（2015）では，R を用いたコンピュータシミュレーションにより，2 段階のステップを用いた場合と，ウェルチの検定のみを適用した場合で，第一種の誤りの確率が異なるかどうかを検討しています。

[*22] 独立な 2 群の t 検定の実行は，「分析」→「平均の比較」→「独立したサンプルの t 検定」を選択し，変数の選択とオプションの決定をすることで行えます。

7-3　SPSSによる独立な2群のt検定

図 7.3　「独立したサンプルの t 検定」ウィンドウ その 1

図 7.4　検定変数の選択その 2

図 7.5　「独立したサンプルの t 検定」ウィンドウ その 3

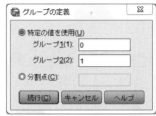

図 7.6　「グループの定義」ウィンドウ

では,「数学の学業的自己概念」尺度得点の平均値[*23]が,性別によって異なるかを検討します。

左の変数リストの中から「数学の学業的自己概念」を選択して，ウィンドウ中央の上にある⬈をクリックすると,「検定変数」ボックスに移動します（図 7.4）。

次に,「性別［sex］」を選択して，ウィンドウ中央の下にある⬈をクリックすると,「グループ化変数」ボックスに移動します（図 7.5）。

「グループ化変数」のボックスの中をみると,「sex（? ?）」と表示されています。ここで「グループの定義」ボタンをクリックします。「グループの定義」ウィンドウが開きます（図 7.6）。「特定の値を使用」のラジオボタンにチェックが入っているので,「グループ 1（1）」に 0 を,「グループ 2（2）」

[*23] 「数学の学業的自己概念」尺度得点は，m1, m2, m3_逆, m4, m5, m6 の項目得点の平均として計算されています。また,「国語の学業的自己概念」尺度得点は, j1, j2, j3_逆, j4, j5, j6 の項目得点の平均として計算されています。

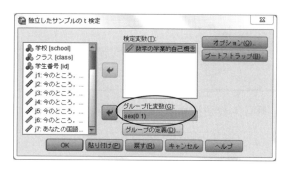

図 7.7 「独立したサンプルの t 検定」ウィンドウ（グループの定義後）

に 1 をそれぞれ入力します[24]。「続行」をクリックして元に戻ります。

図 7.6 で「続行」をクリックして元の画面に戻ると（図 7.7），「グループ化変数」のボックスの中が「sex（0 1）」という表示に変わったことが確認できます。これで独立な 2 群の t 検定を実行する準備が整いました。「OK」をクリックすると，結果が出力されます。

7-3-2 　SPSS の結果を解釈する

まず，図 7.8 をみてください。この表には，平均値，標準偏差といった標本統計量の値が整理されています。「数学の学業的自己概念」尺度得点について，性別ごとに度数，平均値，標準偏差，平均値の標準誤差が示されています[25]。「数学の学業的自己概念」の平均値をみてみると，男性は 2.9152，女性は 2.6477 となっており，先行研究から導かれる想定通り，女性よりも男性の方が数学に対する自信を意味する「数学の学業的自己概念」の平均値が高くなっています。問題は，ここでの平均値差がこの標本でたまたまみられたものなのか，標本を超えて安定して存在する性差なのか，ということです。そのことを確認するために，検定が行われるのです。

次に，「独立サンプルの検定」と書かれた表をみてください（図 7.9）。

	性別	度数	平均値	標準偏差	平均値の標準誤差
数学の学業的自己概念	男性	287	2.9152	.93856	.05540
	女性	281	2.6477	.98089	.05851

図 7.8　標本統計量の確認

[24] 性別という変数には，0 が男性，1 が女性として数値と値が対応づけられているためです。

[25] 標準誤差の計算は，標準偏差をサンプルサイズの平方根で割ると求めることができます。例えば男性の標準誤差 .05540 は，.93856 ÷ $\sqrt{287}$ = .05540145 と求められます。なお，ここでは SPSS の出力に合わせて .05540145 のように 1 の位の 0 を取って表記しています。

7-3　SPSS による独立な 2 群の t 検定

独立サンプルの検定

		等分散性のための Levene の検定		2つの母平均の差の検定					差の 95% 信頼区間	
		F 値	有意確率	t 値	自由度	有意確率（両側）	平均値の差	差の標準誤差	下限	上限
数学の学業的自己概念	等分散を仮定する	2.157	.142	3.322	566	.001	.26753	.08054	.10933	.42573
	等分散を仮定しない			3.320	563.602	.001	.26753	.08058	.10925	.42580

図 7.9　独立な 2 群の t 検定の結果の確認

　この表では，
1)「等分散性のための Levene の検定」
2)「2 つの母平均の差の検定」
の順番で表の数値を確認していくことになります。

1)「等分散性のための Levene の検定」
　「等分散性のための Levene の検定」のところをみると，「F 値」と「有意確率」が記載されています。この有意確率が .05 よりも小さければ，有意水準 $\alpha = .05$ で有意ということになります。この検定における帰無仮説は，「2 群の母分散が等しい」というものです[*26]。F 値が 2.157，有意確率が .142 となっています。有意確率 .142 は，.05 よりも大きいので，帰無仮説は棄却されません。つまり，分散の等質性は満たされていることになります。そこで，独立な 2 群の t 検定を実行できることになります。図 7.9 には，「等分散を仮定する」の行と「等分散を仮定しない」の行があることがわかります。このうち，上の行「等分散を仮定する」の行が「独立な 2 群の t 検定」の結果が示されている行で，下の行「等分散を仮定しない」の行が「ウェルチの検定」の結果が示されている行です。この例では，等分散性のための Levene の検定の結果，帰無仮説が棄却されず，等分散が仮定できることがわかったので，上の行の結果を読み取っていきます[*27]。

2)「2 つの母平均の差の検定」
　「2 つの母平均の差の検定」のところには様々な情報が記されていますが，検定の結果について重要なのは，「t 値」，「自由度」，「有意確率（両側）」の 3 つの数値です。「等分散を仮定する」の行の数値を読み取ります。t 値は 3.322，自由度は 566，有意確率（両側）は .001 です。「2 つの母平均の差の

[*26] H_0:男性の母分散＝女性の母分散（つまり，$H_0: \sigma^2_{男性} = \sigma^2_{女性}$）となります。$\sigma$ はシグマと呼び，母分散は σ^2（シグマ 2 乗）で表されます。

[*27] 等分散性のための Levene の検定の結果，帰無仮説が棄却された場合は，等分散の仮定が満たされないということになります。そこで，下の行「等分散を仮定しない」の行に書かれた結果を読み取っていけば良いということになります。このように，等分散性のチェック→独立な 2 群の t 検定（等分散を仮定する検定）かウェルチの検定（等分散を仮定しない検定）かの選択，という 2 ステップを踏むのです。

検定」で,帰無仮説は,「2群の母平均が等しい」というものです[*28]。有意確率（両側）の値と有意水準（例えば,5%）を比較して,有意確率の値が有意水準よりも小さければ,帰無仮説は棄却されます。有意水準を5%（.05）とすると,有意確率（両側）は.001ですから,.001＜.05より,帰無仮説は棄却され,5%水準で有意な差が得られた,ということになります。

t値は,「平均値の差」を「差の標準誤差」で割ることで求めることができます。実際に計算してみると（上の行,「等分散を仮定する」の行について計算してみます),

.26753 ÷ .08054 = 3.321704

となり,表の値に一致します[*29]。

「差の95%信頼区間」の下限と上限は,

下限＝平均値の差 − 1.96416 × 差の標準誤差

上限＝平均値の差 ＋ 1.96416 × 差の標準誤差

で求めることができます。突然1.96416という値が出てきましたが,これは自由度566のt分布において,$t > 1.96416$の範囲に対応する確率が.025となる。言い換えると,自由度566のt分布の右裾野の2.5%の領域に対応するようなtの値の範囲を求めると,$t > 1.96416$となることから導かれた値です[*30]。

実際に計算してみると[*31],

下限＝.26753 − 1.96416 × .08054 = 0.1093366

上限＝.26753 ＋ 1.96416 × .08054 = 0.4257234

となり,表の値とほぼ等しい値を得ることができます。

それでは,「差の95%信頼区間」とは何でしょうか。信頼区間は,2群の母平均の差が具体的にどれくらいなのかということに関して情報を与えてくれます[*32]。2群の母平均の差を実際に知ることはできません[*33]。しかし,信頼区間の数値より,だいたい母平均の差がこれくらいになりそうだという当たりをつけることができます。この例では,「2群の母平均の差は,0.11から0.43くらいになりそうだ」と大まかにとらえられるということです。このことは,検定をして有意かどうかという[*34],いわば,1か0かの判断以上の情報を我々に与えてくれるものです。さらに,95%信頼区間は,検定（$\alpha = .05$の検定）の情報も含んでいます。95%信頼区間が0を含む場合,「2

[*28] $H_0 : \mu_{男性} = \mu_{女性}$と表すことができます。

[*29] 厳密には,SPSSの出力結果では3.322となっており,一致していません。これは,値を丸めた数値を用いてt値を求めているためです。

[*30] 同様に,$t < -1.96416$の範囲に対応する確率も.025となります。

[*31] 上の行,「等分散を仮定する」の行について計算してみます。

[*32] 信頼区間は,[0.109, 0.426] のように示されます。

[*33] 母集団を調べ尽くさない限りは知ることができません。

[*34] 「2群の母平均が等しい」という帰無仮説が正しいかどうかということです。

群の母平均が等しい」ケースが信頼区間に含まれるということになるので，帰無仮説は棄却されないことになります。一方，信頼区間が 0 を含まない場合は，2 群の母平均の差が 0 よりも大きいと考えられるので，「2 群の母平均が等しい」という帰無仮説の状況を除外して考えることができるようになります。このため，帰無仮説は棄却されることになります。

　95％信頼区間の解釈については以下のようになります。標本抽出を行って信頼区間を計算するという手続きを何度も何度も繰り返すことができたとしたら，そうして計算されたたくさんの信頼区間のうち，95％の信頼区間は母数[*35]を含む区間となる，このように解釈されるのです。ある標本から計算された信頼区間に母数が含まれる確率というのは，その区間に母数が含まれていれば 1 ですし，その区間に母数が含まれていなければ 0 です。母数は未知（その値はわからない）ですが，定数です。定数なので，母数は変動しません。変動するのは信頼区間の方です。こちらは標本ごとに違った区間が計算されるはずです。ですから，「ある標本から計算された 1 つの信頼区間に，母数が含まれる確率が 95％である」といった解釈は誤りです。そうではなく，ある標本から計算された信頼区間は母数を含む区間かもしれないし，含まない区間かもしれない。母数が未知なので，具体的に計算して求められた信頼区間が母数を含んでいるかどうかはわからないけど，標本抽出を何度も繰り返して，多数の信頼区間を得ることができたとしたら，それらのうち 95％の区間は母数を含む区間になるだろう，と解釈するのです。

*35　この例では，「母平均の差」が母数となります。

7-3-3　p 値と有意水準を比較する

　7-2-1 項で統計的仮説検定の手順を紹介しました。その手順 4 と 5 では，標本から検定統計量の実現値を計算すること（手順 4），帰無仮説のもとでの検定統計量の標本分布から棄却域を求め，手順 4 で求めた検定統計量の実現値が棄却域に入るかどうかを確かめ，棄却域に入ったら帰無仮説を棄却すること（手順 5）と述べました。つまり，検定統計量の実現値と棄却域の比較になります。これを図示すると図 7.10 のようになります。

　図 7.10 は，自由度 566 の t 分布[*36]に，有意水準 5％で両側検定を行う際の棄却域（$t < -1.964$ と $t > 1.964$）と検定統計量の実現値（$t = 3.322$）が

*36　これが帰無仮説のもとでの検定統計量の標本分布，すなわち，帰無分布となります。

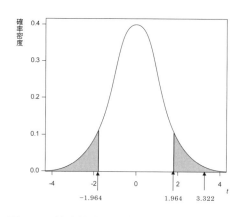
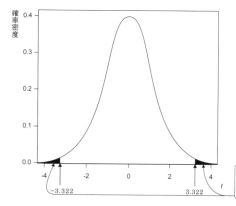

図 7.10　検定統計量の実現値と棄却域の比較　　図 7.11　有意確率（p 値）と有意水準の比較

描かれています。検定統計量の実現値 $t=3.322$ が棄却域 $t>1.964$ に入るので，帰無仮説が棄却されます。

　一方で，SPSS では，有意確率という値が出力されます。これは p 値とも呼ばれるもので，帰無仮説のもとで，検定統計量の実現値の絶対値以上の値が得られる確率を意味しています。両側検定の場合は，$t>3.322$ の確率（図 7.11 の右裾野の部分）と $t<-3.322$ の確率（図 7.11 の左裾野の部分）を合わせたものが，SPSS の出力で「有意確率（両側）」で示される値になります[37]。この確率（有意確率（両側））は，.001 となっています[38]。有意確率が有意水準よりも小さければ，帰無仮説は棄却され，有意な結果が得られることになります。確率どうしを比較することになるわけです。

7-3-4　統計的仮説検定の重要用語

　本章では，「独立な 2 群の t 検定」を例に，統計的仮説検定の手順を紹介してきました。統計的仮説検定には，様々な専門用語が出てきます。それらの用語の意味を 1 つ 1 つ理解しておくことが，統計的仮説検定の手順の理解の助けとなります。そこで，これまでに本章で出てきた統計的仮説検定に関する重要用語を表 7.2 にまとめておきます[39]。さらに，統計的仮説検定の基礎となる，推測統計の重要用語についても表 7.3 に整理しておきます[40]。

[37] 有意確率（p 値）について，正確な値を求めると，$t>3.322$ となる確率が 0.000476，同様に，$t<-3.322$ となる確率も 0.000476 です。これらを合計すると，0.000476 + 0.000476 = 0.00095 となり，約 0.001 という確率になります。

[38] SPSS の出力結果の表示では，この確率（有意確率（両側））は .001 となっていますが，数字が丸められているため，厳密にはぴったり .001 ではありません。

[39] 山田・村井（2004）の表 5.13.1 を参考に作成しました。

[40] 本書では，推測統計の基本について紙幅を割いて説明することができません。これらについては，山田・村井（2004）や，川端・荘島（2014）などを参照してください。

7-3 SPSSによる独立な2群のt検定

表7.2 統計的仮説検定の重要用語

帰無仮説	「差がない」「効果がない」といった，本来主張したいこととは反対の仮説。一般に棄却されることが期待されている仮説
対立仮説	「差がある」「効果がある」といった，本来主張したい内容を反映した仮説。帰無仮説が棄却されたとき，こちらが採択される
検定統計量	検定に用いられる標本統計量。Zやt, F, χ^2など様々な検定統計量がある。帰無仮説に整合せず，対立仮説に整合しているほど，極端な値を示す
有意水準	帰無仮説を棄却するかどうかの基準となる確率。5%や1%がよく用いられる。有意水準はαで示される。有意水準は危険率とも呼ばれ，第一種の誤りの確率と等しい
帰無分布	帰無仮説のもとでの検定統計量の標本分布
棄却域	帰無分布における裾野部分で，その確率がαとなる領域に対応する検定統計量の値の範囲。検定統計量の実現値が，棄却域に入ったら帰無仮説を棄却する
p値（有意確率）	帰無仮説のもとで，データから計算した検定統計量の実現値よりも極端な値が得られる確率。p値が有意水準よりも小さかったら帰無仮説を棄却する
両側検定	帰無分布の両裾野部分に棄却域を設定する検定。対立仮説が「差がない」「等しくない」といったものになる
片側検定	帰無分布の片方の裾野だけを棄却域に設定する検定。対立仮説が「AはBより効果が大きい」といったものになる
自由度	t分布やF分布などの確率分布の形状を定める値
第一種の誤り	帰無仮説が真の時，これを棄却してしまう誤り。第一種の誤りの確率は有意水準αに等しい。有意水準を5%として検定を行うと，第一種の誤りの確率も5%となる。つまり帰無仮説が真であっても，誤って帰無仮説を棄却してしまう確率は5%は存在することになる
第二種の誤り	帰無仮説が偽の時，これを棄却できない誤り。第二種の誤りの確率はβで表される
検定力	帰無仮説が偽の時，これを正しく棄却できる確率のこと。検定力は，$1-\beta$で表される

表7.3 推測統計に関する重要用語

母集団	調査や実験の関心下の対象全体のこと。通常，母集団の正確な様子を知ることはできない。母集団に含まれる要素の個数を「母集団の大きさ」と呼ぶ
標本	母集団の一部で，実際に調査や実験を実施した集団のこと。サンプルとも呼ばれる。標本は実際に手に入れることができるため，標本の情報から，母集団の様子を推測することが推測統計の目的となる。標本に含まれる要素の数を「標本の大きさ」「サンプルサイズ」という
標本調査	標本に基づく調査のこと。母集団全部について調べ尽くすことができない場合に有効。母集団全部を調べ尽くすことができる場合は，全数調査と呼ぶ
標本抽出	母集団から標本を取り出すことを標本抽出という。母集団の要素（メンバー）が等しい確率で抽出される場合，単純無作為抽出と呼ばれる
母数	母集団における本当の値のこと。パラメタともいう。例：母平均，母分散，母相関係数など
標本統計量	標本から計算される値のこと。例：標本平均，標本分散，標本相関係数など。実際に手に入れた具体的な標本について計算された値を標本統計量の実現値と呼ぶ
母集団分布	母集団に属する全ての値の分布。通常，何らかの確率分布が仮定される。よく用いられるのが正規分布である。母集団分布として正規分布を仮定することが多い
標本分布	標本統計量の確率分布のこと。標本統計量がどんな値をどんな確率で取るかを示すもの。標本分布は，統計的推測，統計的仮説検定の理論的基礎となる

7-3-5 論文での結果の報告例

心理学の実際の論文では，独立な2群の t 検定の結果をどのように報告するのでしょうか。研究で用いられた複数の変数についての要約統計量を表にまとめる際に，それぞれの変数についてデータ全体から計算された平均や標準偏差だけでなく，被験者の属性ごとにも同様の統計量を算出し報告することがあります。その際に，群ごとの平均値に有意な差があるかどうかという情報も追加して提示することがよく行われます。ここでは，単純に，1つの変数について男女で平均値が有意に異なるかどうかを検討した，という文脈での結果の報告の仕方について述べておきます。検定結果と結果の解釈について，実際の論文での記述例は以下のようになります。

> 「数学の学業的自己概念」の平均値について，性差があるかを検討したところ，標本平均の差は .268（95% CI : .109 〜 .426）であり，有意な差が得られた[*41]（ $t(566) = 3.322$, $p < .01$ ）[*42]。先行研究では，女性よりも男性の方が数学に対する自信や興味が高いことが報告されており，本研究の結果も，先行研究の知見を裏付けるものとなった[*43]。

7-4 練習問題

鈴木・武藤（2013）データを用いて，以下の分析を実行してください。有意水準は5%，両側検定とします。

1) 「国語の学業的自己概念」尺度得点の平均値が，性別によって有意に異なるかを確認してください。
2) 「全国模試・数学偏差値」の平均値が，性別によって有意に異なるかを確認してください。
3) 「全国模試・国語偏差値」の平均値が，性別によって有意に異なるかを確認してください。

[*41] 95%信頼区間が0を含まないことからも，検定結果が有意であることがわかります。

[*42] このように，「t（自由度）＝ t の実現値」と書き，その後ろに，どの有意水準で有意になったか（ $p < .05$, $p < .01$ など）を書いておきます。ここでは，事前に有意水準を1%（両側検定）として実行していることを想定した記述と理解してください。ただし，実際の研究では，SPSSなどの統計ソフトの出力で p 値（有意確率）をみて，有意確率が .05 未満なら， $p < .05$ と表記し，さらに有意確率が小さくて .01 未満なら， $p < .01$ と表記するということが一般的に行われています。

[*43] t 検定の結果を報告する際に，検定統計量の実現値と有意か否かの記載に加えて，近年効果量（とその信頼区間）を報告することが日本の心理学研究でも増えてきています。効果量については実践編の5章で解説します。

8章 学業的自己概念と学業水準の関係の検討
―― 一要因分散分析

前章では,「女性よりも男性の方が数学に対する自信や興味が高い」という先行研究の知見を確認するため,「数学の学業的自己概念」の性差を独立な2群のt検定によって検討しました。本章では,「学業的自己概念」と学業水準の関係を検討します。具体的には,「学業的自己概念」が学校間で異なるかを検討するため,分散分析を適用することにします。

本章で学ぶこと	・実験計画に関する基本的な用語 ・一要因被験者間分散分析 ・多重比較 ・クラスカルウォリスの検定 ・ケースの選択

8-1 学業的自己概念と学業水準の関係の検討

一般に,客観的な学業水準の高い生徒ほど,肯定的な「学業的自己概念」を持っていることが知られています。そのため,偏差値の高い学校に所属する生徒ほど,肯定的な「学業的自己概念」が形成されていると考えられます。そこで本章では,「学業的自己概念」尺度得点の平均値が,学校間で有意に異なるかについて,分散分析[*1]によって検討します[*2]。

本書で用いる鈴木・武藤(2013)データには,「学校」という変数が含まれています。この変数は,1から3までの値を取り,数値の違いは学校の違いを表しています。本章で検討するのは,学校の偏差値の違いによって,「学業的自己概念」尺度得点の平均値が有意に異なるかということです。そのため,まずは,そもそも学校ごとに偏差値の平均が異なっているのかを確認することにします。つまり,①学校ごとに数学(あるいは国語)の偏差値の平均が有意に異なるかを検定→②学校ごとに数学(あるいは国語)の学業的自己概念尺度得点の平均が有意に異なるかを検定,という順序で検定を行うこととします。

[*1] 分散分析は,英語でAnalysis of Varianceといいます。頭文字を取って,ANOVAと表記されることも多いです。

[*2] なお,4章では,生徒個人の偏差値と「学業的自己概念」との相関係数をみることで,学業水準と「学業的自己概念」の関係について検討しました。

8-2　3つ以上の群の平均値を比較する分散分析

　本章で用いるデータでは，3つの学校が調査対象になっており，各学校に数値を割り当てることで，生徒が所属する学校を区別しています。そのため，学校という変数は3つの値を取ります。学校ごとに，偏差値や「学業的自己概念」の平均が異なるかを検定します。この目的のために，分散分析という方法を用いることができます。例えばA,B,Cという3つの群の比較をするなら，AとBでt検定，BとCでt検定，とt検定を異なるペアごとに繰り返せば良いのではないか？　と思う人もいるかもしれません。しかし，このようなやり方をすると，実質的な有意水準が上昇してしまいます[*3]。このため，3群以上の平均値を比較する際は，t検定を繰り返すのではなく，分散分析を用います。

8-2-1　分散分析に関する用語

　データの値を変化させる原因を要因といいます。本章の例である「学業的自己概念が学校間で異なるか」については，学校が要因になります[*4]。また，要因を構成する条件のことを水準といいます。学校には1,2,3という3つの値があり，これらの数値はそれぞれ違う学校を意味しています。学校という1つの要因には，3つの水準があるということになります。

　本章で検討するのは，学校ごとに偏差値や「学業的自己概念」の平均値が有意に異なるかということです。「学校ごとに」ということは，同じ人が複数の学校に所属することはないので，調査対象者は，学校という水準のどこか1つに割り当てられることになります。このように一人の人が1つの条件（要因の水準）にのみ割り当てられるような実験計画を被験者間計画[*5]と呼びます。一方，同じ人が複数の水準に割り当てられる場合もあり，この場合は被験者内計画[*6]と呼ばれます。被験者間計画と被験者内計画では，そこから得られたデータに対する分析方法は変わります。得られたデータに対して適切な分析方法を選び実行することが重要です[*7]。

　実験計画とは，実験[*8]を行う際に「要因をいくつにするか」とか「被験者をどのように配置するか」といったことを計画することをいいます。この例では，学校という要因を1つ用意し，3つの学校について調査を行う，

[*3] 例えば，有意水準5%で検定を行ったつもりが，7%や10%のようにそれ以上の緩い基準になってしまうことが知られています。これを多重検定の問題といいます。

[*4] 要因によって値が変化すると考えられる変数を従属変数といいますが，従属変数は学業的自己概念になります。

[*5] 被験者間計画は，between subjects designを訳したものです。subjectという言葉を被験者と訳しています。近年では，「被験者」という言葉が適切さを欠くという議論もあり，実験参加者，調査協力者といった表現を使うべきだと主張する研究者もいます。実際に，英文論文においても，between participants designという表記が用いられることが増えています。しかし，本書ではあくまでsubjectの定訳，そして，被験者間計画，被験者内計画という言葉が定着していることもふまえて，この呼び方を用いることにします。

[*6] 被験者内計画は，within subject designを訳したものです。subjectと単数形になっていることに注意しましょう。

[*7] 被験者内計画の分散分析については，本書では取り上げません。山田・村井（2004）や橋本・荘島（2016）などを参照してください。

つまり，学校という要因の中に3つの水準のある一要因被験者間計画ということになります。そして，一要因被験者間計画で得られたデータに対する分析方法が，一要因被験者間分散分析です。

分散分析に関する用語を表8.1にまとめました。主効果と交互作用は，二要因以上の実験計画に関する用語です。主効果は要因単独の効果のことで，交互作用は要因の組合せの効果のことです。要因の組合せの効果とは，ある要因が従属変数に及ぼす影響が，他の要因の水準によって異なることを意味します。主効果と交互作用については，二要因分散分析を取り上げる9章で詳しく紹介します。

表8.1 分散分析に関する用語

要因	データの値を変化させる原因のこと
水準	要因を構成する条件のこと
被験者間計画	1人の人を1つの条件（水準）に割り当てる実験計画のこと
被験者内計画	同じ人を複数の条件（水準）に割り当てる実験計画のこと
実験計画	実験を行う際に，要因の数をいくつにするか，被験者をどのように配置するか[*9]といったことを計画すること
主効果	その要因だけの単独の効果のこと
交互作用	2要因以上の実験計画において，ある要因が従属変数に及ぼす影響の「向き」あるいは「大きさ」が，他の要因の水準によって異なること

8-2-2 一要因被験者間分散分析

独立な2群のt検定と同様に，一要因被験者間分散分析でも「全ての群の母分散が等質である」という前提条件が満たされているかどうかを確認するための検定[*10]が実行されることが一般的です。一要因被験者間分散分析ではさらに，分散分析（あるいは代替の方法）の結果が有意か否かに応じて，「多重比較」という検定が行われるため，以下のような3段階のステップを踏むことになります。

ステップ1：分等の等質性の検定
ステップ2A：一要因被験者間分散分析
ステップ3A：多重比較
ステップ2B：ノンパラメトリック検定[*11]（クラスカルウォリスの検定）
ステップ3B：多重比較

[*8] ここでは実験ではなくて，調査を行っていますが．

[*9] 被験者間計画にするか，被験者内計画にするか，あるいはそのミックスである混合計画にするか，といった選択肢から具体的なデザインを選んでいくことになります。こうした実験計画の設計については，Kirk（2012）や南風原・市川（2001），高野（2000）などを参照してください。

[*10] 分散の等質性の検定です。

[*11] ノンパラメトリック検定とは，母集団分布を仮定するパラメトリック検定に対して，母集団分布を仮定しない検定のことです。母集団に特定の確率分布を仮定しないため，「2群の母分散が等質である」といった母集団の性質に関する前提条件と無関係で検定を実行することができるのです。

8-2 3つ以上の群の平均値を比較する分散分析

*12 分散の等質性の検定の帰無仮説は、比較する全ての群の母分散が等しいというものです。3つの群を比べる場合は、$H_0: \sigma_1^2 = \sigma_2^2 = \sigma_3^2$ となります。

*13 なお、実際の研究では、分散の等質性が満たされない場合であっても分散分析が利用されることが多いです。それは、分散の等質性の仮定が満たされない場合も、検定結果に大きな差異が生まれない（このことを、「分散分析は、分散の等質性の仮定からの逸脱に対して頑健である」といいます）ことが知られているためです。このため、9章で扱う二要因被験者間分散分析では、分散の等質性の結果にかかわらず、分散分析を実行しています。この点に留意ください。

　ステップ1の結果に応じて、ステップ2Aかステップ2Bかを選択します。具体的には、はじめに分散の等質性の検定を行い（ステップ1）、帰無仮説[*12]が棄却されなかったら、分散の等質性が満たされているということになります。この場合は、一要因被験者間分散分析を行います。分散の等質性の検定の結果、帰無仮説が棄却されたら、分散の等質性が満たされていないということになるので、この場合は、ステップ2Bのノンパラメトリック検定（クラスカルウォリスの検定）を行います[*13]。ここまでは、独立な2群のt検定と同じ手順です。

　しかし、分散分析はさらに続きがあります。ステップ2Aの分散分析の結果、有意差が得られた場合、要因のどの水準とどの水準の間に有意差があるのかを詳しく調べるため、ステップ3Aの多重比較を行うのです。分散分析では、「比較している群間の母平均が全て等しい」という帰無仮説の検討を行います。帰無仮説が棄却され、有意な結果が得られたとしても、具体的にどの水準とどの水準（どの群とどの群）の間に有意差があるのかまでは、分散分析ではわかりません。このことを調べるため、多重比較を行います。ステップ2Bとステップ3Bの関係も同様です。まず、全体として有意差があるのかを確認した後、個々のペアごとに有意差がどこに存在するのかを細かくみていくという形になります。分散分析のステップを図にま

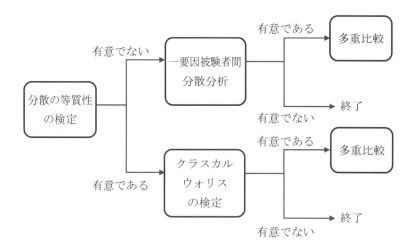

図8.1　1要因被験者間分散分析のための3つのステップ

とめたのが図 8.1 です。

8-3 SPSS による一要因被験者間分散分析

本節では，SPSS を用いて一要因被験者間分散分析を行う方法について説明をします。

8-3-1 一要因被験者間分散分析の実行その 1

SPSS で一要因被験者間分散分析を実行するためには，メニューから「分析」→「平均の比較」→「一元配置分散分析」を選択します[14]（図 8.2）。

[14] 一要因被験者間分散分析の実行は，「**分析**」→「**平均の比較**」→「**一元配置分散分析**」を選択し，変数の選択とオプションの決定をすることで行えます。同じ分析を，「**一般線型モデル**」→「**1 変量**」と選んでも実行することができます。

図 8.2 「一元配置分散分析」を選択

図 8.3 「一元配置分散分析」ウィンドウ

8-3 SPSS による一要因被験者間分散分析

*15 複数の項目を同時に選択するためには,「Ctrl」キーを押したまま項目をクリックします。

すると,「一元配置分散分析」ウィンドウが開きます(図8.3)。「従属変数リスト」に「全国模試・国語の偏差値[japanese]」と「全国模試・数学の偏差値[math]」を入れてください[*15]。「因子」に「学校[school]」を入れてください。変数リストから該当する変数を選んで,ウィンドウの真ん中辺り,あるいは下部にある▶をクリックすると,従属変数リストのボックス,因子のボックスに変数が移動します。

「その後の検定」をクリックすると,「一元配置分散分析:その後の多重比較」ウィンドウが開きます(図8.4)。

図8.4 「一元配置分散分析:その後の多重比較」ウィンドウ

図8.5 「一元配置分散分析:オプション」ウィンドウ

		度数	平均値	標準偏差	標準誤差	平均値の95%信頼区間		最小値	最大値
						下限	上限		
全国模試・国語の偏差値	1	239	50.25	8.756	.566	49.14	51.37	26	70
	2	173	57.92	9.330	.709	56.52	59.32	31	89
	3	156	55.60	8.503	.681	54.25	56.94	29	79
	合計	568	54.06	9.469	.397	53.28	54.84	26	89
全国模試・数学の偏差値	1	239	54.46	10.868	.703	53.08	55.85	30	77
	2	173	58.82	9.196	.699	57.44	60.20	30	82
	3	156	54.59	9.746	.780	53.05	56.13	33	77
	合計	568	55.82	10.253	.430	54.98	56.67	30	82

図8.6 記述統計量

「等分散を仮定する」の中にある「Tukey」にチェックを入れてください。多重比較には色々な方法がありますが，ここでは，心理学でよく用いられるTukeyの方法を選びます[16]。「続行」をクリックして元の画面に戻ります。

図8.3の画面に戻ったら，「オプション」をクリックします。すると，「一元配置分散分析：オプション」ウィンドウが開きます（図8.5）。「統計」の枠内にある「記述統計量」と「等分散性の検定」にチェックを入れてください。また「平均値のプロット」にもチェックを入れましょう。「続行」をクリックして元の画面に戻ります。これで一要因被験者間分散分析を実行する準備が整いました。図8.3の画面に戻ったら，「OK」をクリックしてください。分析が始まります。

図8.6に記述統計の結果が一覧表に整理されています。学校（1,2,3）ごとに，度数（生徒の人数），平均値，標準偏差，標準誤差[17]，平均値の95%信頼区間[18]（の下限と上限），最小値，最大値が示されます。国語の偏差値の平均値を比較すると，学校1が50.25，学校2が57.92，学校3が55.60となっており，学校間で偏差値の平均値に差がありそうです。同様に，数学の偏差値の平均値についても，学校1が54.46，学校2が58.82，学校3が54.59となっており，こちらも学校間で偏差値の平均値に差がありそうです。この平均値の差異が，標本変動によって生じる程度のものなのか，標本の変動を越えて意味のある差なのかを確かめるために，検定を行います。

図8.1の手順に沿って，分散分析を行ってみましょう。まずは，分散の等質性の検定です。図8.7には分散の等質性の検定の結果が示されています。「全国模試・国語の偏差値」については，Levene統計量が1.437で有意確率が.239です。有意水準を$\alpha=.05$とすると，有意確率.239は.05よりも大きいので，帰無仮説[19]は棄却されません。よって，「全国模試・国語」については，分散の等質性が満たされていることになります。そこで，分散分析へと進みます。一方，「全国模試・数学の偏差値」については，Levene統計量が3.149で有意確率が.044です。有意水準を$\alpha=.05$とすると，有意確率.044は.05よりも小さいので，帰無仮説が棄却されます。よって，「全国模試・数学の偏差値」については，分散の等質性が満たされないことになるので，分散分析は実行せず，代替の方法であるクラスカルウォリスの検定を実行することにします。

[16] Tukeyの方法については，山田・村井(2004)を参照してください。

[17] 標準誤差を求めるには，標準偏差÷$\sqrt{度数}$を計算します。例えば，学校（値が1）の国語の偏差値については，標準誤差$=8.756\div\sqrt{239}=0.566$と求められます。

[18] 信頼区間については，7-3-2項の解説を参照してください。

[19] 帰無仮説は，H_0：3つの群の母分散が等しい，となります。$H_0:\sigma_1^2=\sigma_2^2=\sigma_3^2$と表すこともできます。

8-3 SPSSによる一要因被験者間分散分析

	Levene 統計量	自由度1	自由度2	有意確率
全国模試・国語の偏差値	1.437	2	565	.239
全国模試・数学の偏差値	3.149	2	565	.044

図 8.7　等分散性の検定の結果

「全国模試・国語の偏差値」の分散分析結果についてみてみましょう。図 8.8 に分散分析の結果を整理した分散分析表が示されています[20]。

		平方和	自由度	平均平方	F 値	有意確率
全国模試・国語の偏差値	グループ間	6419.679	2	3209.840	40.825	.000
	グループ内	44422.518	565	78.624		
	合計	50842.197	567			
全国模試・数学の偏差値	グループ間	2227.122	2	1113.561	10.965	.000
	グループ内	57377.272	565	101.553		
	合計	59604.394	567			

図 8.8　分散分析表

注目すべきは，検定統計量の実現値である「F 値」と 2 つの「自由度」，そして「有意確率」です。「全国模試・国語の偏差値」についてみると，グループ間の自由度が 2[21]，グループ内の自由度が 565[22] となっています。これらの自由度を足し加えると「合計」の行に書かれた自由度 567 に一致することも確認できます。F 値は 40.825[23]，有意確率は .000 です。有意水準を α = .05 とすると，有意確率は .000 < .05 なので，帰無仮説は棄却されます。

Tukey HSD

従属変数	(I) 学校	(J) 学校	平均値の差 (I-J)	標準誤差	有意確率	95% 信頼区間 下限	95% 信頼区間 上限
全国模試・国語の偏差値	1	2	-7.674*	.885	.000	-9.75	-5.59
		3	-5.345*	.913	.000	-7.49	-3.20
	2	1	7.674*	.885	.000	5.59	9.75
		3	2.329*	.979	.047	.03	4.63
	3	1	5.345*	.913	.000	3.20	7.49
		2	-2.329*	.979	.047	-4.63	-.03
全国模試・数学の偏差値	1	2	-4.351*	1.006	.000	-6.71	-1.99
		3	-.125	1.037	.992	-2.56	2.31
	2	1	4.351*	1.006	.000	1.99	6.71
		3	4.225*	1.113	.000	1.61	6.84
	3	1	.125	1.037	.992	-2.31	2.56
		2	-4.225*	1.113	.000	-6.84	-1.61

*. 平均値の差は 0.05 水準で有意です。

図 8.9　多重比較の結果

---

[20] ここでは「全国模試・数学の偏差値」の分散分析結果も示されていますが，「全国模試・国語の偏差値」についてのみ検討していくこととします。

[21] グループ間の自由度は，「比較する群の数 − 1」で求められます。今の例では，比較する群の数＝学校の数＝3 なので，3 − 1 = 2 となります。

[22] グループ内の自由度は，各群のサンプルサイズから 1 を引いたものを合計して求められます。今の例では，3 つの学校の度数が，239，173，156 なので，(239 − 1) + (173 − 1) + (156 − 1) = 238 + 172 + 155 = 565 となります。

[23] F 値は，「グループ間の平均平方÷グループ内の平均平方」で計算されます。F = 3209.840 ÷ 78.624 = 40.825 と求められます。また，平均平方は，「平方和÷自由度」で計算されます。グループ間の平均平方は，6419.679 ÷ 2 = 3209.840 と計算されます。

分散分析の結果，有意な差が得られました。これは「学校間で国語の偏差値の母平均が等しい」という帰無仮説[*24]が棄却されたことを意味します。分散分析の結果が有意となったので，続いて，多重比較により，どのペアで有意差がみられるかを検討します。図8.9に多重比較の結果が示されています。

　全国模試・国語の偏差値について確認しておきます。学校1と2，学校1と3，学校2と3と3つのペアが考えられますが，有意確率をみると，いずれも有意水準である.05を下回っています。つまり，学校1と2，学校1と3，学校2と3の3つのペアで有意差がみられるということになります。「平均値の差（I−J）」の列をみると，平均値の数字の右上に＊が付いています。これはそのペアの間に5％水準で有意な差がみられるということを意味しています。さらに図8.10の表も出力されます。これは「等質なサブグループ」を表示しているもので，平均値に有意な差が認められず，まとめることができると考えられるグループを「等質なサブグループ」としてまとめて表示します。「全国模試・国語の偏差値」については，全ての群のペア間で有意な差がみられました。つまり，1つ1つの群がサブグループを独立に形成しているということになります。図8.11は，学校ごとに「全国模試・国語の偏差値」の平均値をプロットしたものです[*25]。同様に，図8.12は，学校ごとに「全国模試・数学の偏差値」の平均値をプロットしたものとなります。

[*24] 分散分析の帰無仮説を式で表すと，$H_0: \mu_1 = \mu_2 = \mu_3$ となります。

[*25] 要因が1つしかない場合は，あまりありがたみもないのですが，2要因以上の分散分析を行う場合，視覚的に交互作用の有無を検討できるので便利です。2要因の分散分析については，9章を参照してください。

全国模試・国語の偏差値

Tukey HSD[a,b]

学校	度数	α= 0.05 のサブグループ		
		1	2	3
1	239	50.25		
3	156		55.60	
2	173			57.92
有意確率		1.000	1.000	1.000

等質なサブグループのグループ平均値が表示されています。

a. 調和平均サンプルサイズ＝183.209 を使用

b. グループサイズが等しくありません。グループサイズの調和平均が使用されます。タイプIエラー有意水準 0.05 は保証されません。

図8.10　多重比較の結果（等質なサブグループ）

8-3 SPSSによる一要因被験者間分散分析

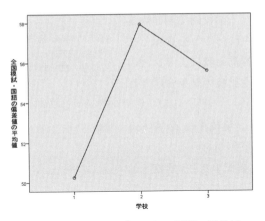

図8.11 平均値のプロット：国語の偏差値

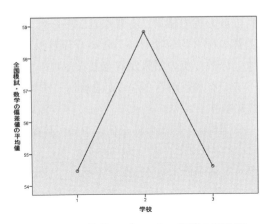

図8.12 平均値のプロット：数学の偏差値

前述のように，分散の等質性の検定の結果，「全国模試・数学の偏差値」については分散の等質性が満たされませんでした。そこで，分散分析に代わって，クラスカルウォリスの検定を実行することにします。SPSSでクラスカルウォリスの検定を実行するには，「分析」→「ノンパラメトリック検定」→「独立サンプル」と選んでいきます（図8.13）[*26]。

すると，「ノンパラメトリック検定：2個以上の独立したサンプル」ウィンドウが開きます（図8.14）。

*26 クラスカルウォリスの検定の実行は，「分析」→「ノンパラメトリック検定」→「独立サンプル」を選択し，変数の選択とオプションの決定をすることで行えます。

図8.13 「独立サンプル」を選択

図8.14 「ノンパラメトリック検定:2個以上の独立したサンプル:目的タブ」

「目的」タブがアクティブになっています[*27]。「目的は？」の囲みで，「自動的にグループ間の分布を比較する」が最初から選択されています。このままにしておきます。続いて，「フィールド」タブをクリックします（図8.15）。

「フィールド」の中に変数の一覧が表示されます。この中から，「検定フィールド」に移動させる変数と，「グループ」に移動させる変数を選びます。ここでは，「全国模試・数学の偏差値［math］」を「検定フィールド」に入れます[*28]。また，「学校［school］」を「グループ」に入れます[*29]。「実行」をクリックすると，クラスカルウォリスの検定が実行されます。検定の結果が図8.16に示されています。「有意確率」をみると.000とあります。帰無仮説は棄却されます。「全国模試・数学の偏差値」についても学校間で有意な差が得られたことになります。全体の検定で有意な結果が得られたら，多重比較を用いてどのペアに有意差があるかを確認していく，という流れは分散分析の場合と同様です。

クラスカルウォリスの検定で，このペアごとの比較を行うには，図8.16の表をダブルクリックします。すると，図8.17のような「モデルビューア」

*27 アクティブになっているとは，「目的」「フィールド」「設定」の3つのタブのうち，「目的」タブが選択されている状態になっているということです。

*28 フィールドで「全国模試・数学の偏差値」を選択して，画面上部にある▶をクリックします。

*29 フィールドで「グループ」を選択して，画面下部にある▶をクリックします。

8-3 SPSSによる一要因被験者間分散分析

図8.15 「ノンパラメトリック検定：2個以上の独立したサンプル：フィールドタブ」

図8.16 クラスカルウォリスの検定の結果

ウィンドウが起動します。ここで，画面の中央やや右寄りの下の部分にある「ビュー」と書かれた部分に注目します。最初は「独立サンプル検定ビュー」という表示になっているはずです。ここからドロップダウンメニューで「ペアごとの比較」を選んでください。

すると，図8.18のように表示が変わり，どのペアとどのペアで有意差が得られるのかをみることができます。図8.18をみると，学校1と2，学校2と3の間で，有意確率がそれぞれ.000となっており，2つのペアで有意差がみられたことがわかります。

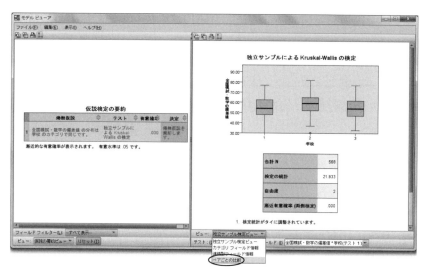

図 8.17　クラスカルウォリスの検定の結果（ペアごとの比較）その 1

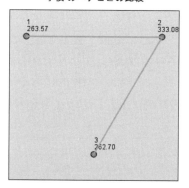

サンプル1-サン…	検定統計	標準エラー	Std. 検定統計	有意確率	調整済み有意確率
3-1	.868	16.879	.051	.959	1.000
3-2	70.379	18.106	3.887	.000	.000
1-2	-69.511	16.369	-4.246	.000	.000

各行は、サンプル 1 とサンプル 2 の分布が同じであるというヌル仮説を検定します。
漸近有意確率（両側検定）が表示されます。有意水準は .05 です。
Bonferroni 訂正により、複数のテストに対して、有意確率の値が調整されました。

図 8.18　クラスカルウォリスの検定の結果（ペアごとの比較）その 2

以上，全国模試・国語の偏差値，全国模試・数学の偏差値の平均値が学校ごとに有意に異なるかを検討しました。その結果，いずれも検定[*30]において有意差が得られ，本研究の調査対象となった学校間で学業水準に差があることが確認できました。本章冒頭で述べた，①学校ごとに数学（あるいは国語）の偏差値の平均が有意に異なるかを検定→②学校ごとに数学（あるいは国語）の「学業的自己概念」尺度得点の平均が有意に異なるかを検定，のうち①を確認することができたので，続けて②について検討していくことにします。

*30 それぞれ一要因被験者間分散分析とクラスカルウォリスの検定。

8-3-2 一要因被験者間分散分析の実行その2

SPSSで，学校ごとに「学業的自己概念」の平均値が有意に異なるかを検定してみましょう。再び一要因被験者間分散分析を実行します[*31]。図8.19の「一元配置分散分析」ウィンドウが開いたら，「従属変数リスト」に「国語の学業的自己概念」と「数学の学業的自己概念」を入れ，「因子」に「学校［school］」を入れます。

「その後の検定」をクリックすると，「一元配置分散分析：その後の多重比較」ウィンドウが開きます。「等分散を仮定する」の中にある「Tukey」にチェックを入れてください。「続行」をクリックして元の画面に戻ります。「オプション」をクリックし，「統計」の枠内にある「記述統計量」と「等分散性の検定」，「平均値のプロット」にチェックを入れ，「続行」をクリック

*31 一要因被験者間分散分析の実行は，「**分析**」→「**平均の比較**」→「**一元配置分散分析**」を選択し，変数の選択とオプションの決定をすることで行えます。

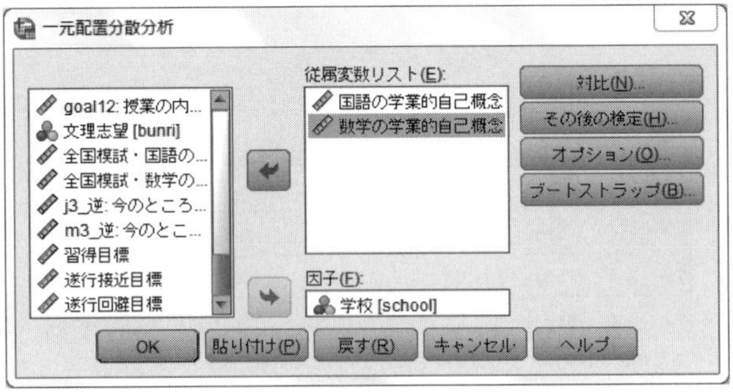

図8.19 「一元配置分散分析」ウィンドウ

して元の画面に戻ります。これで一要因被験者間分散分析を実行する準備が整いました。図 8.19 の画面に戻ったら，「OK」をクリックしてください。分析が始まります。

		度数	平均値	標準偏差	標準誤差	平均値の 95% 信頼区間 下限	平均値の 95% 信頼区間 上限	最小値	最大値
国語の学業的自己概念	1	239	2.9184	.87566	.05664	2.8068	3.0300	1.00	5.00
	2	173	2.8468	.85579	.06506	2.7184	2.9752	1.00	4.67
	3	156	2.7382	.89023	.07128	2.5975	2.8790	1.00	4.50
	合計	568	2.8471	.87526	.03672	2.7750	2.9193	1.00	5.00
数学の学業的自己概念	1	239	2.8773	.99511	.06437	2.7505	3.0041	1.00	5.00
	2	173	2.7669	.94857	.07212	2.6245	2.9092	1.00	4.83
	3	156	2.6560	.93798	.07510	2.5076	2.8043	1.00	4.83
	合計	568	2.7829	.96819	.04062	2.7031	2.8627	1.00	5.00

図 8.20 記述統計量の確認

図 8.20 に記述統計の結果が一覧表に整理されています。「国語の学業的自己概念」の平均値を比較すると，学校 1 が 2.9184，学校 2 が 2.8468，学校 3 が 2.7382 となっています。平均値の大きさは，学校 1＞学校 2＞学校 3 の順になっていますが，それほど差はなさそうな気もします。同様に，「数学の学業的自己概念」の平均値については，学校 1 が 2.8773，学校 2 が 2.7669，学校 3 が 2.6560 となっており，国語と同じくこちらも平均値の大きさは，学校 1＞学校 2＞学校 3 の順になっています[32]。

図 8.1 の手順に沿って，分散分析を行ってみましょう。まずは，分散の等質性の検定です。図 8.21 には分散の等質性の検定の結果が示されています。「国語の学業的自己概念」については，Levene 統計量が .843 で有意確率が .431 です。「数学の学業的自己概念」については，Levene 統計量が .223 で有意確率が .800 です。有意水準を $\alpha = .05$ とすると，いずれも有意確率は .05 よりも大きいので，帰無仮説は棄却されません。よって，分散の等質

[32] こうした平均値の差異が，標本変動によって生じる程度のものなのか，標本の変動を越えて意味のある差なのかを確かめるために，検定を行います。

	Levene 統計量	自由度 1	自由度 2	有意確率
国語の学業的自己概念	.843	2	565	.431
数学の学業的自己概念	.223	2	565	.800

図 8.21 等分散性の検定の結果

性が満たされていることになります。そこで，国語・数学どちらの「学業的自己概念」についても，分散分析へと進むことにしましょう。

図8.22には，分散分析表が示されています。「国語の学業的自己概念」についてみると，グループ間の自由度が2，グループ内の自由度が565となっています。F値は2.007，有意確率は.135です。有意水準を$α=.05$とすると，有意確率は.135＞.05なので，帰無仮説は棄却されません。分散分析の結果，「国語の学業的自己概念」尺度得点には，有意な差はみられなかったということになります。「数学の学業的自己概念」についても検定結果を同様に確認してみると，グループ間の自由度が2，グループ内の自由度が565となっています。F値は2.513，有意確率は.082です。有意水準を$α=.05$とすると，有意確率は.082＞.05なので，こちらも帰無仮説は棄却されません。分散分析の結果，「数学の学業的自己概念」尺度得点には，有意な差はみられなかったということになります。

		平方和	自由度	平均平方	F値	有意確率
国語の学業的自己概念	グループ間	3.064	2	1.532	2.007	.135
	グループ内	431.300	565	.763		
	合計	434.364	567			
数学の学業的自己概念	グループ間	4.686	2	2.343	2.513	.082
	グループ内	526.812	565	.932		
	合計	531.498	567			

図8.22　分散分析表

分散分析の結果，国語・数学ともに「学業的自己概念」尺度得点の平均値には，学校によって有意な差が得られませんでした。分散分析で有意差がみられなかったので，分析はここで終わりです。それとは関係無く，SPSSは多重比較の結果を出力してくれるので，念のため，多重比較の結果もみておきましょう[*33]。図8.23をみると，どの群のペア間にも有意差はみられません。やはり，学校ごとに（学業水準の違いによって）「学業的自己概念」の平均値に有意な差がある，ということはないようです。

[*33] 分散分析で有意にならなくても，多重比較で有意になることがあります。反対に，分散分析で有意な結果が得られても，多重比較では有意な結果が得られないということもあります。分散分析と多重比較は異なる検定ですので，結果がいつも整合的であるとは限らないのです。これについては，実践編5-1-2項で詳しく説明します。

Tukey HSD

従属変数	(I) 学校	(J) 学校	平均値の差 (I-J)	標準誤差	有意確率	95% 信頼区間 下限	95% 信頼区間 上限
国語の学業的自己概念	1	2	.07159	.08722	.690	-.1334	.2765
		3	.18016	.08993	.112	-.0312	.3915
	2	1	-.07159	.08722	.690	-.2765	.1334
		3	.10857	.09647	.499	-.1181	.3353
	3	1	-.18016	.08993	.112	-.3915	.0312
		2	-.10857	.09647	.499	-.3353	.1181
数学の学業的自己概念	1	2	.11041	.09639	.487	-.1161	.3369
		3	.22128	.09939	.068	-.0123	.4548
	2	1	-.11041	.09639	.487	-.3369	.1161
		3	.11088	.10661	.552	-.1397	.3614
	3	1	-.22128	.09939	.068	-.4548	.0123
		2	-.11088	.10661	.552	-.3614	.1397

図 8.23 多重比較の結果

　図 8.24 と図 8.25 はそれぞれ,学校ごとに国語と数学の「学業的自己概念」尺度得点の平均値をプロットしたものです。これらのグラフをみると,群間に差異が生じているようにも見えてしまいます。それは,グラフの縦軸に問題があります。縦軸の範囲は,「国語の学業的自己概念」が 2.74 から 2.92 くらいの範囲であり,「数学の学業的自己概念」が 2.65 から 2.87 くらいの範囲になっています。縦軸の目盛の取り方によって,グラフをみた人に与える印象がだいぶ変わってくることがわかるでしょう[*34]。

　本章で検討した 2 つの検定,①学校ごとに数学(あるいは国語)の偏差値の平均が有意に異なるかを検定→②学校ごとに数学(あるいは国語)の「学業的自己概念」尺度得点の平均が有意に異なるかを検定,の結果を整理しておくと,①では国語・数学の偏差値いずれについても有意な差が得られました。一方,②については,国語・数学の「学業的自己概念」いずれも有意な差は得られませんでした。

8-3-3　論文での結果の報告例

　最後に,心理学の実際の論文で,一要因被験者間分散分析の結果をどのように報告するかを紹介しておきます。検定結果と結果の解釈について,実際の論文での記述例は以下のようになります。

*34　言い換えると,意図的にグラフの縦軸を操作することで,グラフをみた人の印象を操作する,人をだますことも可能です。Huff(1954 高木訳 1968) が参考になります。

8-3 SPSS による一要因被験者間分散分析

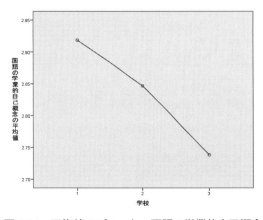

図 8.24 平均値のプロット：国語の学業的自己概念

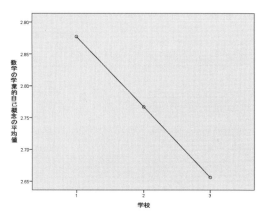

図 8.25 平均値のプロット：数学の学業的自己概念

*35 有意水準を5%として検定しています。

　鈴木・武藤（2013）の調査対象校となった3つの高校の学業水準の違いについて検討するため，全国模試・国語の偏差値と，全国模試・数学の偏差値について，偏差値の平均値が高校によって有意に異なるかを分散分析により検討することにした。高校ごとに平均値と標準偏差を整理したのが表8.2である。国語の偏差値については，一要因被験者間分散分析の結果，5%水準で有意な差が得られた（$F(2, 565) = 40.83$, $p<.05$）[35]。そこでTukeyの方法で多重比較を行ったところ，高校1と2，高校1と3，高校2と3のいずれのペアでも5%水準で有意な差が得られた。数学の偏差値については，分散の等質性が満たされなかったため，クラスカルウォリスの検定を実行した。その結果，5%水準で有意な差がみられた。ペアごとの比較を行ったところ，高校1と2，高校2と3のペアで，5%水準で有意な差が得られた。

表 8.2　国語・数学の偏差値の平均値と標準偏差

		高校 1 ($n = 239$)	高校 2 ($n = 173$)	高校 3 ($n = 156$)
全国模試・ 国語の偏差値	平均値	50.25	57.92	55.60
	標準偏差	8.76	9.33	8.50
全国模試・ 数学の偏差値	平均値	54.46	58.82	54.59
	標準偏差	10.87	9.20	9.75

　鈴木・武藤（2013）の調査対象校となった3つの高校の学業水準に違いがあることが確認できたので，続けて，学業水準の異なるこれらの高校ごとで，国語及び数学の「学業的自己概念」尺度得点の平均値に有意な差がみられるかどうかを分散分析で検討することにした。高校ごとに平均値と標準偏差を整理したのが表8.3である。「国語の学業的自己概念」については，一要因被験者間分散分析の結果，有意な差が得られなかった[36]（$F(2, 565) = 2.01, ns$[37]）。「数学の学業的自己概念」についても，一要因被験者間分散分析の結果，有意な差が得られなかった（$F(2, 565) = 2.51, ns$）。

表 8.3　国語・数学の学業的自己概念尺度得点の平均値と標準偏差

		高校 1 ($n = 239$)	高校 2 ($n = 173$)	高校 3 ($n = 156$)
国語の 学業的自己概念	平均値	2.92	2.85	2.74
	標準偏差	0.88	0.86	0.89
数学の 学業的自己概念	平均値	2.88	2.77	2.66
	標準偏差	1.00	0.95	0.94

　客観的な学業水準の高い生徒ほど，肯定的な「学業的自己概念」を持っていることが知られている。このため，偏差値の高い高校に所属する生徒ほど，肯定的な「学業的自己概念」が形成されていると考えられたが，分散分析の結果からは，「学業的自己概念」尺度得点の平均値が，高校間で有意に異なることは確認できなかった。

[36] 分散分析の結果を報告する際に，検定統計量の実現値と有意か否かの記載に加えて，近年効果量を報告することが日本の研究でも増えてきています。このことについては，実践編の5章で触れます。

[37] 有意でない結果が得られたときの「ns」という表記は，日本心理学会「執筆・投稿の手引き」（2015年改訂版）の記載方法に合わせています。

8-3-4 学業的自己概念の学校間差がみられなかった結果について

4章では，生徒個人の国語の偏差値と「国語の学業的自己概念」との相関係数を検討しました。その結果，個人の偏差値と「学業的自己概念」の間には有意な正の相関がみられました（$r = .404$）。すなわち，学業水準の高い人ほど「学業的自己概念」は高い傾向にあるという結果が得られました。しかし，本章で，「学業的自己概念」を従属変数，学校を被験者間要因とする分散分析を行った結果，有意な学校間差はみられませんでした。調査対象となった学校の偏差値には，有意な違いがみられたことから，一見すると矛盾する結果が得られたようにみえます。最後に，これらの結果の相違について考えたいと思います。

まず，本章では，生徒個人の学業水準を表す指標として，生徒が所属する学校の学業レベルというものを考えました。しかし，いわゆる入試偏差値の高い学校Aに所属していても，学業成績は生徒個人によって様々であり，成績の良い生徒もいれば，あまり良くない生徒もいるでしょう。また，学校Aと比較して入試偏差値の低い学校Bにおいても，そこには様々な生徒がいて，学校Bの成績優秀者の学業水準は，学校Aの生徒の平均を上回っているということは珍しくないでしょう。このように，個々の生徒の学力は，所属している学校によってのみ決まっているわけではありません。そのため，学校の学業水準という集団レベルの変数を，生徒の学業水準という個人レベルの変数の代わりに使用することは適切ではありません[*38]。言い換えると，生徒が所属している学校という指標は，個人の学業水準という構成概念を反映した指標としては適切ではなかった，すなわち妥当性が低かったということです[*39]。

ここで，「学業水準の高い学校に所属している生徒たちの方が学業的自己概念は高い」という結果が得られなかったメカニズムについて，もう少し考えたいと思います。1章でも説明したように，実は，「学力が同一であれば，学業水準の高い学校に所属している生徒の方が学業的自己概念は低くなる」ということが知られています。この現象は，「井の中の蛙効果[*40]」と呼ばれています[*41]。「井の中の蛙効果」とは，同じ能力の生徒であっても，学業水準の高い集団に所属したばかりに否定的な「学業的自己概念」が形成されてしまうという現象です。これは，学力が同一であるならば，優秀

[*38] 生徒個人の偏差値や学力テストの点数，性別，年齢など，個人の属性に関する変数は個人レベルの変数であるのに対し，個人データを蓄積することで得られる，学力テストの学校平均値や都道府県の平均値というのは，（学校や都道府県という）集団レベルの変数になります。もちろん，個人のデータを蓄積したものに限らず，学校の校種（公立や私立など）なども集団レベルの変数といえます。また，個人レベルの変数と集団レベルの変数を含むデータは階層的データと呼ばれ，階層的データに対する分析手法として，マルチレベル分析というものがあります。マルチレベル分析については，10-5節を参照してください）。

[*39] 妥当性については，6章を参照してください。なお，ロビンソン（Robinson, 1950）は，個人レベルの変数の相関と集団レベルの変数の相関は一致するとは限らないことから，集団レベルの変数間の相関関係をもとに，個人レベルの変数の関係について解釈することの誤りや，個人レベルの変数間の相関関係をもとに，集団レベルの変数の関係の解釈を行うことの誤りを，生態学的誤謬（ecological fallacy）と呼んでいます。

な生徒たちの多い学校に所属している生徒の方が，周囲に自分よりも優秀な生徒が多く存在することになり，彼らとの比較によって「学業的自己概念」が低くなってしまうと考えられています。言い換えると，学力が同一であるならば，学業水準の高い学校に所属している生徒の方が，その学校内での相対的な学業水準は低くなってしまうということです。

それでは，こうした現象が本データでも実際に起こっているかを確認したいと思います。「井の中の蛙効果」が生じているのであれば，学業水準が同程度の生徒に着目したときに，学業水準の高い学校に所属している生徒たちの方が，学校内での相対的な学業水準の知覚は低くなっているはずです。

例として，国語の偏差値が 50 以上 55 未満の生徒に着目して，「国語の学校内での相対的な学業水準の知覚」を学校間で比較してみます。その前に，まず全生徒を対象に，「国語の学校内での相対的な学業水準の知覚」を学校間で比較します。SPSS で一要因被験者間分散分析を実行するために，メニューから「分析」→「平均の比較」→「一元配置分散分析」を選択します。図 8.26 のウィンドウが開いたら，「従属変数リスト」ボックスに，「j7: あなたの国語の学力は，あなたの学校全体の中でどのくらいですか [j7]」，「因子」ボックスに「学校 [school]」を移動させます。また，「オプション」をクリックし，「一元配置分散分析：オプション」ウィンドウが開いたら，「統計」の枠内にある「記述統計量」と「等分散性の検定」にチェックを入れます。これらが終了したら，図 8.26 の画面で「OK」をクリックすると，結果が出力されます。

*40 「井の中の蛙効果」は，英語では，big-fish-little-pond effect といいます。

*41 Marsh（1987）や外山（2008）などを参照してください。

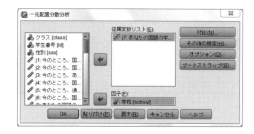

図 8.26 「一元配置分散分析」ウィンドウ

8-3 SPSSによる一要因被験者間分散分析

j7: あなたの国語の学力は、あなたの学校全体の中でどのくらいですか

Levene 統計量	自由度1	自由度2	有意確率
1.907	2	565	.149

図 8.27 等分散性の検定の結果

j7: あなたの国語の学力は、あなたの学校全体の中でどのくらいですか

	平方和	自由度	平均平方	F値	有意確率
グループ間	.093	2	.047	.035	.966
グループ内	759.131	565	1.344		
合計	759.224	567			

図 8.28 分散分析表

j7: あなたの国語の学力は、あなたの学校全体の中でどのくらいですか

	度数	平均値	標準偏差	標準誤差	平均値の95% 信頼区間 下限	平均値の95% 信頼区間 上限	最小値	最大値
1	239	2.80	1.189	.077	2.65	2.95	1	5
2	173	2.77	1.091	.083	2.61	2.93	1	5
3	156	2.79	1.186	.095	2.60	2.98	1	5
合計	568	2.79	1.157	.049	2.69	2.88	1	5

図 8.29 記述統計量の確認

*42 学校内での相対的な学業水準について回答を求めているため、理論的には「3（真ん中くらい）」を中心に回答結果が正規分布に従い、平均値は「3」に近くなると考えられます。しかし、実際には、いずれの学校も平均値は2.80程度で、やや低い値でした。これは、日本の生徒が自身の学力や能力を過小評価する傾向にあるためと考えられます。例えば、本データにおいて、国語と数学の「学業的自己概念」の平均値も3より小さくなっています。また、中学2年生の数学を対象にしたものですが、植阪・鈴木・清河・瀬尾・市川(2014)では、「あなたの学校の中で、あなたはどれくらいの成績をとっていますか」という項目について、「低い」から「高い」の5件法で回答を求めた結果、平均値は2.75であり、やはり真ん中の「3（中くらい）」よりも低い値が得られています。

*43 ここでは、変数の「ラベル」ではなく「名前」である「japanese」が表記されます。

まず、等分散性の検定の結果（図8.27）をみると、有意確率が.149で、有意でないことがわかります。そのため、等分散性の仮定は満たされました。そこで、分散分析の検定結果を確認します（図8.28）。F値は.035で、p値が.966であることから、学校間で「国語の学校内での相対的な学業水準の知覚」には差がないことがわかります。学校ごとにみれば、学業水準の高い人も低い人も各学校に一定数存在するために、「学校内での相対的な学業水準の知覚」に学校間で差がみられないことは当然の結果といえます。実際に、記述統計量を確認してみると、学校1の平均値は2.80、学校2は2.77、学校3は2.79とほぼ同じ値になっています*42（図8.29）。

それでは、次に、国語の偏差値が50以上55未満の生徒に着目して、「国語の学校内での相対的な学業水準の知覚」を学校間で比較します。SPSSで、メニューから「データ」→「ケースの選択」を選択します（図8.30）。

図8.31の「ケースの選択」ウィンドウが開いたら、「選択状況」の枠内にある「IF条件が満たされるケース」にチェックを入れ、「IF」をクリックします。すると、「ケースの選択：IF条件の定義」ウィンドウが開きます（図8.32）。

まず、左のボックスの中から「全国模試・国語の偏差値［japanese］」を選択し、ウィンドウ中央にある▶をクリックします。すると、右のボックスの中に選択した項目が移動します*43。「偏差値が50以上」であることを

表記するためには,「japanese >= 50」と入力します[*44]。同様に,「偏差値が 55 未満」であることを表記するには,「japanese < 55」としますが,「50 以上 55 未満」であることを示すためには,間に「AND」を挟んで「japanese >= 50 AND japanese < 55」とします。これらの入力規則は,表 8.4 のように整理することができます。

[*44] キーボードから直接入力をしなくても,ウィンドウ中央にあるボタンを利用することもできます。

表 8.4 ケースを選択する際の入力例

japanese < 50	国語の偏差値が 50 未満
japanese <= 50	国語の偏差値が 50 以下
japanese = 50	国語の偏差値が 50
japanese >= 50	国語の偏差値が 50 以上
japanese > 50	国語の偏差値が 50 より高い
japanese >= 50 AND japanese < 55	国語の偏差値が 50 以上 55 未満
japanese <= 30 OR japanese >= 70	国語の偏差値が 30 以下,あるいは 70 以上

入力したら,「続行」をクリックして図 8.31 に戻り,「OK」をクリックします。あとは,先程と同様の手順で分散分析を行います。具体的には,SPSS

図 8.30 「ケースの選択」を選択

図 8.31 「ケースの選択」ウィンドウ

8-3 SPSSによる一要因被験者間分散分析

図 8.32 「ケースの選択：IF 条件の定義」ウィンドウ

j7: あなたの国語の学力は，あなたの学校全体の中でどのくらいですか

	Levene 統計量	自由度1	自由度2	有意確率
	3.282	2	120	.041

図 8.33 等分散性の検定の結果

j7: あなたの国語の学力は，あなたの学校全体の中でどのくらいですか

	平方和	自由度	平均平方	F 値	有意確率
グループ間	8.797	2	4.398	4.429	.014
グループ内	119.171	120	.993		
合計	127.967	122			

図 8.34 分散分析表

のメニューから「分析」→「平均の比較」→「一元配置分散分析」を選択します。全生徒を対象とした分析から引き続いて分析を行う場合は，「従属変数リスト」ボックスに「j7: あなたの国語の学力は，あなたの学校全体の中でどのくらいですか [j7]」，「因子」ボックスに「学校 [school]」が移動されていると思います。次に，「オプション」をクリックし，「一元配置分散分析：オプション」ウィンドウが開いたら，「統計」の枠内にある「記述統計量」と「等分散性の検定」にチェックが入っていることを確認してください。これらが終了したら，図 8.26 の画面で「OK」をクリックすると，偏差値が 50 以上 55 未満である生徒たちに着目したときの，「国語の学校内での相対的な学業水準の知覚」を従属変数，学校を被験者間要因とした分散分析の結果が出力されます。

まず，等分散性の検定結果を確認すると（図 8.33），有意確率が .041 で有意であり，等分散ではないことがわかります。そのため，図 8.1 のステップに従えばノンパラメトリック検定を行うことになります。しかし，ここでは確認を目的としていることと，分散の等質性の仮定からの逸脱に対して

は頑健であることから，このまま分散分析を行います。

図 8.34 に示した分散分析表をみると，F 値が 4.429 で，有意確率は .014 であることから，「国語の学校内での相対的な学業水準の知覚」の程度は学校間で異なることがわかります。

そこで，記述統計量の確認をします（図 8.35）。すると，学校 1 の生徒たちの「相対的な学業水準の知覚」が最も高く，学校 2 の生徒たちの「相対的な学業水準の知覚」が最も低くなっていることがわかります[*45]。この傾向は，国語の偏差値とは反対の傾向です。つまり，学校 1 の国語の偏差値が最も低く，学校 2 の国語の偏差値が最も高くなっていました（図 8.6）。これらの結果から，学力が同程度の生徒に着目したときには，学業水準の高い学校に所属している生徒ほど，周囲に優秀な生徒が多く存在することになるために，「相対的な学業水準の知覚」は低くなることがデータから確認できました[*46]。

[*45] 統計的に有意な差があるかを調べるには，多重比較の検定を行う必要があります。

	度数	平均値	標準偏差	標準誤差	平均値の 95% 信頼区間 下限	平均値の 95% 信頼区間 上限	最小値	最大値
1	64	2.91	.988	.123	2.66	3.15	1	5
2	24	2.33	1.167	.238	1.84	2.83	1	4
3	35	2.40	.881	.149	2.10	2.70	1	4
合計	123	2.65	1.024	.092	2.47	2.83	1	5

j7: あなたの国語の学力は，あなたの学校全体の中でどのくらいですか

図 8.35　記述統計量の確認

[*46] ここでは，確認のために，国語の偏差値が 50 以上 55 未満の生徒に着目しましたが，共分散分析や重回帰分析を応用することで，生徒個人の学業水準を統制したときの，「相対的な学業水準の知覚」の学校間差を，生徒全体を対象にして検討することができます。共分散分析は実践編 3 章，重回帰分析は基礎編 10 章を参照してください。

以上のことから，個人の学業水準が同程度の場合，学業水準の高い学校に所属している生徒の方が「学校内での相対的な学業水準の知覚」が低くなるために，「学業的自己概念」が否定的になるという可能性が示唆されました。学校間で「学業的自己概念」の比較を行った際に，偏差値と同様の結果が得られなかった背景には，こうしたメカニズムが存在すると考えられます。

8-4　練習問題

鈴木・武藤（2013）データを用いて，以下の分析を実行してください。以下の全ての検定について，有意水準は 5% とします。

8-4 練習問題

1) 「習得目標」得点の平均値が，「学校」によって有意に異なるかを確認してください。「学校」によって有意な平均値差が得られた場合，どの学校とどの学校の間に有意差があるかも確認してください。

2) 「遂行接近目標」得点の平均値が，「学校」によって有意に異なるかを確認してください。「学校」によって有意な平均値差が得られた場合，どの学校とどの学校の間に有意差があるかも確認してください。

3) 「遂行回避目標」得点の平均値が，「学校」によって有意に異なるかを確認してください。「学校」によって有意な平均値差が得られた場合，どの学校とどの学校の間に有意差があるかも確認してください。

9章 学業的自己概念と性別，文理志望の関係
—— 二要因分散分析

7章では，「数学の学業的自己概念」の性差を独立な2群の t 検定によって検討しました。その結果，女性よりも男性の方が「数学の学業的自己概念」は高いことが示されました。しかし，一般に，男性は女性よりも理系志望者が多い傾向にあります[*1]。そのため，男性と女性の間に差がみられたのは，文系志望と理系志望に男女で偏りがあったからかもしれません。このような場合に，性別以外に文理志望という要因を加えて分析をすることが考えられます。本章では，要因が2つあるときに利用される二要因分散分析について紹介します。

本章で学ぶこと	・二要因被験者間分散分析 ・交互作用 ・単純主効果 ・χ^2 検定 ・シンタックス

9-1 学業的自己概念と性別，文理志望の関係の検討

先行研究では，女性よりも男性の方が数学に対する自信や興味が高いことが示されています[*2]。実際に7章では，独立な2群の t 検定によって，男性の方が「数学の学業的自己概念」が高いことが示されました。しかし，日本では，理系の学部への入学を希望する生徒の割合は男性の方が高い傾向にあります[*3]。また，文系の生徒よりも理系の生徒の方が「数学の学業的自己概念」は高いでしょう。それでは，文系・理系に関係なく，女性よりも男性の方が「数学の学業的自己概念」は高いのでしょうか。それとも，文系志望か理系志望かで，「数学の学業的自己概念」の男女差のあり方は変わるのでしょうか。

このような場合，性別と文理志望の2つを要因として，「数学の学業的自己概念」を比較することが考えられます。要因が2つあり，ある変数の平

[*1] 高校生に対する進路希望調査ではありませんが，文部科学省の学校基本調査（平成27年度）によると，理学部に所属している学生の約73%，工学部に所属する学生の約86%が男性です。なお，社会科学系の学部に所属する学生の約66%は男性ですが，人文科学系の学部に所属する男子学生は約35%，教育学部では約41%となっています。

[*2] Else-Quest et al. (2010) を参照してください。

[*3] 複数の変数が連動して変化しているために，各変数の影響が分離できない状況を，要因の交絡（変数の交絡）といいます。もしも，理系に男子が偏り，文系に女子が偏っているのであれば，「数学の学業的自己概念」の高低は性別によって異なるのか，文理志望によって異なるかが分離できなくなり，要因が交絡していることになります。本データにおいて，男女で文理志望に実際に偏りがあるかは，9-4節で検討します。

均値に条件間で差があるかを検討するために利用できるのが，二要因分散分析です。また，要因が2つ以上ある場合は，例えば「文系志望の生徒については，男女で数学の学業的自己概念に差があるが，理系志望の生徒では男女差がない」といったように，複数の要因を組合せた効果についても検討することができます。このような効果は交互作用と呼ばれます[*4]。

9-2 二要因の分散分析

データの値を変化させる原因は要因と呼ばれます。8章では，要因が1つであるときの分散分析について紹介しました。要因が2つある場合には，それぞれの要因が被験者間要因であるか被験者内要因であるかによって，3つの実験計画のパターンが考えられます（表9.1）。本章では，このうちの二要因被験者間分散分析について解説します[*5]。

以下ではまず，交互作用と，主効果，単純主効果について紹介します。それから，二要因分散分析の手順について紹介します。

表9.1　2要因の実験計画の3つのパターン

二要因被験者間計画	2つの要因が，いずれも被験者間要因
二要因被験者内計画	2つの要因が，いずれも被験者内要因
二要因混合計画	2つの要因のうち，一方は被験者間要因で，もう一方が被験者内要因

9-2-1　交互作用

要因が2つ以上あるときには，各要因の効果だけでなく，要因の組合せの効果についても考えることができます。この要因の組合せの効果は，交互作用[*6]と呼ばれます。交互作用は，「ある要因が従属変数[*7]に及ぼす影響の向き，あるいは大きさが，他の要因の水準によって異なること」と定義することができます。それでは，向きや大きさが他の要因の水準によって異なるとは，どういうことでしょうか。図を使いながら，交互作用について具体的に説明したいと思います。

例えば，性別と文理志望を被験者間要因[*8]，「数学の学業的自己概念」を従属変数とする二要因分散分析を行うとします。図9.1に，従属変数（「数学の学業的自己概念」得点）の平均値を条件ごとにプロットしたものを示

[*4] 分散分析に関する用語は，8章の表8.1を参照してください。

[*5] 二要因被験者内計画や二要因混合計画については，山田・村井（2004）や橋本・荘島（2016）を参照してください。

[*6] 交互作用は，英語ではinteractionといいます。また，交互作用効果（interaction effect）と呼ばれることもあります。

[*7] 予測に用いられる変数が独立変数と呼ばれるのに対し，予測される変数は従属変数と呼ばれます。実験の枠組みでは，研究者が操作する条件を独立変数，条件の操作によって変化する結果の変数が従属変数になります。

[*8] 性別の水準は男性と女性の2つであり，文理志望の水準は文系と理系の2つになります。このとき，「男性・文系」「男性・理系」「女性・文系」「女性・理系」の4つの条件があり，各被験者は，いずれか1つの条件に割り当てられていることになります。このような実験計画は，「2×2の被験者間計画」とも呼ばれます。

しました。図9.1の(a)では，文系では男性の方が「数学の学業的自己概念」は高くなっていますが，理系では男女で差がありません。また図9.1の(b)では，男性と女性のどちらの方が「数学の学業的自己概念」が高いのかは，文系志望か理系志望かによって異なっています。つまり，図9.1の(a)と(b)では，性別という要因が「数学の学業的自己概念」に与える影響の向きは，もう一方の要因（文理志望）の水準（文系志望か理系志望か）によって異なっています。さらに，図9.1の(c)では，文系志望も理系志望も，女性よりも男性の方が「数学の学業的自己概念」は高いことがわかりますが，理系志望の方が，男女差は大きくなっています。つまり，性別という要因が「数学の学業的自己概念」に与える影響の向きは男性と女性で同一ですが，影響の大きさは，文理志望というもう1つの要因の水準によって異なっています。このようなときに，交互作用があるといいます*9。

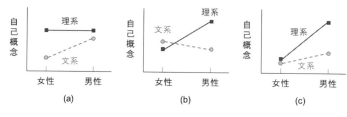

図9.1 交互作用があるパターンの例

では，逆に，交互作用がないパターンを図9.2に示します。交互作用の定義から，ある要因が従属変数に及ぼす影響の向きと大きさが（他の要因の水準に関係なく）一定であれば，交互作用はないと考えることができます。言い換えると，平均点を結んだ直線が平行になるときは交互作用がないことになります*10。

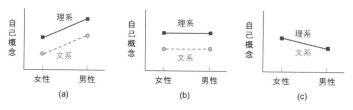

図9.2 交互作用がないパターンの例*11

*9 有意な交互作用があるかどうかは，検定によって判断します。

*10 同様に，有意な交互作用の有無は，検定によって判断します。交互作用の検定方法や検定の計算例については，山田・村井（2004）や橋本・荘島（2016）を参照してください。

*11 なお，図9.2の(c)は直線が1本しかないようにみえますが，これは2つの直線がピッタリ重なっているためです。

9-2 二要因の分散分析

9-2-2 主効果

交互作用が，2つ以上の要因を組合せた効果であったのに対して，主効果[*12]とは，1つの要因に単独の効果のことです。主効果は，要因単独の効果のため，要因の数だけ主効果があります。先ほどの例では，性別と文理志望の2つが要因でした。そのため，性別の主効果と，文理志望の主効果の2つの主効果について考えることになります。

まず，性別の主効果とは，文理志望の影響を考えないときの性別の単独の効果のことです。つまり，男性と女性ごとに，文理志望の平均値をひとまとめにし，この得点を比較します。言い換えると，男性全体（文系・理系をまとめた男性）の平均値と，女性全体（文系・理系をまとめた女性）の平均値を比較するということです。次に，文理志望の主効果です。文理志望の主効果とは，性別の影響を考えないときの文理志望単独の効果のことです。そのため，文理志望と理系志望ごとに，男女の平均値をひとまとめにします。言い換えると，文系志望の生徒全体（男女をまとめた文系志望）の平均値と，理系志望の生徒全体（男女をまとめた理系志望）の平均値を比較するということです[*13]。

9-2-3 単純主効果

交互作用があることは，ある要因の水準によって，別の要因の従属変数に対する影響が異なることを意味します。この，ある要因の水準ごとにみた要因の効果を単純主効果[*14]といいます。一般に，単純主効果の検定は，交互作用の検定が有意であったときに行われます。図9.3に示したプロット図を用いて，単純主効果の検定によって何を検討しているかを説明します[*15]。

単純主効果の検定では，効果の有無を検討したい要因とは別の要因の水準ごとに検定が行われます[*16]。例えば性別と文理志望が要因のときに，性別の単純主効果というのは，文理志望の水準ごとに男女差があるかを意味します。つまり，性別の単純主効果の検定では，文系志望群（文系群）における性別の単純主効果と，理系志望群（理系群）における性別の単純主効果との2つの検定が行われます。文系群における性別の単純主効果の検定とは，文系群では男女で差があるか（図9.3の左上のプロット図において

[*12] 主効果は，英語では main effect といいます。

[*13] 主効果の検定方法や検定の計算例については，山田・村井（2004）や橋本・荘島（2016）を参照してください。

[*14] 英語では，simple main effect といいます。また，単純効果（simple effect）と呼ばれることもあります。

[*15] 単純主効果の検定方法や計算例については，橋本・荘島（2016）を参照してください。

[*16] 単純主効果の検定は，ある要因の水準ごとに群分けをして，群ごとに別の要因の主効果を検定するもの，といえます。また，ここで述べた，ある要因の水準ごとに群分けすることを，スライスする（slicing）と呼ぶことがあります。

○囲みされた平均値の比較），理系群における性別の単純主効果の検定とは，理系群では男女で差があるか（図 9.3 の右上のプロット図において○囲みされた平均値の比較）に関する検定になります。

次に，文理志望の単純主効果というのは，性別の水準ごとに文理志望間で差があるかを意味します。つまり，文理志望の単純主効果の検定では，男性における文理志望の単純主効果と，女性における文理志望の単純主効果との 2 つの検定が行われます。男性における文理志望の単純主効果の検定とは，男性については文系群と理系群で差があるか（図 9.3 の左下のプロット図において○囲みされた平均値の比較），女性における文理志望の単純主効果の検定とは，女性については文系群と理系群で差があるか（図 9.3 の右下のプロット図において○囲みされた平均値の比較）に関する検定になります[*17]。

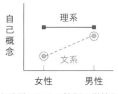
文系群における性別の単純主効果

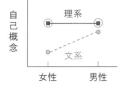
理系群における性別の単純主効果

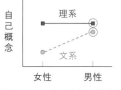
男性における文理志望の単純主効果

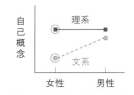
女性における文理志望の単純主効果

図 9.3　単純主効果の検討

9-2-4　二要因被験者間分散分析

一般的に，二要因被験者間分散分析では，まず，交互作用の検定結果が有意であるかどうかを確認し，交互作用の検定結果が有意か否かに応じて，次にどのような検定を行うかが変わり，以下のような 3 段階のステップを踏むことになります。

*17　二要因分散分析における単純主効果の検定には，2 方向の検定があります。ただし，すべての検定を行う必要があるわけではなく，研究の目的や仮説に応じて，必要な検定だけを行います。例えば山田ほか（2015）は，リビングと子ども部屋のどちらが勉強に集中できるかについて，翌日にテストを控えているなど緊急性の高い場合には，勉強場所によって集中力には違いが出ず，緊急性の低い場合には違いが出るという仮説の検証をしています。勉強場所（リビング・子ども部屋）と緊急性の高さ（翌日にテストあり・なし）を被験者内要因，1 時間あたり勉強に集中して取り組んでいた時間を従属変数とする実験を行い，分散分析を行った結果，有意な交互作用が得られました。そして単純主効果については，勉強場所の単純主効果の検定のみを行い，緊急性の高さの単純主効果の検定は行っていません。これは，研究目的が「勉強場所によって集中力は異なるか」を検討するためであったからといえます。

9-2 二要因の分散分析

ステップ1：交互作用の検定
ステップ2A：単純主効果の検定
ステップ3A：単純主効果に関する多重比較
ステップ2B：主効果の検定
ステップ3B：主効果に関する多重比較

　ステップ1の結果に応じて，ステップ2Aかステップ2Bかを選択します。具体的には，交互作用の検定結果が有意であったときは，ステップ2Aの単純主効果の検定を行います。交互作用の検定結果が有意でなかった場合には，単純主効果の検定は行わずに，ステップ2Bの主効果の検定結果について確認します[*18]。

　次に，ステップ2Aの単純主効果の検定の結果，有意な単純主効果がみられ，かつ水準の数が3つ以上の場合，要因のどの水準とどの水準の間に有意差があるのかを調べるために，ステップ3Aの単純主効果に関する多重比較を行います[*19]。同様に，ステップ2Bの主効果の検定の結果，有意な主効果がみられ，かつ水準の数が3つ以上の場合，ステップ3Bの主効果に関する多重比較を行います。

　こうした，二要因被験者間分散分析の検定のステップを図にまとめたのが図9.4です。

[*18] この説明の通り，一般には，交互作用が有意であったときには主効果の有無について，検討・解釈したりはしません。なぜなら，交互作用が有意であるというのは，もう一方の要因の水準によって，主効果のあり方が変わることを意味するためです。例えば，男性では授業形式によって理解度に差があり，女性では差がないのであれば，性別を無視して授業形式の効果について解釈をしても，あまり意味がありません。ただし，現実場面においては，「全体として，男性と女性のどちらの方が理解度は高いのか」といった問題に関心がある場合もあります。このような場合には，たとえ有意な交互作用があるとしても，主効果について検討することには意味があるでしょう。

[*19] 本章では，単純主効果に関する多重比較の検定については解説をしません。これについては，橋本・荘島（2016）などを参照してください。

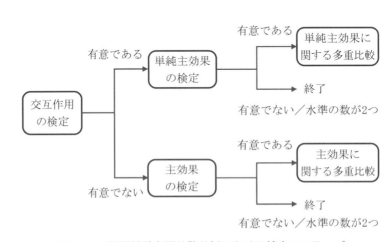

図9.4　二要因被験者間分散分析における検定のステップ

9-3 SPSSによる二要因被験者間分散分析

本節では、SPSSを用いて二要因被験者間分散分析を行う方法について説明します。

9-3-1 二要因被験者間分散分析の実行

1) 交互作用と主効果の検定

SPSSで二要因被験者間分散分析を実行するためには、メニューから「分析」→「一般線型モデル」→「1変量」を選択します[20]（図9.5）。

*20 二要因被験者間分散分析の実行は、「**分析**」→「**一般線型モデル**」→「**1変量**」を選択し、変数の選択とオプションの決定をすることで行えます。

図9.5 「1変量」を選択

すると、「1変量」ウィンドウが開きます（図9.6）。「従属変数」ボックスに「数学の学業的自己概念」、「固定因子」ボックスに「性別［sex］」と「文理志望［bunri］」を入れてください。左のボックスにある変数リストから該当する変数を選んで、ウィンドウ中央の一番上にある▶をクリックすると「従属変数」ボックス、上から二番目にある▶をクリックすると「固定因子」ボックスに変数が移動します[21]。

次に、「作図」をクリックしてください。すると、「1変量：プロファイルのプロット」ウィンドウが開きます（図9.7）。

これは、平均値のプロット図を出力するためのメニュー画面です。ここでは、横軸が性別、線の種類で文理志望を区別した図を作成します。そのためには、「横軸」ボックスに「sex」、「線の定義変数」ボックスに「bunri」を入れます[22]。「因子」ボックスにある変数リストから該当する変数を選ん

*21 複数の項目を同時に選択するためには、「Ctrl」キーを押したまま項目をクリックします。

*22 ここでは、変数の「ラベル」ではなく「名前」が表記されます。「ラベル」や「名前」の設定については、2-2-3項を参照してください。

9-3　SPSSによる二要因被験者間分散分析

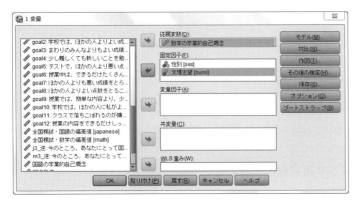

図 9.6　「1 変量」ウィンドウ

図 9.7　「1 変量：プロファイルの
プロット」ウィンドウその 1

図 9.8　「1 変量：プロファイルのプロット」
　　　　ウィンドウその 2

図 9.9　「1 変量：オプション」ウィンドウ

で，ウィンドウ中央の一番上にある■をクリックすると「横軸」ボックス，真ん中にある■をクリックすると「線の定義変数」ボックスに変数が移動します。ボックスに移動したら，「追加」をクリックします。

「追加」をクリックすると，図 9.8 のように，「作図」ボックスに「sex*bunri」という文字が入り，「横軸」ボックスと「線の定義変数」ボックスからは文字が消えます。これで準備は完了ですので，「続行」をクリックして元の画面に戻ります。

図 9.6 の画面に戻ったら，「オプション」をクリックします。すると，「1変量：オプション」ウィンドウが開きます（図 9.9）。「表示」の枠内にある「記述統計」と「等分散性の検定」にチェックを入れてください。その後，「続行」をクリックして元の画面に戻ります。これで二要因分散分析を実行する準備が整いました。図 9.6 の画面に戻ったら，「OK」をクリックすると，結果が出力されます。

　出力された結果のうち，まず記述統計量が整理された表（図 9.10）をみてください。平均値と標準偏差，度数（生徒の人数）が示されています。例えば，男性の文系の行は，男性かつ文系志望の生徒の「数学の学業的自己概念」の記述統計量を示します。「数学の学業的自己概念」の平均値は，男性・文系は 2.7500，男性・理系は 2.9983，女性・文系は 2.2946，女性・理系は 3.0084 となっており，男性であっても女性であっても，文系よりも理系の方が学業的自己概念は高いことがわかります。また，男性・理系と女性・理系の学業的自己概念の平均値は同程度ですが，男性・文系と女性・文系の学業的自己概念には大きな差があります。

　一要因分散分析のときと比較して，数値の読み取りは煩雑だと思います。そこで，「数学の学業的自己概念の推定周辺平均」と書かれたプロット図をみてください（図 9.11）[23]。平均値のプロットをみると，文系志望の生徒については，男女で「数学の学業的自己概念」に差がありますが，理系志望の生徒については男女で差がないことが読み取れます。ただし，こうした平均値の差異が，標本変動によって生じる程度のものなのか，標本の変動を越えて意味のあるものであるのかを確かめるためには，検定結果をみる必要があります。

　分散分析の結果を確認する前に，8 章の図 8.1 に示したステップに従い，等分散性の検定の結果を確認します（図 9.12）。検定統計量である F 値は 4.863 で，有意確率が .002 です。有意水準を $\alpha = .05$ とすると，有意確率 .002 は .05 よりも小さいので，帰無仮説は棄却されます。したがって，分散の等質性は満たされないことになります。そのため，8 章の図 8.1 に示されたステップに従えば，ノンパラメトリック検定を行うことになります。しかし，分散の等質性の仮定が満たされない場合であっても，分散分析の検定結果は頑健であることが知られています。また，実際の研究では，等分散性の

[23] この図は，さきほど「1 変量：プロファイルのプロット」ウィンドウ（図 9.7，9.8）で指定したために出力されています。

9-3 SPSS による二要因被験者間分散分析

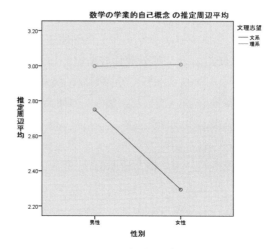

図 9.10　記述統計量

図 9.11　平均値のプロット

*24 二要因分散分析に代わるノンパラメトリック検定については，Bonnini, Corain, Marozzi, & Salmaso (2014) などを参照してください。
*25 性別の自由度と文理志望の自由度はともに 1 ですので，1×1＝1 となります。
*26 F 値は，F = 7.251÷.854 = 8.491 と求められます。ただし，値を丸めて計算している関係で，値は完全に一致しません。
*27 調査研究であるため，影響を与えているか否かという因果関係を示唆する表現を用いることについては議論があるかもしれません。しかし，ここでは説明のため，交互作用の定義に添った記述をしています。

仮定にはそれほどこだわらずに，分散分析が行われることが多いです。そのため，本章では，二要因分散分析を以下で行うことにします*24。

　それでは，分散分析の結果をみてみましょう。図 9.13 には，分散分析の結果を整理した「分散分析表」が示されています。図 9.4 に示したステップに従って，まずは交互作用の結果について確認します。交互作用は，「sex*bunri」と書かれた行をみます。自由度は 1 になっています。交互作用の自由度は，組み合わせる各要因の自由度の積で求められます。そのため，性別と文理志望の交互作用の自由度は，性別の自由度と文理志望の自由度の積になります*25。また，F 値は 8.492 です。F 値は，「平均平方÷誤差の平均平方」で計算されます*26。そして，有意確率は .004 です。有意水準を α = .05 とすると，有意確率は .004＜.05 なので，「性別と文理志望の組合せの効果はない」という帰無仮説は棄却されます。したがって，性別が「数学の学業的自己概念」に与える影響*27 は，文系志望か理系志望かによって異なる（あるいは，文理志望が「数学の学業的自己概念」に与える影響は，男性か女性かで異なる）ことが示唆されました。

　交互作用が有意であったため，図 9.4 のステップに従えば，次に単純主効果の検定を行うことになりますが，ここでは主効果の検定結果も確認しましょう。まず性別の主効果は，「sex」と書かれた行をみます。自由度が 1 に

従属変数: 数学の学業的自己概念

F 値	自由度1	自由度2	有意確率
4.863	3	564	.002

従属変数の誤差分散がグループ間で等しいという帰無仮説を検定します。

a. 計画: 切片 + sex + bunri + sex*bunri

図 9.12　等分散性の検定の結果

従属変数: 数学の学業的自己概念

ソース	タイプⅢ平方和	自由度	平均平方	F 値	有意確率
修正モデル	49.888a	3	16.629	19.474	.000
切片	4086.154	1	4086.154	4785.181	.000
sex	6.633	1	6.633	7.768	.005
bunri	30.966	1	30.966	36.263	.000
sex*bunri	7.251	1	7.251	8.492	.004
誤差	481.610	564	.854		
総和	4930.278	568			
修正総和	531.498	567			

a. R2 乗 = .094 (調整済み R2 乗 = .089)

図 9.13　分散分析表

なっています。主効果の自由度は,「水準の数－1」で求めることができます[28]。また, F 値は 7.768[29], 有意確率は .005 となっています。有意水準を $\alpha = .05$ とすると, 有意確率は .005＜.05 なので,「男性と女性で, 数学の学業的自己概念の母平均が等しい」という帰無仮説は棄却されます。そのため, 男性の方が女性よりも「学業的自己概念」は高いといえます[30]。

同様に, 文理志望の主効果は,「bunri」と書かれた行をみます。自由度が 1[31], F 値は 36.263[32], 有意確率は .000 です。有意水準を $\alpha = .05$ とすると, 有意確率は .000＜.05 なので,「文系と理系で, 数学の学業的自己概念の母平均が等しい」という帰無仮説は棄却されます。そのため, 理系の生徒の方が文系の生徒よりも「学業的自己概念」は高いといえます[33]。

なお, 切片と「sex」,「bunri」,「sex*bunri」, 誤差の自由度を足し合わせると「総和」の行に書かれた自由度に一致します。

2) 単純主効果の検定

交互作用の検定結果が有意になったので, 続いて単純主効果の検定を行います。単純主効果の検定を行うために, メニューから「分析」→「一般線型モデル」→「1 変量」を選択します(図 9.5)。「1 変量」ウィンドウ(図 9.6)が開いたら,「オプション」をクリックします。すると,「1 変量: オプション」ウィンドウが開きます(図 9.14)。「推定周辺平均」の枠内にある「因子と交互作用」ボックスから「sex」と「bunri」,「sex*bunri」を選択し, 中央にある▶をクリックし,「平均値の表示」ボックスに移動させます。そして,「主効果の比較」のチェックボックスにチェックを入れ,「信頼区間

[28] 性別の水準(男性と女性)の数は2なので, 2－1＝1 となります。

[29] $F = 6.633 \div .854 = 7.767$ と求められます。ただし, 値を丸めて計算している関係で, 値は完全に一致しません。

[30] 多重比較を行う必要はないのかと疑問に思われるかもしれませんが, 水準の数が 2 つのときは, 主効果について多重比較を行う必要はありません。なぜなら, 水準の数が 2 つの時は, どこに差があるかが明白だからです。

[31] 文理志望の水準(文系と理系)の数は 2 なので, 自由度は, 2－1＝1 となります。

[32] F 値は, $F = 30.966 \div .854 = 36.260$ と求められます。ただし, 値を丸めて計算している関係で, 値は完全に一致しません。

[33] 性別の主効果と同様に, 水準の数が 2 つであるため, 多重比較をする必要はありません。

9-3　SPSS による二要因被験者間分散分析

*34　ボンフェローニと読みます。Bonferroni法については実践編5-1-2項で説明します。

*35　図9.15は、図9.6と同じ画面です。

*36　シンタックスとは、コンピュータ言語における構文規則のことです。SPSSでは、メニューからコマンドを呼び出して分析することができますが、シンタックスのように、スクリプト（コンピュータに対する命令を記述したもの）を入力して分析することもできます。したがって、単純主効果の検定に限らず、t検定や相関分析など、メニューコマンドを利用して実行できることは、シンタックスを利用しても実行できます。

の調整」と書かれたドロップダウンメニューで「Bonferroni」を選択してください*34。完了したら、「続行」をクリックしてください。

「続行」をクリックして元の画面（図9.15*35）に戻ったら、「貼り付け」をクリックします。「貼り付け」はウィンドウ下の「OK」の隣にあります。

「貼り付け」をクリックすると、「IBM SPSS Statistics シンタックス エディタ*36」というウィンドウが開きます（図9.16）。ここでは、キーボードを利用して、直接文字を入力します。具体的には、9行目と10行目の間に、以下の2行を挿入してください*37（図9.17）。

```
/EMMEANS=TABLES (sex*bunri) COMPARE (sex) ADJ (BONFERRONI)
/EMMEANS=TABLES (sex*bunri) COMPARE (bunri) ADJ (BONFERRONI)
```

ここでの注意点は、半角文字を使用することです。全角文字や全角スペースを使用するとエラーになりますので、注意してください。入力したら、メニューから「実行」→「すべて」を選択します。

すると、「IBM SPSS Statistics ビューア」に分析結果が出力されます。一度に多くの結果が出力されますが、「推定周辺平均」に関する結果のうちの「4. 性別*文理志望」というところに示される「ペアごとの比較」という

図9.14　「1変量：オプション」ウィンドウ

図9.15　「1変量」ウィンドウ

図 9.16　シンタックスその 1

図 9.17　シンタックスその 2

表をみてください（図 9.18）。ここでは，文系と理系ごとに，男性と女性の「数学の学業的自己概念」の平均が比較されています[*38]。有意確率をみると，文系志望の生徒については，有意確率が .000 となっており，有意水準である .05 を下回っています。一方で，理系志望の生徒については，有意確率は .922 となっており，有意水準を下回っていません。したがって，文系志望の生徒については，男性の方が女性よりも「数学の学業的自己概念」は高いといえますが，理系志望の生徒については，男性と女性で差があるとはいえないことになります。

*37　別のデータや変数を用いて単純主効果の検定を行う場合は，変数名を指定している「sex」や「bunri」,「sex*bunri」の部分を，自分の研究に合わせて変更することで可能です。

*38　言い換えると，文理志望の水準ごとに性別の単純主効果が示されています。

9-3 SPSSによる二要因被験者間分散分析

また,「1変量検定」の表には,自由度やF値などの検定結果が表示されています(図9.19)。有意確率は,図9.18に示されているものと同一ですが,F値などの検定統計量はこの表をみる必要があります。この結果から,文系志望の生徒における性別の単純主効果については,対比[*39]の自由度は1,誤差の自由度は564,F値は13.911,有意確率は.000であり,理系志望の生徒における性別の単純主効果については,対比の自由度は1,誤差の自由度は564,F値は.010,有意確率は.922であることがわかります。

今度は,出力の中の「5.性別*文理志望」というところに示される「ペアごとの比較」という表をみてください(図9.20)。ここでは,男性と女性ごとに,文系と理系の「数学の学業的自己概念」の平均が比較されています[*40]。有意確率をみると,男性についても女性についても,有意水準である.05を下回っています。したがって,男性も女性も,文系志望の生徒よりも理系志望の方が「数学の学業的自己概念」は高いといえます。

「1変量検定」の表(図9.21)に示された結果から,男性における文理志望の単純主効果については,対比の自由度は1,誤差の自由度は564,F値は4.611,有意確率は.032であり,女性における文理志望の単純主効果については,対比の自由度は1,誤差の自由度は564,F値は41.911,有意確率は.000であることがわかります。

以上の分析結果を図9.4に基づいて,改めて整理します。まず,性別と文理志望の交互作用が有意でした(ステップ1)。そこで,単純主効果の検定を行った結果(ステップ2A),文系志望の生徒における性別の単純主効果

*39 ここでいう「対比」とは,男性と女性の対比(比較)という意味で,文系と理系それぞれについての性別の効果を表すものです。

*40 言い換えると,性別の水準ごとに文理志望の単純主効果が示されています。

図9.18 文理志望の各水準における性別の単純主効果

図9.19 文理志望の各水準における性別の単純主効果の検定結果

が有意であり，理系志望の生徒における性別の単純主効果は有意ではありませんでした。これらの結果から，文系志望の生徒だけをみれば男女で「数学の学業的自己概念」に差はありますが，理系志望の生徒だけをみた場合には，男女で「数学の学業的自己概念」には差がありません。言い換えると，「数学の学業的自己概念」の性差は文系志望にだけみられるものでした。

また，男性における文理志望の単純主効果と，女性における文理志望の単純主効果はそれぞれ有意でした。これらの結果から，男性だけに着目しても，女性だけに着目しても，文系志望の生徒よりも理系志望の生徒の方が「数学の学業的自己概念」は高いといえます。言い換えると，文系志望と理系志望の「数学の学業的自己概念」の差は男女関係なくみられるという結果が得られました[*41]。

9-3-2　論文での結果の報告例

最後に，心理学の実際の論文で，二要因被験者間分散分析の結果をどのように報告するかを紹介します。検定結果と結果の解釈について，実際の論文での記述例は以下のようになります。また，検定結果の記述方法だけでなく，記述統計量の報告にも注意してください。今回は，二要因の分散分析を行い，条件が4つ[*42]ありました。そのため，各条件の従属変数（「数学の学業的自己概念」）の記述統計量を表や図で示すようにする必要があります。

[*41] 性別も文理志望も水準の数は2つであるため，ステップ3Aの単純主効果に関する多重比較を行う必要はありません。

[*42] 4つの条件とは，文系・男性，文系・女性，理系・男性，理系・女性のことです。

ペアごとの比較

従属変数： 数学の学業的自己概念

性別	(I) 文理志望	(J) 文理志望	平均値の差 (I-J)	標準誤差	有意確率[b]	95% 平均差信頼区間[b]	
						下限	上限
男性	文系	理系	-.248[*]	.116	.032	-.475	-.021
	理系	文系	.248[*]	.116	.032	.021	.475
女性	文系	理系	-.714[*]	.110	.000	-.930	-.497
	理系	文系	.714[*]	.110	.000	.497	.930

推定周辺平均に基づいた
*. 平均値の差は .05 水準で有意です。
b. 多重比較の調整: Bonferroni。

図 9.20　性別の各水準における文理志望の単純主効果

1 変量検定

従属変数： 数学の学業的自己概念

性別		平方和	自由度	平均平方	F 値	有意確率
男性	対比	3.937	1	3.937	4.611	.032
	誤差	481.610	564	.854		
女性	対比	35.788	1	35.788	41.911	.000
	誤差	481.610	564	.854		

F 値は文理志望の多変量効果を検定します。このような検定は推定周辺平均間で線型に独立したペアごとの比較に基づいています。

図 9.21　性別の各水準における文理志望の単純主効果の検定結果

9-3 SPSSによる二要因被験者間分散分析

文系志望か理系志望かによって,「数学の学業的自己概念」の性差が異なるかを検討するために,性別と文理志望を被験者間要因とする二要因の分散分析を行った。各条件の「数学の学業的自己概念」の平均値と標準偏差を整理したのが表9.2である。

表9.2 各条件の平均値と標準偏差

	文系志望		理系志望	
	男性 ($n = 96$)	女性 ($n = 142$)	男性 ($n = 191$)	女性 ($n = 139$)
平均値	2.75	2.29	3.00	3.01
標準偏差	1.05	0.96	0.87	0.87

分散分析の結果,性別の主効果 ($F(1, 564) = 7.77, p < .05$),文理志望の主効果 ($F(1, 564) = 36.26, p < .05$),性別と文理志望の交互作用 ($F(1, 564) = 8.49, p < .05$) がそれぞれ有意であった[*43]。交互作用が有意であったため,単純主効果の検定を行った。その結果,文系志望の生徒における性別の単純主効果は有意であったが ($F(1, 564) = 13.91, p < .05$),理系志望の生徒における性別の単純主効果は有意でなかった ($F(1, 564) = 0.01, ns$)。また,男性における文理志望の単純主効果 ($F(1, 564) = 4.61, p < .05$) と,女性における文理志望の単純主効果がそれぞれ有意であった ($F(1, 564) = 41.91, p < .05$)。

以上の結果から,男性の方が女性よりも「数学の学業的自己概念」が高いのは文系志望の生徒についてのみであり,理系志望の生徒については,男性と女性とで「数学の学業的自己概念」に差はみられないことが示唆された。

[*43] 有意水準を5%として検定しています。

9-4 SPSSによるクロス集計表の作成と χ^2 検定

9-4-1 クロス集計表の作成と χ^2 検定の実行

性別や文理志望のように，分類に関する変数は質的変数と呼ばれます[*44]。「性別によって，文理志望の割合は異なるか？」といったような，質的変数どうしの関係を検討したい場合は，クロス集計表によって視覚的に検討することができます[*45]。また，質的変数どうしに連関があるかを検定するために利用されるのが，χ^2 検定[*46]です。

SPSSでクロス集計表の作成と χ^2 検定を実行するためには，メニューから「分析」→「記述統計」→「クロス集計表」を選択します[*47]（図9.22）。

すると，「クロス集計表」ウィンドウが開きます（図9.23）。「行」ボックスに「性別 [sex]」，「列」ボックスに「文理志望 [bunri]」を入れてください。左のボックスにある変数リストから該当する変数を選んで，ウィンドウ中央の一番上にある をクリックすると「行」ボックス，上から二番目にある をクリックすると「列」ボックスに変数が移動します。

次に，「統計量」をクリックしてください。すると，「クロス集計表：統計量の指定」ウィンドウが開きます（図9.24）。

ウィンドウの左上にある「カイ2乗」にチェックを入れてください。また，「名義」の枠内にある「PhiおよびCramerのV[*48]」とウィンドウ右下にある「相対リスク」にチェックを入れてください。その後，「続行」をクリックして元の画面に戻ります（図9.23）。

今度は，「セル」ボタンをクリックすると，「クロス集計表：セル表示の設

[*44] 質的変数や量的変数については，3-3-1項を参照してください。

[*45] 質的変数やクロス集計表については，3-2-2項を参照してください。

[*46] χ^2 検定はカイ2乗検定と呼びます。

[*47] クロス集計表の作成と χ^2 検定の実行は，「分析」→「記述統計」→「クロス集計表」を選択し，統計量の決定をすることで行えます。

[*48] Phiはファイ，Cramerはクラメールと呼びます。

図9.22 「クロス集計表」を選択

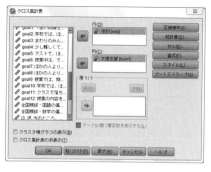

図9.23 「クロス集計表」ウィンドウ

9-4 SPSSによるクロス集計表の作成と χ^2 検定

*49 性別×文理志望のように，2つの値を取る質的変数どうしのクロス集計表は，特に「2×2のクロス集計表」と呼ばれます（3-2-2項参照）。

*50 クロス集計表で，表の右端と下端の「合計」のところに書かれた数字は周辺度数と呼ばれます。また，「合計」の行と列が交わっているところの568は，調査対象の総人数ということですが，総度数と呼ばれます。

*51 表の中には，「Fisherの直接法」という行があります。周辺度数に10以下程度の小さい値がある場合には，χ^2 検定ではなくFisherの直接法を用いることが望ましいとされています（森・吉田, 1990）。

定」ウィンドウが開きます（図9.25）。「パーセンテージ」の枠内にある「行」にチェックを入れてください。これでクロス集計表の作成と χ^2 検定を実行する準備が整いました。「続行」をクリックして図9.23の画面に戻ったら，「OK」をクリックすると，結果が出力されます。

出力された結果のうち，図9.26がクロス集計表になります。この表は，「男性か女性か」という情報と，「文系志望か理系志望か」という情報をクロスさせたものになっています[*49]。クロス集計表をみると，例えば「男性」の行と「文系」の列の交わるところが96となっていることがわかります。つまり，男性かつ文系志望である生徒は96人いるということです。また，「男性」の行と「合計[*50]」の列の交わるところをみると，男性は全部で287人いることがわかります。したがって，男性の33.4%（＝96/287）が文系志望であり，66.6%（＝191/287）が理系志望であるということになります。一方で，女性については，50.5%（＝142/281）が文系志望，49.5%（＝139/281）が理系志望で，女性よりも男性の方が理系志望の割合は高くなっています。ただし，こうした割合の差異が，標本変動によって生じる程度のものなのか，標本の変動を越えて意味のあるものであるのかを確かめるためには，検定結果をみる必要があります。

χ^2 検定の結果については，図9.27のうちの「Pearsonのカイ2乗」と書

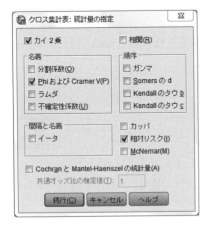

図9.24 「クロス集計表：統計量の指定」ウィンドウ

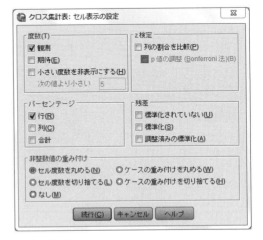

図9.25 「クロス集計表：セル表示の設定」ウィンドウ

かれた行をみてください[*51]。「値」の列が χ^2 値になりますので，χ^2 値は 17.023[*52]，自由度は 1[*53]，有意確率は .000 です。有意水準を $\alpha=.05$ とすると，有意確率は .000＜.05 なので，「男女で，文系志望と理系志望の人数比は等しい」という帰無仮説は棄却されます。そのため，男性の方が女性よりも理系志望者の割合が多いといえます。

次に，図 9.28 をみてください。この表に示されている，「ファイ」はファイ係数（ϕ 係数），「Cramer の V」はクラメールの連関係数と呼ばれるもので，いずれも質的変数どうしの連関の強さの指標として利用されるものです[*54]。図 9.28 から，ϕ 係数は −.173 で，クラメールの連関係数は .173 であることがわかります[*55]。ϕ 係数は相関係数の特別な場合で，相関係数と同様に −1 から 1 の範囲を取ることから，性別と文理志望の間には弱い負の連関があると解釈することができます。すなわち，女性（1）ほど，文系（0）を選択する傾向があるということになります。

最後に，図 9.29 に示した表によってオッズ比の値を確認することができます。オッズ比は，2×2 のクロス集計表における効果量[*56]の指標の 1 つであり，2 つの変数の関係の強さを表すものです。オッズ比が 1 のときは変数間に関係がなく，オッズ比が 0 から 1 の間のときは負の関係，1 より大きい

[*52] χ^2 値の求め方については，山田・村井（2004）を参照してください。
[*53] 自由度は，（行数−1）×（列数−1）で求められます。行数と列数はともに 2 なので，(2−1)×(2−1)=1 となります。
[*54] ϕ 係数，クラメールの連関係数については，山田・村井（2004）を参照してください。
[*55] 2×2 のクロス集計表では，ϕ 係数の絶対値とクラメールの連関係数の値は一致します。ϕ 係数が正か負のいずれかの値を取るのに対して，クラメールの連関係数は正の値のみを取ります。
[*56] 効果量については，実践編 5-2 節を参照してください。

			文理志望		合計
			文系	理系	
性別	男性	度数	96	191	287
		性別 の %	33.4%	66.6%	100.0%
	女性	度数	142	139	281
		性別 の %	50.5%	49.5%	100.0%
合計		度数	238	330	568
		性別 の %	41.9%	58.1%	100.0%

図 9.26　クロス集計表

	値	自由度	漸近有意確率（両側）	正確な有意確率（両側）	正確な有意確率（片側）
Pearson のカイ 2 乗	17.023[a]	1	.000		
連続修正[b]	16.329	1	.000		
尤度比	17.112	1	.000		
Fisher の直接法				.000	.000
線型と線型による連関	16.993	1	.000		
有効なケースの数	568				

a. 0 セル (.0%) は期待度数が 5 未満です。最小期待度数は 117.74 です。
b. 2x2 表に対してのみ計算

図 9.27　χ^2 検定の結果

		値	近似有意確率
名義と名義	ファイ	−.173	.000
	Cramer の V	.173	.000
有効なケースの数		568	

図 9.28　ϕ 係数とクラメールの連関係数

	値	95% 信頼区間	
		下限	上限
性別 (男性 / 女性) のオッズ比	.492	.351	.690
コホート 文理志望 = 文系 に対して	.662	.542	.808
コホート 文理志望 = 理系 に対して	1.345	1.165	1.554
有効なケースの数	568		

図 9.29　オッズ比

*57 オッズ比の取りうる値の範囲は，0≦オッズ比≦∞で，0に近いほど負の関係が強く，∞に近づくほど正の関係が強いことを意味します。

ときは正の関係があることを意味します*57。図9.29の「性別()のオッズ比」の値をみることで，オッズ比を知ることができます。オッズ比の値が.492であることから，性別と文理志望の間には負の関係があるとわかります。つまり，女性（1）ほど，文系（0）を選択する傾向があるということです。

9-4-2 論文での結果の報告例

心理学の実際の論文で，χ^2検定の結果をどのように報告するかを紹介します。検定結果と結果の解釈について，実際の論文での記述例は以下のようになります。

> 表9.3は，性別と文理志望のクロス集計表である。χ^2検定の結果，性別と文理志望の間には有意な関連がみられた（$\chi^2(1) = 17.02, p < .05$）。したがって，文理志望の比率は男性か女性かで異なり，女性よりも男性の方が理系を志望する割合が高いことが示唆された。
>
> **表9.3 性別と文理志望のクロス集計表**
>
> | | 文系 | 理系 | 計 |
> |---|---|---|---|
> | 男性 | 96 | 191 | 287 |
> | 女性 | 142 | 139 | 281 |
> | 計 | 238 | 330 | 568 |

9-5 練習問題

鈴木・武藤（2013）データを用いて，以下の分析を実行してください。ただし，有意水準は5%とします。

1)「国語の学業的自己概念」得点の平均値が，「性別」と「文理志望」によって有意に異なるかを確認してください。また，交互作用がみられた場合，単純主効果の検定も行ってください。

2)「全国模試・数学偏差値」の平均値が，「性別」と「文理志望」によって有意に異なるかを確認してください。また，交互作用がみられた場合，単純主効果の検定も行ってください。

10章 学業的自己概念の予測
——回帰分析

　心理学の研究では,「どのような人の学業的自己概念得点が高いのか」といったように,ある変数の得点を予測できるかについて検討することがあります。本章では,こうした変数の予測をするための分析である回帰分析について説明をします。

本章で学ぶこと	・回帰分析 ・偏相関係数 ・ダミー変数

10-1　回帰分析

　回帰分析[*1]は,変数間の相関関係をもとに,ある変数の値を別の変数の値から予測・説明しようとする分析です。例えば,「模擬試験の偏差値が60である生徒の平均的な学業的自己概念はどの程度か」や,「模擬試験の偏差値が1高くなると,学業的自己概念はどの程度高くなるか」といった問題について検討することが回帰分析の目的となります。

　まず,独立変数[*2]が1つの場合の回帰分析について説明します。模擬試験の偏差値によって「学業的自己概念」得点を予測する場合の回帰式は,(10.1) 式になります。

$$学業的自己概念の予測値(\hat{y}) = \hat{\beta}_0 + \hat{\beta}_1 \times 偏差値(x) \tag{10.1}$$

　(10.1) 式において,$\hat{\beta}_0$ は切片,$\hat{\beta}_1$ は傾きと呼ばれるものですが[*3],これらが意味するものを説明するために,図10.1 をみてみてください。

　図10.1 は,偏差値と「学業的自己概念」の関係を示した散布図の例です。この散布図には,散布図の特徴を最もよく表す直線が引かれています。回帰分析では,この直線を用いて,独立変数の観測値から従属変数[*4]の値を予測します。つまり,ある偏差値が得られたときに,それに対応する直線

[*1] 回帰分析は,英語では regression analysis といいます。

[*2] 独立変数とは,予測に用いられる方の変数のことです。調査研究の場合は,予測変数や説明変数と呼ぶこともあります(南風原, 2002)。

[*3] 7-2節で説明したように,統計学では,母数を表すのにギリシャ文字を用いるのが一般的ですが,ギリシャ文字の上に ^(ハット)が付いた場合は,母数の推定値であることを表します。

[*4] 従属変数とは,予測される方の変数のことです。調査研究の場合は,目的変数や基準変数と呼ぶこともあります(南風原, 2002)。

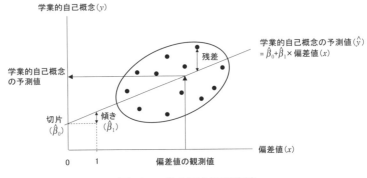

図 10.1 散布図と回帰直線

上の値が「学業的自己概念」得点の予測値となります[*5]。この直線の傾きが，(10.1) 式における「$\hat{\beta}_1$」に該当します。また，直線と縦軸の交点（偏差値が 0 のときの「学業的自己概念」得点の予測値）が「$\hat{\beta}_0$」（切片）になります。なお，回帰分析の枠組みでは，この直線は回帰直線[*6]，直線の傾きは回帰係数[*7]と呼ばれます。

ただし，(10.1) 式の回帰式から予測される「学業的自己概念」得点というのは，あくまでも予測値であるため，実際の「学業的自己概念」得点（観測値）とはズレがあります。このズレは，残差[*8]と呼ばれます。言い換えると残差とは，従属変数の値のうち，独立変数からは予測できない成分であり，(10.2) 式で定義できます[*9]。

$$残差 = 従属変数の観測値 - 従属変数の予測値 \quad (10.2)$$

10-2 重回帰分析

10-2-1 偏相関係数

「自分の学業水準が学校の中で高いと思っている（相対的な学業水準の知覚が高い）人ほど，学業的自己概念は高い」という仮説について検討する方法としては，「相対的な学業水準の知覚」と「学業的自己概念」の間の相関係数を求めることが考えられます。しかし，「相対的な学業水準の知覚」得点と「学業的自己概念」得点の間に正の相関関係がみられたとしても，「自

[*5] 予測値に対して，実際にデータとして得られている値のことを観測値といいます。

[*6] 回帰直線は，英語では regression line といいます。

[*7] 回帰係数は，英語では regression coefficient といいます。

[*8] 残差は，英語では residual といいます。

[*9] 切片と回帰係数の求め方，検定方法については，南風原（2002）などを参照してください。

分の学業水準が学校の中で高いと思っている人ほど，学業的自己概念は高い」とただちに結論づけることはできません。なぜなら，図 10.2 に示したように，両変数ともに学業成績を反映していることによって生じた擬似相関[*10]の可能性があるからです。つまり，学業成績が高いことは，学校内での客観的な学業水準が高いことを意味するため，そのことを自分で認識することで，「相対的な学業水準の知覚」も高くなる傾向にあると予測されます。また，高い学業成績をとれば，学業に対して自信を持つと考えられることから，「学業的自己概念」も高まると予測されます。

[*10] 擬似相関については，4-1-3 項を参考にしてください。

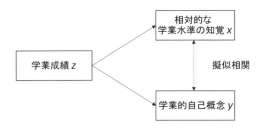

図 10.2 擬似相関（南風原（2002）をもとに作成）

学業成績という第 3 の変数が影響していると考えられる場合，「学業成績の影響を取り除いたときに，相対的な学業水準の知覚と学業的自己概念の間に相関関係があるか」という問題について考える必要があります。このように，ある変数 x と変数 y の関係について，2 つの変数それぞれから，共通の第 3 の変数 z の影響を取り除いた[*11]相関係数を，偏相関係数[*12]と呼びます。例えば，変数 x から変数 z の影響を除いた成分を「$x|z$」，変数 y から変数 z の影響を除いた成分を「$y|z$」と表記すると，変数の影響を除いたときの x と y との偏相関係数は，図 10.3 のように表すことができます[*13]。

ここで，「変数 x から変数 z の影響を除いた成分である $x|z$」とは，学業成績（z）から相対的な学業水準の知覚（x）を予測したときの残差，「変数 y から変数 z の影響を除いた成分である $y|z$」は，学業成績（z）から学業的自己概念（y）を予測したときの残差と言い換えることができます。つまり，学業成績の影響を除いたときの「相対的な学業水準の知覚」と「学業的自己概念」の偏相関とは，$x|z$ と $y|z$ という 2 つの残差間の相関ということに

[*11] 「統計的にコントロールする」や「パーシャルアウト（partial out）する」といった表現も，「ある変数の影響を取り除く」という表現と同じ意味で用いられます。

[*12] 偏相関係数は，英語では partial correlation coefficient といいます。

[*13] $x|z$ などの表記は南風原（2002）に倣ったものです。

10-2 重回帰分析

なります。なお，偏相関係数などと区別する必要があるとき，4 章で紹介した通常の相関係数は，単純相関係数やゼロ次の相関係数と呼ばれることがあります。

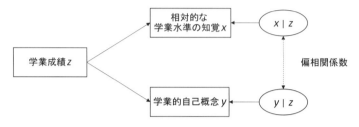

図 10.3 偏相関係数（南風原（2002）をもとに作成）

10-2-2 重回帰分析

10-1 節では，独立変数が 1 つのときの回帰分析について説明をしました。しかし，「学業的自己概念」が，模擬試験の偏差値などの客観的な学業成績以外にも，性別や「相対的な学業水準の知覚」などによっても異なると考えられるように，複数の独立変数によって従属変数を予測することも考えられます。このように，2 つ以上の独立変数で従属変数を予測するときの回帰分析は重回帰分析[*14]と呼ばれます[*15]。

例えば，模擬試験の偏差値と「相対的な学業水準の知覚」得点によって「学業的自己概念」得点を予測する場合は，(10.3) 式のような回帰式によって表されます。

$$\text{学業的自己概念の予測値}(\hat{y}) = \hat{\beta}_0 + \hat{\beta}_1 \times \text{偏差値}(x_1) + \hat{\beta}_2 \times \text{相対的な学業水準の知覚}(x_2) \quad (10.3)$$

重回帰分析における切片（$\hat{\beta}_0$）というのは，すべての独立変数の値が 0 であるときの従属変数の予測値になります[*16]。また，それぞれの独立変数の傾き（$\hat{\beta}_1$ と $\hat{\beta}_2$）は，偏回帰係数[*17]と呼ばれます。ここで，偏回帰係数の解釈には注意が必要になります。例えば (10.3) 式における偏回帰係数 $\hat{\beta}_1$ は，(10.1) 式における回帰係数 $\hat{\beta}_1$ と同じように解釈することはできず，「他

[*14] 重回帰分析は，英語では multiple regression analysis といいます。

[*15] これに対して，独立変数が 1 つのときの回帰分析は，単回帰分析と呼ばれます。

[*16] この例の場合は，偏差値と「相対的な学業水準の知覚」得点がともに 0 であるときの学業的自己概念の予測値が切片になります。なお，偏差値が 0 になることはほとんどなく，学業的自己概念や相対的な学業水準の知覚得点の最小値は 1 であるように，心理学研究で 0 が意味を持つ変数を扱うことは多くありません。そのため，切片に積極的な意味を持たせるために，変数の中心化をすることがあります。中心化については，実践編の 2 章を参照してください。

[*17] 偏回帰係数は，英語では partial regression coefficient といいます。

の独立変数（この場合，相対的な学業水準の知覚）の値を一定にしたときの，偏差値の効果」，あるいは「他の独立変数の影響を取り除いたときの，偏差値の効果」となります。

　回帰係数と偏回帰係数の解釈の違いを，もう少し具体的に説明してみます。(10.1) 式における回帰係数 $\hat{\beta}_1$ は，「偏差値が 1 高くなると，学業的自己概念得点は $\hat{\beta}_1$ 高くなる」と解釈できましたが，偏差値と「相対的な学業水準の知覚」の間には正の相関があるため，偏差値が高い人ほど「相対的な学業水準の知覚」得点も高くなります。つまり，偏差値が高いために「学業的自己概念」が高いのか，「相対的な学業水準の知覚」が高いために「学業的自己概念」が高いのかは判断することができません。そのため，(10.3) 式における偏回帰係数 $\hat{\beta}_1$ は，「相対的な学業水準の知覚が仮に一定である場合に（あるいは，「相対的な学業水準の知覚」得点が同一の人たちに着目したときに），偏差値が 1 高くなると，学業的自己概念得点は $\hat{\beta}_1$ 高くなる」と解釈することになります。そのように，偏回帰係数は，「別の独立変数の影響を考慮に入れたときの，関心下にある独立変数の独自の効果」ということができます。

　また，重回帰分析では，独立変数として用いる変数の単位がすべて同一であるとは限りません。実際に，(10.3) 式においても，偏差値と「相対的な学業水準の知覚」の単位は異なっています。そのため，「従属変数をもっともよく予測する独立変数はどれか」といった問題に関心があるときに，偏回帰係数の大きさをもとに比較することはできません。そこで，従属変数と独立変数の平均値が 0，標準偏差が 1 になるように，変数の得点を標準化した上で重回帰分析を行うことがあります。このときに求められた偏回帰係数は，標準偏回帰係数と呼ばれます。

10-3　SPSS による回帰分析

　本節では，SPSS を用いて回帰分析を行う方法について説明をします。

10-3-1　回帰分析の実行

　SPSS で回帰分析を実行するためには，メニューから「分析」→「回帰」

10-3 SPSS による回帰分析

→「線型」を選択します[*18]（図 10.4）。

*18 回帰分析の実行は、「分析」→「回帰」→「線型」を選択し、変数の選択とオプションの決定をすることで行えます。

図 10.4 「線型」を選択

「線型」を選択すると、「線型回帰」ウィンドウが開かれます（図 10.5）。ここでは、「国語の学校内での相対的な学業水準の知覚」で「国語の学業的自己概念」の予測をします。「国語の学業的自己概念」を選択して、ウィンドウ中央の一番上にある■をクリックすると、「従属変数」ボックスに移動します。次に、「j7：あなたの国語の学力は、あなたの学校全体の中でどのくらいですか [j7]」を選択して、「ブロック（B）1/1」と書かれた枠内にある■をクリックすると、「独立変数」ボックスに移動します。

「線型回帰」のメニューにある「統計量」をクリックすると、図 10.6 が開かれます。このオプションでは、選択した変数の記述統計量の算出などができます。ここでは、回帰係数の信頼区間[*19]を推定するために、「信頼区間」にチェックを入れてください。

*19 信頼区間については、7-3-2 項を参照してください。

これが完了したら、「続行」をクリックして、元の画面（図 10.5）に戻ります。「OK」をクリックすると、結果が出力されます。まず、図 10.7 をみてください。この表の「R2 乗」の値（.586）は決定係数（分散説明率）と呼ばれるものです。決定係数は、従属変数の値を独立変数がどの程度よく予測できているかを表す指標です。決定係数は、0 から 1 の範囲の値を取り、値が 1 に近いほど、独立変数から従属変数の値をよく予測できて

図 10.5 「線型回帰」ウィンドウ

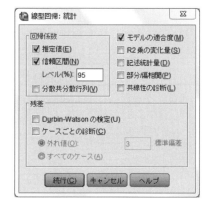

図 10.6 「線型回帰：統計」ウィンドウ

いることを意味します。独立変数によって従属変数をよく予測できているほど，残差は小さくなるため，残差が0のとき[20]に，決定係数の値は1となります。

また，「R」の値（.766）は重相関係数というものです。重相関係数は，決定係数の平方根を取ったもので，独立変数が1つのとき，重相関係数は独立変数（学校内での相対的な学業水準の知覚）と従属変数（学業的自己概念）の相関係数と一致します[21]。

次に，図 10.8 をみてください。この表のうち，「定数」と書かれた行の値は，切片に関する結果になります。また，独立変数の回帰係数に関する結果は，「j7：あなたの国語の学力は，あなたの学校全体の中でどのくらいですか」と書かれた行にあります。この行のうち，「非標準化係数」の「B」の値（.579）が回帰係数，「標準誤差」の値（.020）は回帰係数の標準誤差になります[22]。この回帰係数の 95％信頼区間は，右端に書かれています。結果

モデル	R	R2 乗	調整済み R2 乗	推定値の標準誤差
1	.766a	.586	.585	.56354

a. 予測値: (定数)、j7: あなたの国語の学力は、あなたの学校全体の中でどのくらいですか。

図 10.7　重相関係数と決定係数（分散説明率）の確認

*20　従属変数の値を独立変数の値から完全に予測できるときに，残差は0になります。

*21　実際に，4章の図 4.12 をみると，「国語の学校内での相対的な学業水準の知覚」と「国語の学業的自己概念」の間の相関係数の値は $r = .766$ となっており，同じ値であることがわかります。

*22　「非標準化係数」の「B」の値は，標本から計算される母数の推定値であり，標本変動を含みます。その標本変動の大きさを示す指標が標準誤差になります。

から，回帰係数の95%信頼区間は［.539, .619］であり，信頼区間が0を含んでいないことから，統計的に有意であることがわかります。有意確率については，「有意確率」の値をみることで判断することができます。有意確率が.000となっていることから，.000 < .05であり，「統計的に有意である」と判断することができます。また，「標準化係数ベータ」の値（.766）は標準回帰係数になります[*23]。

*23 独立変数が1つのとき，標準回帰係数は相関係数の値と一致します。実際に，4章の図4.12をみると，「国語の学業的自己概念」と「国語の相対的な学業水準の知覚」との相関係数は.766であり，一致していることがわかります。

モデル		非標準化係数 B	標準誤差	標準化係数 ベータ	t値	有意確率	Bの95.0%信頼区間 下限	上限
1	(定数)	1.233	.062		19.983	.000	1.112	1.354
	j7: あなたの国語の学力は，あなたの学校全体の中でどのくらいですか	.579	.020	.766	28.315	.000	.539	.619

a. 従属変数 国語の学業的自己概念

図10.8　回帰係数の確認

10-3-2　回帰分析と t 検定の関係

7章では，t 検定について紹介をしましたが，t 検定というのは，ダミー変数を用いた回帰分析と考えることができます。ダミー変数とは，便宜的に数値を割り振った変数のことです。例えばSPSSデータでは，性別のデータについて，男性は0，女性は1にしていますが，これもダミー変数になります。

ここでは，t 検定と回帰分析の結果が一致することを，「学業的自己概念」の性差を例に説明します。この問題は，「学業的自己概念」を従属変数，性別を独立変数としたときの回帰分析と考えることができます[*24]。具体的な回帰式は，(10.4) 式のようになります。

*24　7章では，「数学の学業的自己概念」の性差を独立な2群の t 検定によって検討しました。

$$学業的自己概念の予測値(\hat{y}) = \hat{\beta}_0 + \hat{\beta}_1 \times 性別(x) \quad (10.4)$$

ここで，性別 = 0（男性）のときと，性別 = 1（女性）のときとで，(10.4) 式を場合分けすると，表10.1のようになります。

(10.4) 式の「性別」の項に「0」を代入したときに得られる予測値は，男性の「学業的自己概念」の予測値（学業的自己概念の平均値）になることから，切片 $\hat{\beta}_0$ は男性の「学業的自己概念」の平均値を表していることにな

表 10.1 ダミー変数を用いた回帰式

	回帰式
性別＝0（男性）	学業的自己概念の予測値＝$\hat{\beta}_0$
性別＝1（女性）	学業的自己概念の予測値＝$\hat{\beta}_0+\hat{\beta}_1$

ります。また，回帰係数 $\hat{\beta}_1$ は，男性と女性の「学業的自己概念」の予測値の差得点に相当します。

では，実際に SPSS でダミー変数を用いた回帰分析を実行してみましょう。SPSS のメニューから「分析」→「回帰」→「線型」を選択します[25]。「線型」を選択すると，「線型回帰」ウィンドウが開かれます（図 10.9）。ここでは，性別で「数学の学業的自己概念」の予測をします。「数学の学業的自己概念」を選択して，ウィンドウ中央の一番上にある➡をクリックすると，「従属変数」ボックスに移動します。次に，「性別 [sex]」を選択して，「ブロック（B）1/1」と書かれた枠内にある➡をクリックすると，「独立変数」ボックスに移動します。

これが完了したら，「OK」をクリックすると，結果が出力されます。図 10.10 のうち，「性別」の行の「t 値」の値をみてください。7 章で行った t 検定の結果と一致していることがわかります[26]。また，切片の値[27]（2.915）

[25] 回帰分析の実行は，「分析」→「回帰」→「線型」を選択し，変数の選択とオプションの決定をすることで行えます。

[26] 7章の図 7.9 の「等分散を仮定する」の行を参照してください。図 7.9 では，t 値が「3.322」と正の値となっており，図 10.10 では「−3.322」と負の値になっていますが，絶対値は等しいです。正負の符号が異なっているのは，t 検定では男性の学業的自己概念得点から女性の得点を引いているのに対し，回帰分析では「性別」の値が 0 から 1 に変化したときの学業的自己概念の変化得点を求めている（女性の得点から男性の得点を引いている）ためです。

[27] 切片の値は，「定数」の行の「B」の値をみることで知ることができます。

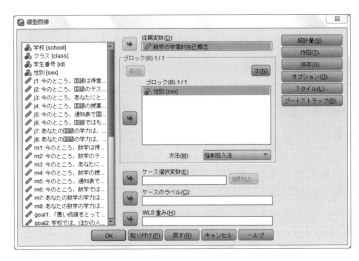

図 10.9 「線型回帰」ウィンドウ

は，男性の「数学の学業的自己概念」得点と一致していることがわかります[28]。さらに，回帰係数の値（-.268）は，「数学の学業的自己概念」の男性と女性の差得点になっています。このように，t検定の結果と，ダミー変数を用いた回帰分析の結果は一致します。

[28] 7章の図7.8を参照してください。男性の「数学の学業的自己概念」得点は2.9152，女性の「数学の学業的自己概念」得点は2.6477となっています。

モデル		非標準化係数 B	標準誤差	標準化係数 ベータ	t値	有意確率	Bの95.0% 信頼区間 下限	上限
1	(定数)	2.915	.057		51.459	.000	2.804	3.026
	性別	-.268	.081	-.138	-3.322	.001	-.426	-.109

a. 従属変数 数学の学業的自己概念

図10.10　回帰係数の確認

10-3-3　偏相関係数の算出

本項では，「学校内での相対的な学業水準の知覚」と「学業的自己概念」の正の相関関係が，学業成績を反映していることによって生じた擬似相関である可能性について検討するために，学業成績の影響を取り除いたときの，偏相関係数の算出をします。

SPSSで偏相関係数を算出するためには，SPSSのメニューから「分析」→「相関」→「偏相関」を選択します[29]（図10.11）。

「偏相関」を選択すると，「偏相関」ウィンドウが表示されます（図10.12）。偏相関係数を求めたい変数を「変数」ボックス，影響を取り除きたい第3の変数を「制御変数」ボックスに移動させます。ここでは，「j7：あなたの国語の学力は，あなたの学校全体の中でどのくらいですか [j7]」と「国語の学業的自己概念」を選択して[30]，ウィンドウ中央の上にある⇒をクリックし，「全国模試・国語の偏差値 [japanese]」を選択して，ウィンドウの中央の下にある⇒をクリックします。

「偏相関分析」には，「オプション」というメニューがあります。この「オプション」を選択すると，図10.13が開かれます。このメニューでは，「2変量」のときと同様に[31]，選択した項目の平均値と標準偏差を出力するかどうかや，欠損値の処理をどうするかが選択できます。また，「統計」の枠内の部分の「0次相関」にチェックを入れると，制御変数（第3の変数）の影響を取り除く前の相関係数も算出することができますが，ここではチェッ

[29] 偏相関係数の算出は，「**分析**」→「**相関**」→「**偏相関**」を選択し，変数の選択をすることで行えます。

[30] 複数の項目を同時に選択するためには，「Ctrl」キーを押したまま項目をクリックします。

[31] 4-2-2項を参照してください。

図 10.11 「偏相関」を選択

クを入れずに進めます[*32]。

これが完了したら，「続行」をクリックして，元の画面（図 10.12）に戻ります。「OK」をクリックすると，結果が出力されます（図 10.14）。表の値から，学業成績の影響を取り除いたときの，「学校内での相対的な学業水準の知覚」と「学業的自己概念」の偏相関係数は $r = .712$ であり，その有意確率は .000 であることがわかります[*33]。したがって，学業成績の影響を考慮しても，学校内での学業水準が高いと思っている人ほど，学業的自己概念が高いといえます。

[*32] 10-2-1 項でも説明したように，第 3 の変数の影響を除去しない，通常の相関係数は，ゼロ次の相関係数や単純相関係数と呼ばれます。

[*33] 繰り返しになりますが，単純相関係数は $r = .766$ でした。

第 10 章　学業的自己概念の予測

図 10.12 「偏相関分析」ウィンドウ

図 10.13 「偏相関分析：オプション」ウィンドウ

10-3 SPSSによる回帰分析

制御変数			j7: あなたの国語の学力は、あなたの学校全体の中でどのくらいですか	国語の学業的自己概念
全国模試・国語の偏差値	j7: あなたの国語の学力は、あなたの学校全体の中でどのくらいですか	相関係数	1.000	.712
		有意確率 (両側)	.	.000
		自由度	0	565
	国語の学業的自己概念	相関係数	.712	1.000
		有意確率 (両側)	.000	.
		自由度	565	0

図 10.14　偏相関係数

10-3-4　重回帰分析の実行

　回帰分析の結果,「学校内での相対的な学業水準の知覚」は「学業的自己概念」を予測することが示されました。それでは,学業成績の影響をパーシャルアウト[*34]したときに,「学校内での相対的な学業水準の知覚」の独自の効果はみられるのでしょうか。あるいは,学業成績と,主観的な学業水準である「学校内での相対的な学業水準の知覚」のどちらが,「学業的自己概念」をより強く予測するのでしょうか。こうした問題について検討するために,重回帰分析を行います。

*34　パーシャルアウトとは,ある変数の影響を取り除くことを意味します。

図 10.15　「線型回帰」ウィンドウ

SPSSで重回帰分析を行うためには，回帰分析と同様に，メニューから「分析」→「回帰」→「線型」を選択します[*35]。図10.15が開かれたら，「国語の学業的自己概念」を選択し，ウィンドウ中央の一番上にある■をクリックして，「従属変数」ボックスに移動させます。次に，「全国模試・国語の偏差値［japanese］」と「j7：あなたの国語の学力は，あなたの学校全体の中でどのくらいですか［j7］」を選択して，「ブロック（B）1/1」と書かれた枠内にある■をクリックし，「独立変数」ボックスに移動します。このように，2つ以上の独立変数を指定することで，重回帰分析が実行できます。

　「OK」をクリックすると，結果が出力されます。まず，図10.16をみてください。先ほどの回帰分析のときと同様に，この表の「R」の値（.766）は重相関係数になります。また，「R2乗」の値（.587）は決定係数（分散説明率）であり，「調整済みR2乗」の値（.586）は自由度調整済み決定係数というものです。決定係数は独立変数が多ければ多いほど大きくなるという性質を持っていますが，自由度調整済み決定係数は，独立変数の冗長さを考慮して，決定係数の値を調整したものになります[*36]。

モデル	R	R2乗	調整済みR2乗	推定値の標準誤差
1	.766a	.587	.586	.56333

a. 予測値: (定数)、全国模試・国語の偏差値、j7: あなたの国語の学力は、あなたの学校全体の中でどのくらいですか。

図10.16　重相関係数と決定係数（分散説明率）の確認

　次に，図10.17をみてください。この表では，切片や偏回帰係数の値を確認することができます。表の見方は回帰分析のときと同様です。表から，「国語の学校内での相対的な学業水準の知覚」の偏回帰係数は.596であり，標準偏回帰係数は.788であることがわかります。また，偏回帰係数の95％信頼区間は［.547, .644］であり，信頼区間が0を含まないことから，検定結果が有意であることがわかります[*37]。したがって，学業成績の影響をパーシャルアウトしたときに，「学校内での相対的な学業水準の知覚」の独自の効果がみられることが示されました。次に，国語の偏差値の偏回帰係数は−.004であり，標準偏回帰係数は−.039であることがわかります。

[*35] 重回帰分析の実行は，回帰分析と同様に，「分析」→「回帰」→「線型」を選択し，変数の選択とオプションの決定をすることで行えます。

[*36] 調整済みR²については，南風原（2002）などを参照してください。

[*37] 実際に，有意確率は.000となっていることから，.000＜.05で「統計的に有意である」と判断することができます。

また，偏回帰係数の95％信頼区間は［－.010, .002］であり，信頼区間が0を含んでいることから，統計的には有意でないことがわかります。実際に有意確率は.233であり，0.05よりも大きいことから，有意ではありません。

	非標準化係数 B	標準誤差	標準化係数 ベータ	t値	有意確率	Bの95.0%信頼区間 下限	上限
1 (定数)	1.382	.139		9.940	.000	1.109	1.655
j7: あなたの国語の学力は，あなたの学校全体の中でどのくらいですか	.596	.025	.788	24.082	.000	.547	.644
全国模試・国語の偏差値	－.004	.003	－.039	－1.194	.233	－.010	.002

a. 従属変数 国語の学業的自己概念

図 10.17　偏回帰係数の確認

10-3-5　論文での結果の報告例

では，心理学の実際の論文では，回帰分析の結果をどのように報告するのでしょうか。回帰分析の結果は，表10.2のような形に整理することができます。単回帰分析であれば，文章で報告するだけでも十分にわかりやすいと思いますが，重回帰分析になると報告量が多くなるため，表にまとめる方が良いでしょう。偏回帰係数は変数の単位に依存するため，効果の大きさが解釈しやすい，標準偏回帰係数も報告することが多いです。また，推定の精度を伝えるために，偏回帰係数の標準誤差や95％信頼区間も報告するようにしましょう。なお，表中の R^2 は決定係数，Adj R^2 は自由度調整済み決定係数を表します。

表 10.2　重回帰分析の結果

	偏回帰係数	標準誤差	95%信頼区間 下限	上限	標準偏回帰係数
学業成績	0.00	0.00	－0.01	0.00	－.04
学校内での相対的な学業水準の知覚	0.60**	0.03	0.55	0.64	.79
$R^2 = .59$					
Adj $R^2 = .59$					

** $p < .01$

最後に，これらの結果とその解釈について，実際の論文での記述例を紹介します。

> 「国語の学業的自己概念」を従属変数，学業成績と「国語の学校内での相対的な学業水準の知覚」を独立変数とする重回帰分析を行った（表10.2）。その結果，学業成績の偏回帰係数は有意でなかった（$\hat{\beta}_1 = 0.00$（95% CI: $-0.01 \sim 0.00$），$\hat{\beta}_1^* = -.04, ns$）[38]。一方で，「学校内での相対的な学業水準の知覚」の偏回帰係数は有意であった（$\hat{\beta}_2 = 0.60$（95% CI: $0.55 \sim 0.64$），$\hat{\beta}_2^* = .79, p < .01$）。したがって，学業成績の影響をパーシャルアウトしても，学校内での自分の学業水準が高いと思っている生徒ほど，学業的自己概念が高くなることが示された。

[38] CI は，信頼区間（confidence interval）を意味します。また，標準偏回帰係数については，β と表記する文献も多いですが，ギリシャ文字は一般には母数値を表すことから，本書では，回帰係数の推定値を表す記号にアスタリスク（*）を付して，$\hat{\beta}^*$ と表記します。

10-4　基礎編のまとめ

基礎編ではこれまで，「学業的自己概念」の性差について t 検定（7章），「学業的自己概念」と学業水準の関係，「学業的自己概念」と「相対的な学業水準の知覚」の関係について相関分析（4章）と回帰分析（本章）によって検討してきました[39]。10-3-2項で回帰分析と t 検定の関係について説明したように，これらの問題はすべて，回帰分析の枠組みで検討することができます。具体的には，「学業的自己概念」を従属変数，性別と学業水準（全国模試の偏差値），「相対的な学業水準の知覚」を独立変数とする重回帰分析を行うことで，各変数の独自の効果を一度に検討することができます。基礎編の最後にこの分析を行い，どのような結果が得られるかについて考察を行いたいと思います。

SPSSで回帰分析を実行するために，メニューから「分析」→「回帰」→「線型」を選択します[40]。図10.18が開かれたら，「国語の学業的自己概念」

[39] 「学業的自己概念」と学業水準の関係について，8章では学校を要因とする分散分析を行いました。しかし，学校の学業水準を個人の学業水準の代替指標とすることは適切ではないという説明をしました。

[40] 回帰分析の実行は，「**分析**」→「**回帰**」→「**線型**」を選択し，変数の選択とオプションの決定をすることで行えます。

を「従属変数」ボックスに，「性別 [sex]」と「全国模試・国語の偏差値 [japanese]」，「j7：あなたの国語の学力は，あなたの学校全体の中でどのくらいですか [j7]」，「j8：あなたの国語の学力は，日本の一般的な高校生と比較すると，どのくらいですか [j8]」を「独立変数」ボックスに移動させます[*41]。次に，「線型回帰」のメニューにある「統計量」をクリックし，「回帰係数」の枠内にある「信頼区間」にチェックを入れます。

[*41] 鈴木・武藤（2013）では，これらの変数に加えて「学校の学業水準の知覚」という変数を用いて，栄光浴効果と呼ばれる現象について検討していますが，本書では取り上げていません。一方で，鈴木・武藤（2013）では性差の検討を行っていません。

図 10.18 「線型回帰」ウィンドウ

これらが完了したら，図 10.18 の画面で「OK」をクリックします。出力された結果のうち，まず図 10.19 をみてください。重相関係数は .783, 決定係数（分散説明率）は .613, 自由度調整済み決定係数は .611 であるとわかります。

次に，図 10.20 をみてください。性別の偏回帰係数は .038, 標準偏回帰係数は .022, 偏回帰係数の 95％信頼区間は ［−.057, .133］であり，信頼区間が 0 を含んでいることから，検定結果は有意でないとわかります[*42]。したがって，別の変数の影響をパーシャルアウトしたときには，「国語の学業的自己概念」には性差がないことになります。

[*42] 実際に，有意確率は .429 となっていることから，「統計的に有意でない」と判断することができます。

モデル	R	R2乗	調整済みR2乗	推定値の標準誤差
1	.783a	.613	.611	.54614

a. 予測値: (定数)、j8: あなたの国語の学力は、日本の一般的な高校生と比較すると、どのくらいですか?, 性別, 全国模試・国語の偏差値, j7: あなたの国語の学力は、あなたの学校全体の中でどのくらいですか。

図 10.19　重相関係数と決定係数（分散説明率）の確認

モデル		非標準化係数 B	標準誤差	標準化係数 ベータ	t値	有意確率	Bの95.0%信頼区間 下限	上限
1	(定数)	1.199	.138		8.679	.000	.927	1.470
	性別	.038	.048	.022	.792	.429	-.057	.133
	全国模試・国語の偏差値	-.005	.003	-.058	-1.785	.075	-.011	.001
	j7: あなたの国語の学力は、あなたの学校全体の中でどのくらいですか	.472	.031	.624	15.029	.000	.410	.534
	j8: あなたの国語の学力は、日本の一般的な高校生と比較すると、どのくらいですか?	.191	.031	.237	6.155	.000	.130	.253

a. 従属変数 国語の学業的自己概念

図 10.20　偏回帰係数の確認

　また，全国模試・国語の偏差値の偏回帰係数は -.005，標準偏回帰係数は -.058，偏回帰係数の95%信頼区間は ［-.011, .001］であり，信頼区間が0を含んでいます。実際に有意確率は .075 であり，有意ではありません。したがって，別の変数の影響をパーシャルアウトしたときには，客観的な国語の学業水準と「国語の学業的自己概念」の間には関係がないことになります。

　そして，「国語の学校内での相対的な学業水準の知覚」（j7: あなたの国語の学力は，あなたの学校全体の中でどのくらいですか）の偏回帰係数は .472, 標準偏回帰係数は .624, 偏回帰係数の95%信頼区間は ［.410, .534］であり，信頼区間は0を含んでいません。実際に有意確率は .000 であり，統計的に有意です。同様に，「一般的な高校生との相対的な学業水準の知覚」（j8: あなたの国語の学力は，日本の一般的な高校生と比較すると，どのくらいですか）の偏回帰係数は .191, 標準偏回帰係数は .237, 偏回帰係数の95%信頼区間は ［.130, .253］であり，信頼区間は0を含んでいません。実際に有意確率は .000 であり，統計的に有意です。したがって，学校内の生徒と比較して自身の学業水準が高いと思っている人ほど，また，一般的な

高校生と比較したときに自身の学業水準が高いと思っている生徒ほど高い学業的自己概念を持っているといえます。これらの結果は，高校生は自分が所属している集団との比較を通して自身の自己概念を形成しているだけでなく，平均的な高校生の学業水準という基準[*43]との比較によっても自己概念を形成していることを示唆するものです[*44]。

10-5　データの階層性とマルチレベル分析

　小中学生や高校生を対象に調査を行う場合，学級や学校単位で調査が実施されることが多いです。このような手続きで得られるデータは，階層的な構造を持つことになります。例えば，学級Aに所属する生徒のデータは，学級Aが調査対象になっていなければ得ることができないため，生徒よりも学級が上位の単位になります。このように，生徒が学級や学校といった上位の単位に組み込まれた形になっているデータは，階層的データと呼ばれます。

　この章では，データの階層性を考慮せずに話を進めてきました。データの階層性を考慮せずに分析してきたというのは，言い換えると，調査対象となっている学校の違いを考慮せずに分析をしてきたということです。例えば回帰分析では，変数の得点の高低を表す切片と，変数間の関連の強さを表す回帰係数が推定されますが，この切片と回帰係数の値は1つずつしか得られません。つまり，集団（学級や学校など）によって切片や回帰係数が異なることを考慮することができません。しかし，日本の高校では選抜試験が行われるように，所属している学校によって学業水準や「学業的自己概念」，あるいは学業成績と「学業的自己概念」の関係は異なる可能性があります。一方で，マルチレベル分析と呼ばれる分析では，切片や回帰係数が集団によって異なることを考慮して分析するため，学校間の差異を検討することができます。また，切片や回帰係数の値が集団によって異なる場合に，集団の特徴によってその差異を説明することができるか，という問題についても検討することができます。

　マルチレベル分析を適用し，個人レベルの変数の効果と集団レベルの変数の効果を検討した研究としては，例えば大谷・中谷・伊藤・岡田（2012）

[*43] 自己概念を判断（評価）するときに参照する基準（判断の枠組み）のことを準拠枠といいました（1章参照）。

[*44] なお，本書で用いているデータはあくまでも人工データであり，実際のデータを用いて同じ分析を行ったとしても，同じ結果が得られるとは限りません。

や鈴木(2012)などがあります。また，マルチレベル分析は SPSS Advanced Statistics や SAS, Mplus, R などで実行することができます[*45]。

*45 これらのソフトウェアの使い方については，清水(2014)を参照してください。

10-6 練習問題

鈴木・武藤（2013）データを用いて，以下の分析を実行してください。

1) 全国模試・数学の偏差値（学業成績）を第3の変数としたときの，「数学の学業的自己概念」と「数学の学校内での相対的な学業水準の知覚」の偏相関係数を求めなさい。

2)「数学の学業的自己概念」を従属変数，性別と全国模試・数学の偏差値，「数学の学校内での相対的な学業水準の知覚」，「数学の一般的な高校生との相対的な学業水準の知覚」を独立変数として，重回帰分析を行いなさい。

実践編

1章 尺度構成に関する諸問題

本章では，因子分析や α 係数など，尺度構成の際に生じうる諸問題とその対処について説明します。

本章で学ぶこと	・不適解 ・確認的因子分析 ・α 係数

1-1 不適解が生じたとき

因子分析を行ったときに，独自因子の分散が負になる[*1]など，理論的にありえない値を推定値が取るときに，不適解[*2]であるといいます。不適解は，モデルに問題があるときに生じることがあります。例えば基礎編5章で「国語の学業的自己概念」尺度に対して因子分析を行った結果，1因子解が示唆されました。ここで仮に，「国語の学業的自己概念」尺度に2因子解を当てはめて，最尤法・プロマックス回転による因子分析を行ってみます[*3]。図1.1をみてください。表の下の脚注に，「反復中に1つまたは複数の1よりも大きい共通性推定値がありました」とあります。つまり，共通性の値が1を超えた項目が1つかそれ以上あったということで[*4]，これは不適解になります[*5]。このように，モデルの問題で不適解が生じた場合には，適切なモデルに修正する（この場合は，1因子解を当てはめる）ことで，不適解の問題に対処することができます。

しかし，先行研究と同じ因子数で分析を行ったなど，モデルが適切と考えられる場合でも，データの問題で不適解が生じることもあります。例えば，不適解が生じる原因の1つに，サンプルサイズの問題があります。推定する母数の数[*6]に比べて，サンプルサイズが十分に大きくないとき，不適解が生じる可能性があります[*7]。一般に，質問項目が多いほど推定する母

[*1] 分散は，偏差（データの値から平均を引いたもの）を2乗したものの平均であるため，負の値を取ることはありません。分散の求め方の詳細は基礎編3-4-2項を参照してください。

[*2] ヘイウッドケース（Heywood case）と呼ばれることもあります。

[*3] 因子分析は，「分析」→「次元分解」→「因子分析」を選択し，変数の選択とオプションの決定をすることで行えます。詳細は基礎編5章を参照してください。

[*4] 共通性と独自性には，「共通性＋独自性＝1」という関係があるため，共通性が1を超えているということは，独自性が負の値をとることを意味します。独自性とは，独自因子の分散を観測変数の分散で割ったものです。したがって，共通性が1を超えているとき，独自因子の分散は負の値を取っていることになります。

[*5] なお，プロマックス回転などの斜交回転を行

1-1　不適解が生じたとき

[左欄外注]

った場合、因子負荷の値が1を越えることもあります。これは不適解ではありませんが、因子負荷の値の解釈には注意が必要です。

*6　「推定する母数」は、一般的には、因子負荷と独自因子の分散、因子間の相関係数になります。

*7　因子分析に必要なサンプルサイズについて明確な基準を示すことはできませんが、市川（2008）は、推定する母数の数の5～10倍が1つの目安であると述べています。

*8　項目分析については基礎編3章を参照してください。

*9　データが多変量正規分布に従っているとき、最尤法では標準誤差が最も小さくなるという性質があります。また、サンプルサイズが十分に大きければ、多変量正規分布の仮定の逸脱に対して頑健であることも知られています。この他にも、最尤法にはモデル比較を可能にするなどの利点があります。これらの詳細や、主因子法と最小二乗法の違いについては、豊田（2012）を参照してください。

共通性[a]

	初期	因子抽出後
j1: 今のところ，国語は得意だと思いますか？	.663	.850
j2: 今のところ，国語のテストでよい点を取っていると思いますか？	.693	.729
j3: 今のところ，あなたにとって国語は難しいと思いますか？	.288	.329
j4: 今のところ，国語の授業は理解できていると思いますか？	.319	.294
j5: 今のところ，通知表で国語の成績はいいほうだと思いますか？	.612	.999
j6: 今のところ，国語ではもの覚えがいいと思いますか？	.451	.451

因子抽出法: 最尤法

a. 反復中に1つまたは複数の1よりも大きい共通性推定値がありました。得られる解の解釈は慎重に行ってください。

図 1.1　「国語の学業的自己概念」尺度に2因子解を当てはめて因子分析（最尤法・プロマックス回転）を行ったときの共通性

数の数も多くなるため，質問項目の多い尺度を利用する場合には，何人の調査協力者を集めるかについて，事前に検討することが重要になります。また，データに欠損値が多く含まれている場合や，極端な外れ値がある場合にも不適解が生じることがあります。これらの問題の多くは，項目分析[*8]を丁寧に行うことで対処できます。

　また，サンプルサイズが十分に大きくないなど，データの問題で不適解が生じている場合には，推定法（因子の抽出方法）を変えることで対処することも考えられます。基礎編5章では，最尤法の利用が推奨されていると説明しました。最尤法は，サンプルサイズが十分に大きければ，一般に最も良い推定をするといわれています[*9]。しかし一方で，最尤法には不適解が生じやすいという性質があり，最尤法と比較して，主因子法や最小二乗法は不適解の生じにくい推定法として知られています。そのため，モデルは適切と考えられるが，サンプルサイズが小さいときなどには，主因子法や最小二乗法を利用することが1つの対処として考えられます。

　なお，不適解になりにくいからといって，主因子法や最小二乗法の方が最尤法よりも優れていることにはなりません。むしろ，最尤法では，データやモデルに問題があるときに，不適解としてそれらの問題を検出することができるのに対して，主因子法や最小二乗法では問題を見落としてしまう可能性があります。したがって，主因子法や最小二乗法を用いて不適解

が生じなかったとしても，先行研究の知見や理論などを踏まえて，採用した因子数が適切であるかについて検討することが重要です。

1-2 妥当性や信頼性が確認されている尺度を使用するとき

　基礎編5章では，「学業的自己概念」尺度と達成目標尺度に対して因子分析を適用し，それぞれの尺度の因子数や因子構造について検討しました。先行研究で因子分析が行われ，因子数や因子構造がすでに検討されているにもかかわらず，新たに因子分析を行うことに疑問を持たれたかもしれません。ところが実際の研究では，先行研究で妥当性や信頼性が確認されている尺度を利用して調査を行い，得られたデータに対して因子分析を行っていることがよくあり，先行研究とは異なる因子構造が得られることがあります。このとき，得られたデータに合わせて，その都度因子構造を変更すると，先行研究との比較ができなくなるなどの問題が生じてしまいます。

　因子分析には探索的因子分析と確認的因子分析の2つがあります[*10]。基礎編5章で紹介したのは探索的因子分析と呼ばれるものです。探索的因子分析が「すべての観測変数[*11]はすべての因子から影響を受ける」というモデルを考えるのに対し，確認的因子分析では，「各観測変数は，関係が強いと考えられる因子からのみ影響を受ける」というモデルを考えます。例えば，達成目標尺度のgoal1, 5, 7の3つの項目は遂行回避目標，goal2, 3, 8の3項目は遂行接近目標を測定しているものであることが理論的に想定される場合，確認的因子分析における因子モデルは図1.2のようになります。このように，確認的因子分析では，各観測変数は特定の因子からのみパス[*12]を受けます。一方の探索的因子分析では，各観測変数はすべての因子から影響を受けると考えるため，すべての因子からパスが引かれます[*13]。例えば，因子数が2であれば2つのパスを受け，因子数が3つであれば3つのパスを受けることになります[*14]。

[*10] 探索的因子分析は，英語では exploratory factor analysis といい，確認的因子分析は confirmatory factor analysis といいます。また，確認的因子分析は，確証的因子分析と訳されることもあります。

[*11] 観測変数は，質問項目に対する回答結果のことです。

[*12] パスとは矢印のことで，因子が観測変数へ影響を与えていること，観測変数が因子によって説明されることを，視覚的に表現しています。

[*13] 基礎編5章の図5.5を参照してください。

[*14] 因子数が1の場合は，探索的因子分析も確認的因子分析もモデルは同一になります。

1-2 妥当性や信頼性が確認されている尺度を使用するとき

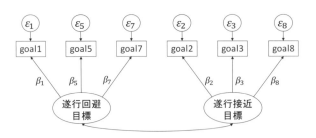

図 1.2 確認的因子分析の因子分析モデル

　探索的因子分析と確認的因子分析は，分析の目的によって使い分けられます。観測変数がどのような因子によって規定されるかに関する仮説がない状態で，因子数や因子構造を探る場合に探索的因子分析が使われます。一方，確認的因子分析では，観測変数がどのような因子によって規定されるかに関する仮説があり，仮説に基づいたモデルを当てはめ，様々な適合度指標をもとに，データに対するモデルの当てはまりのよさを検討します。したがって，妥当性や信頼性の確認されている尺度を自身の研究で用いる場合には，新たに行った調査によって得られたデータにも，先行研究と同じ因子構造が当てはまるかを確認的因子分析によって検討することが考えられます。確認的因子分析を行い，モデルの適合が十分であることが示されれば，先行研究と同一の因子構造を採用することの1つの根拠となります。

　ただし，先行研究で作成された尺度を利用する場合に，探索的因子分析を行うことに意味がないわけではありません。例えば，同じ尺度であっても，想定する母集団によって因子構造は異なるかもしれません（性別や年齢，学校などの所属する集団などによって因子構造は異なる可能性があります）。また，回答者の負担を軽減するために項目の一部を削除したり，質問項目の文言を修正して調査に利用したりすることも実際にはあるでしょう[*15]。このような場合には，因子数や因子構造が先行研究とは異なる可能性があるため，探索的因子分析を行うことにも意味があると考えられます。なお，確認的因子分析は SPSS Base 単体では実行することができません。確認的因子分析は，SPSS を提供している IBM 社の Amos，Mplus，フリーソフトウェアの R などで行うことができます[*16]。

*15 項目の一部のみを調査で使用したり，質問項目の文言を変えて調査に利用したりすることを，本書が推奨しているわけではありません。

*16 Amos の使い方については豊田（2007），Mplus は小杉・清水（2014），R は山田ほか（2015）などを参照してください。

1-3　α 係数が低いとき

　基礎編6章では，信頼性係数の推定値としてクロンバックのα係数を紹介しました。信頼性は妥当性の必要条件であるため，十分な高さのα係数を得ることは重要といえます。そのため，実際の心理学研究では，α係数を低下させるような項目を除外することがあります。基礎編6-3-2項で説明したように，SPSSでα係数を求めるときに[*17]，「統計量」というメニューで「項目を削除したときのスケール」にチェックを入れると，当該項目を削除したときの尺度のα係数の値を知ることができます。つまり，ある項目を削除した時に，残りの項目群でα係数を求めると，削除前と比較してα係数が増加するか低下するかを知ることができます。α係数を求める際に，本当は逆転項目であるにもかかわらず，逆転項目の処理をする前の項目を用いてα係数を求めてしまったり，無関係の項目を用いてしまったりすることがあるため，「項目を削除したときのスケール」にチェックを入れ，おかしな項目がないか確認することは重要です。また，α係数を極端に低下させるような項目が存在するのであれば，その項目は削除する方が良いかもしれません。しかし，因子分析を行い，得られた因子構造に基づいてα係数を求める場合には，項目を除外することでα係数が著しく増加するということは，実際にはほとんどありません。また，除外することでα係数がやや増加する程度であれば，必ず削除するべきとはなりません。それは，項目を削除することで，尺度得点が意味するものが，目的とする構成概念よりも狭く偏ったものとなり，妥当性が低下してしまう可能性があるためです。このように，信頼性を高めようとして似たような項目ばかり集めると，構成概念の一部しかカバーできず，妥当性に問題が生じる傾向にあります。また，この一方で，妥当性を高めるために幅広い内容の項目を集めると，今度は信頼性が低くなる傾向にあります[*18]。

　α係数は項目数が多いほど高い値をとる傾向にあります。言い換えると，項目数が少ない場合には，α係数は高くなりにくいということです。項目数が少なくてα係数の値が低いのであれば，項目数を増やせば良いと思われるかもしれません。しかし，回答者にかかる負担から，調査にあまり多くの項目を用いることができないこともあります[*19]。このように，α係数は項

[*17]　α係数の算出は，「分析」→「尺度」→「信頼性分析」を選択し，変数の選択とオプションの決定をすることで行えます。

[*18]　こうしたジレンマは，帯域幅と忠実度のジレンマと呼ばれます（基礎編6-2-2項参照）。

[*19]　こうした背景から，尺度の短縮版が開発されることもしばしばあります。尺度の短縮版を作成した研究例としては，榊原・寺本・谷（2014）や並川・谷・脇田・熊谷・中根・野口（2012）などがあります。また，1項目などのごく少数の項目で測定しようとする尺度も作成されており，例えば，Big Fiveの5特性を10項目で測定する尺度が作成されています（小塩・阿部・カトローニ，2012）。

1-3　α係数が低いとき

目数の影響を受けるため，項目数が少ないときには特に，項目間の相関係数も報告することが重要です。例えば，α係数の値が十分に高くないという場合でも，項目間の相関係数が十分な値を示しているのであれば，尺度を構成する項目群は同一の構成概念を測定していると考えることができます[20]。反対に，α係数の値が十分に高くとも，項目間の相関が低いのであれば，尺度を構成する項目群が同じ構成概念を測定しているとは考えにくくなります。

項目間の相関係数の高さについて，明確な基準を設けることはできないものの，.15 から .50 の範囲に含まれることが望ましいと考えられています[21]。相関係数の範囲に上限があることを意外に思われるかもしれませんが，相関が高すぎるということは，ほぼ同一の項目（冗長な項目）である可能性を意味するため，これは好ましいことではありません。特に，尺度を構成する項目の数が少ないにもかかわらず，項目間の相関が高く，α係数が高くなっている場合には，測定している内容の幅が狭く，妥当性に問題を抱えている恐れがあります。

さらに，α係数は，真の信頼性を過小推定するバイアスを持つことが知られています[22]。そのため近年では，ω係数[23] などの異なる指標を利用することも推奨されています。心理学研究では，信頼性の推定値としてα係数だけが報告されることも多いですが，複数の指標を報告することも重要といえるでしょう。

[20] 基礎編 6-3-2 項でα係数を算出した際，習得目標のα係数は .65 であり，十分に高い値ではありませんでした。しかし，3 つの項目間の相関係数を求めると，相関係数の範囲は .34 から .46 であり，同一の概念を測定していると考えることができます。

[21] Clark & Watson（1995）を参照してください。

[22] 岡田（2015）や髙本・服部（2015）などを参照してください。

[23] ω係数という名前で言及される指標には複数あります。それらのω係数の違いや算出方法については，岡田（2011）を参照してください。

2章 重回帰分析による交互作用の検討

基礎編9章の二要因分散分析では,交互作用[*1]について解説しました。要因の組合せの効果である交互作用は,分散分析だけでなく,回帰分析の枠組みでも検討することができます。ここでは,重回帰分析によって交互作用を検討する方法について解説します。

本章で学ぶこと	・階層的重回帰分析 ・重回帰分析における交互作用の検討 ・多重共線性 ・中心化 ・単純傾斜分析

[*1] 交互作用とは,「ある要因が従属変数に及ぼす影響の『向き』,あるいは『大きさ』が,他の要因の水準によって異なること」です(基礎編9-2-1項参照)。

2-1 「学業的自己概念」と「相対的な学業水準の知覚」の関係に対する達成目標の影響の検討

2-1-1 「相対的な学業水準の知覚」と達成目標の交互作用

基礎編10章では,重回帰分析を行い,模擬試験の偏差値が統制されている場合でも,「学業的自己概念」と「学校内での相対的な学業水準の知覚」の間には正の関連があることが示されました。つまり,個人の学力が同一の生徒に着目しても,他者と比較して自分の学業水準が高いと思っている生徒ほど「学業的自己概念」は高い傾向にありました。

しかし,他者との比較が「学業的自己概念」に与える影響は,どのような生徒であっても一様であるとは限りません。つまり,他者と自分を比較することで「学業的自己概念」が変わる人もいれば,あまり影響を受けない人もいる可能性が考えられます。例えば,図2.1[*2]の左図のように,国語や数学の勉強をする際に,他人よりも良い成績を取ることに主眼を置く生徒(遂行接近目標の高い生徒)は,他者との比較によって,「学業的自己概念」は強く影響を受けるかもしれません。一方で,他者との優劣ではなく,学習内容の習得に重点を置く生徒(習得目標の高い生徒)は,他者と自分

[*2] 図2.1は,ある特定の1人の値をプロットしたものではなく,集団の平均値をプロットしたものです。

を比較しても，それによって「学業的自己概念」はあまり影響を受けないかもしれません（図 2.1 の右図）。

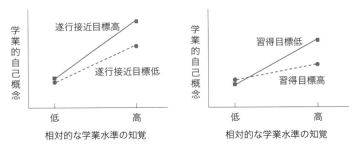

図 2.1　学業的自己概念に対する
「相対的な学業水準の知覚」と達成目標の交互作用

このように，「相対的な学業水準の知覚」と「学業的自己概念」の関連は，学習に対してどのような目標を持っているかによって異なる可能性があります。言い換えると，「学業的自己概念」に対しては，「相対的な学業水準の知覚」と達成目標の交互作用が存在する可能性が考えられます。そこで本章では，「学業的自己概念」に対する「学校内での相対的な学業水準の知覚」と達成目標の交互作用について検討します[*3]。

2-1-2　重回帰分析における交互作用の検討

「学業的自己概念」得点を従属変数，「学校内での相対的な学業水準の知覚」得点と達成目標を独立変数とする場合の回帰式は，(2.1) 式のようになります。

$$\text{学業的自己概念の予測値}(\hat{y}) = \hat{\beta}_0 + \hat{\beta}_1 \times \text{相対的な学業水準の知覚}(x_1) + \hat{\beta}_2 \times \text{達成目標}(x_2) \quad (2.1)$$

ここで，「相対的な学業水準の知覚」と達成目標の交互作用に関する検討をするには，交互作用項を (2.1) 式に加えます。交互作用項は，「相対的な学業水準の知覚」と達成目標の積によって表すことができます。つまり，交互作用について検討するときの回帰式は，(2.2) 式のように記述できます。

[*3] 「『学業的自己概念』に対する『学校内での相対的な学業水準の知覚』と達成目標の交互作用」は，「『学業的自己概念』と『学校内での相対的な学業水準の知覚』の関係に対する，達成目標の調整効果」と言い換えることもできます。調整効果 (moderation effect) とは，ある独立変数の回帰係数に対する効果のことです。例えば，変数 x と変数 y の関係の強さ（回帰係数）に影響を与える変数 m が存在するときに，変数 m を調整変数と呼び，回帰係数に対する影響を調整効果と呼びます。調整変数や調整効果については，高野（2017）などを参照してください。

学業的自己概念の予測値($\hat{y}$)
$= \hat{\beta}_0 + \hat{\beta}_1 \times$相対的な学業水準の知覚$(x_1) + \hat{\beta}_2 \times$達成目標$(x_2)$ 　　　(2.2)
$\quad + \hat{\beta}_3 \times ($相対的な学業水準の知覚$(x_1) \times$達成目標$(x_2))$

「相対的な学業水準の知覚」と達成目標の積によって交互作用の検討ができるため，回帰係数「$\hat{\beta}_3$」が有意になれば，交互作用があると考えることができます。

では，なぜ，「相対的な学業水準の知覚」と達成目標の積によって交互作用の検討ができるのでしょうか。(2.2) 式を変形すると，(2.3) 式のようになります。

学業的自己概念の予測値($\hat{y}$)
$= \hat{\beta}_0 + \hat{\beta}_2 \times$達成目標$(x_2)$ 　　　(2.3)
$\quad + (\hat{\beta}_1 + \hat{\beta}_3 \times$達成目標$(x_2)) \times$相対的な学業水準の知覚$(x_1)$

(2.3) 式から，交互作用項を加えた回帰式では，「学業的自己概念」と「相対的な学業水準の知覚」の関係の強さ（回帰係数）は，「$\hat{\beta}_1 + \hat{\beta}_3 \times$達成目標」になることがわかります。そのため，「学業的自己概念」と「相対的な学業水準の知覚」の関係の強さは，達成目標の高低によって変化することになります[*4]。

以上のように，回帰分析の枠組みで交互作用について検討する場合には，2つの変数の積をモデルに加えます。

2-1-3　多重共線性と中心化

(2.2) 式に示したモデルでそのまま回帰分析を行うと，多重共線性[*5]の問題が生じてしまいます。多重共線性とは，独立変数間の相関が高すぎる場合に，偏回帰係数の標準誤差が大きくなり，サンプリングに伴う偏回帰係数の推定値の変動が大きくなるという問題です。なお，この定義からもわかるように，多重共線性の問題は，交互作用項を投入しない場合でも生じ得るものです。そのため，重回帰分析を行うときには，多重共線性が生じていないかに注意を向ける必要があります[*6]。

交互作用項をモデルに加えることで生じる多重共線性に対処するため

*4　例えば，達成目標得点が「1」の人は，「相対的な学業水準の知覚」の回帰係数は「$\hat{\beta}_1 + \hat{\beta}_3$」になり，達成目標得点が「2」の人は，「相対的な学業水準の知覚」の回帰係数は「$\hat{\beta}_1 + 2\hat{\beta}_3$」になり，達成目標得点次第で，「相対的な学業水準の知覚」の回帰係数は変わります。

*5　多重共線性は，英語では multicollinearity といいます。

*6　多重共線性が生じているかどうかを判断する方法については，2-2-3項で説明します。

に，変数の中心化[*7]が行われます[*8]。中心化とは，ある変数の得点からその変数の平均値を引くことです。中心化をする前と中心化を行った後とで，交互作用項の偏回帰係数自体は変わりませんが，多重共線性の問題を回避することができます[*9]。

2-1-4　分散分析における交互作用と重回帰分析における交互作用

「交互作用」と聞くと，分散分析を思い浮かべるかもしれません。実際に，平均値や中央値などを基準に変数を2値変数[*10]化して，二要因分散分析が行われることも少なくありません。例えば，中央値を基準にして，「相対的な学業水準の知覚高・達成目標高」群，「相対的な学業水準の知覚高・達成目標低」群，「相対的な学業水準の知覚低・達成目標高」群，「相対的な学業水準の知覚低・達成目標低」群とで，参加者を4つの群に分け，二要因分散分析を行うことも可能です[*11]。

しかし，もともと量的変数であるものを，「高・低」のように2値化すると，尺度が持つ情報に損失が生じてしまいます。例えば，「学校内での相対的な学業水準の知覚」は5件法1項目で回答を求めたため，「1」〜「5」の値を取りえますが，仮に中央値である「3」を基準に，「1」か「2」と回答した人を低群，「4」か「5」と回答した人を高群に分類した場合，1と回答した人と2と回答した人は，本来区別されるにもかかわらず，等しく低群として扱われることになります[*12]。言い換えると，回答者を5つの水準に分けることのできる尺度が，低いか高いかの2つの水準にしか分けることができなくなるため，精度の低い尺度になってしまいます。また，尺度が持つ情報に損失が生じることで，検定力が低下するという問題が生じます[*13]。そのため，量的変数を使って交互作用の検討をする場合には，分散分析ではなく重回帰分析の枠組みで検討する方が適切だといえます。

2-2　SPSSによる重回帰分析

鈴木・武藤（2013）データを用いて，重回帰分析による交互作用の検討を行います。ここでは，達成目標のうち習得目標を取り上げ，「数学の学業的自己概念」を従属変数，「全国模試・数学の偏差値」と「数学の学校内で

[*7] 中心化は，センタリング（centering）とも呼ばれます。

[*8] 中心化によって多重共線性を回避できる理由については，Cohen, Cohen, West, & Aiken (2002)を参照してください。

[*9] 交互作用項がないときや，交互作用項があるときに中心化を行っても多重共線性の問題が生じた場合には，相関の高い変数のうちの一方を独立変数から取り除いたり，複数の変数を1つの変数に合成したりするなどの対処が必要です。

[*10] 質的変数のうち，「男・女」や「好き・嫌い」などの2つの値（0か1）のどちらかをとる変数は特に，2値変数と呼ばれます。

[*11] この場合，「相対的な学業水準の知覚」と達成目標はいずれも被験者間要因で，それぞれの水準は「高・低」の2つになります。

[*12] 同様に，4と回答した人と5と回答した人は，本来区別されるべきなのに，等しく高群として扱われることになります。

[*13] 並木（1997）の4章などに詳しい解説があります。

の相対的な学業水準の知覚」と習得目標を独立変数とし,「数学の学校内での相対的な学業水準の知覚」と習得目標の交互作用について検討します[*14]。

2-2-1 変数の中心化と交互作用項の作成

　分析を実行する前に,交互作用項を作成します。また,交互作用項を作成するにあたり,変数の中心化を行う必要があります。交互作用の検討にあたって変数の中心化をする場合,従属変数を除くすべての変数を中心化することが推奨されていることから[*15],「全国模試・数学の偏差値」と「数学の学校内での相対的な学業水準の知覚」,習得目標の中心化を行います。

　変数を作成するために,SPSSのメニューから「変換」→「変数の計算」を選びます[*16]。「目標変数」ボックスには,新しく作成する変数の名前を入れます。中心化した「全国模試・数学の偏差値」の変数名を「math_c」とし[*17],平均値は55.82[*18]なので,「数式」ボックスには「math − 55.82」という計算式を入れます（図2.2）。「OK」をクリックすると,新しい変数が追加されます。同様に,中心化した「数学の学校内での相対的な学業水準の知覚[*19]」の変数名を「m7_c」とし,平均値は2.65なので,「数式」ボックスには「m7 − 2.65」という計算式を入れます。「OK」をクリックして,新しい変数として追加します。最後に,中心化した習得目標の変数名を「習得目標_c」とし,平均値は3.46なので,「数式」ボックスには「習得目標 − 3.46」という計算式を入れます。「OK」をクリックしたら完了です。

　変数の中心化が完了したら,中心化した変数を用いて交互作用項を作成します。「学校内での相対的な学業水準の知覚」と習得目標の交互作用なの

[*14] 変数が増えても,交互作用の検討の手順は同一です。

[*15] Cohen et al. (2002)を参照してください。

[*16] 変数の作成は,SPSSのメニューから「変換」→「変数の計算」を選び,「目標変数」ボックスに新しく作成する変数の名前,「数式」ボックスに計算式を入力することで行えます。

[*17] 中心化を行った後の変数名は,分析者が自由に決めることができます。ここでは,「centering」の頭文字を取って,便宜的に命名しています。

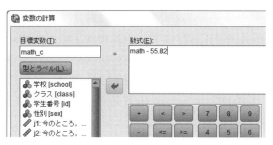

図2.2　「変数の計算」ウィンドウその1
（「全国模試・数学の偏差値」の中心化）

図2.3　「変数の計算」ウィンドウその2
（交互作用項の作成）

2-2 SPSSによる重回帰分析

*18 平均値の確認は，SPSSのメニューから「分析」→「記述統計」→「記述統計」を選択し，記述統計量を求めたい変数を「変数」ボックスに移動させることで行えます。

*19 「数学の学校内での相対的な学業水準の知覚」を測定するための項目に対する回答結果は，「m7」という変数名でSPSSに入力されています（詳細は基礎編2章を参照してください）。

*20 「・」は全角のナカグロです。この変数名も便宜的につけたものです。

*21 重回帰分析の実行は，「分析」→「回帰」→「線型」を選択し，変数の選択と統計量の指定をすることで行えます。

*22 「全国模試・数学の偏差値」と「数学の学校内での相対的な学業水準の知覚」と習得目標は，中心化したものを分析に使います。また，「数学の学校内での相対的な学業水準の知覚」と習得目標の交互作用は，中心化した2つの変数の積になります。

*23 中心化を行った後の変数を選択するように注意してください。複数の項目を同時に選択するためには，「Ctrl」キーを押したまま項目をクリックします。

で，変数名を「m7・習得目標_c*20」とし，数式ボックスには「m7_c*習得目標_c」という計算式を入れます（図2.3）。

変数を作成したら，「変数ビュー」の最後の行をみて，新しく作成した変数が追加されているかを確認してください（図2.4）。

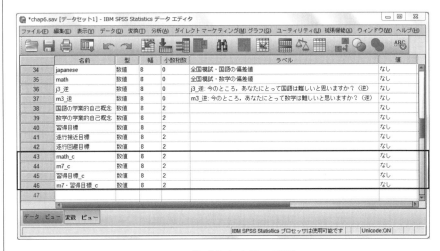

図2.4 作成した変数の確認

2-2-2 重回帰分析の実行

SPSSで重回帰分析を実行するためには，メニューから「分析」→「回帰」→「線型」を選択します*21。

「線型」を選択すると，「線型回帰」ウィンドウが開かれます（図2.5）。ここでは，「数学の学業的自己概念」を従属変数とし，「全国模試・数学の偏差値」と「数学の学校内での相対的な学業水準の知覚」，習得目標，および「数学の学校内での相対的な学業水準の知覚」と習得目標の交互作用を独立変数とします*22。

まず，「数学の学業的自己概念」を選択して，ウィンドウ中央の一番上にある▶をクリックして，「従属変数」ボックスに移動させます。次に，「math_c」と「m7_c」，「習得目標_c」を選択して*23，「ブロック（B）1/1」と書かれた枠内にある▶をクリックし，「独立変数」ボックスに移動させます（図2.5）。これらが完了したら，「ブロック（B）1/1」の枠内にある「次」

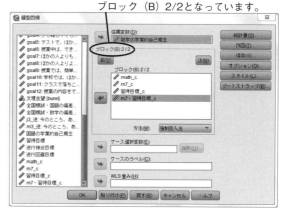

図 2.5 「線型回帰」ウィンドウその 1　　図 2.6 「線型回帰」ウィンドウその 2

ボタンをクリックします。すると,「ブロック（B）1/1」が「ブロック（B）2/2」へと変わります[*24]。

ここでは,「math_c」と「m7_c」,「習得目標_c」に加えて, 交互作用項である「m7・習得目標_c」を選択し,「ブロック（B）2/2」と書かれた枠内にある  をクリックし,「独立変数」ボックスに移動させます（図2.6）。これらが完了したら, 右のメニューから「統計量」を選択します。

「線型回帰：統計」ウィンドウが開いたら,「回帰係数」の枠内にある「信頼区間」にチェックを入れます（図2.7）。また, 右上にある「R2乗の変化量」と「記述統計量」,「共線性の診断」にチェックを入れます。これらが完了したら,「続行」をクリックしてください。図2.6の画面に戻ったら,「OK」をクリックすると, 結果が出力されます。

[*24] 後述するように, 複数のブロックについて設定することで, 複数のモデルについて分析することができます。

2-2-3　出力結果の読み取り

1) 記述統計量の確認

記述統計が整理された表[*25]（図2.8）をみてください。ここでは, 各変数の平均値と標準偏差, 度数（生徒の人数）が示されています。「math_c」と「m7_c」,「習得目標_c」の平均値をみると, それぞれ, .0039, .0032, −.0028 となっており, 0に近い数値を示しています。これは, 各回答者の得点から

[*25] この表は,「線型回帰：統計」ウィンドウ（図2.7）で,「記述統計量」にチェックを入れたために出力されました。

図 2.7 「線型回帰：統計」ウィンドウ

平均値を引き（中心化を行い），その平均を取ることで，平均値が 0 に近くなるためです。このように，中心化を行った変数の平均値が 0 に近くなっているかどうかで，中心化が適切に行われているかを確認することができます。

2) モデルの選択

図 2.9 をみてください。この表では，重相関係数（「R」の値），決定係数[26]（「R2 乗」の値），自由度調整済み決定係数[27]（「調整済み R2 乗」の値）の値が確認できます。ただし，基礎編 10 章の図 10.16 とは異なり，2 つのモデルの値が示されています。これは，「線型回帰」ウィンドウで，「ブロック（B）1/1」（図 2.5）と「ブロック（B）2/2」（図 2.6）の 2 つのブロック（モデル）について設定したためです。

2 つのモデルの違いは，表の注で確認することができます。モデル 1 の行

[26] 決定係数は，従属変数の値を独立変数がどの程度よく予測できているかを表す指標で，分散説明率とも呼ばれます（基礎編 10 章参照）。また，重相関係数は決定係数の平方根を取ったものです。

[27] 決定係数は独立変数が多ければ多いほど大きくなるという性質を持っていますが，自由度調整済み決定係数は，独立変数の冗長さを考慮して，決定係数の値を調整したものです。

	平均値	標準偏差	度数
数学の学業的自己概念	2.7829	.96819	568
math_c	.0039	10.25292	568
m7_c	.0032	1.19720	568
習得目標_c	-.0028	.87047	568
m7・習得目標_c	.3211	1.09064	568

図 2.8 記述統計量の確認

の「R」の値は.797[a]であり，添え字の[a]がついていることから，モデル1は，予測値（独立変数）が習得目標_c, math_c, m7_cのモデルであるとわかります。同様に，モデル2の行の「R」の値は.798[b]であり，添え字の[b]があることから，予測値（独立変数）が習得目標_c, math_c, m7_c, m7・習得目標_cのモデルであるとわかります。つまり，2つのモデルの違いは，「学校内での相対的な学業水準の知覚」と習得目標の交互作用項（m7・習得目標_c）が含まれているか否かになります。

ここで，2つのモデルのうち，どちらか一方のモデルを採用し，そのモデルに基づいて分析結果の解釈を行います。「変化の統計量[*28]」をみてください。モデル1の行の「R2乗変化量」（.635）というのは，「全国模試・数学の偏差値」と「学校内での相対的な学業水準の知覚」，習得目標の3つの変数を独立変数としたときのR^2値（決定係数）が，独立変数が何もないときと比較してどの程度大きくなったかを示すものです。独立変数が何もない場合，R^2値は0になるので，このときの「R2乗変化量」（.635）は，モデル1の「R2乗」（.635）と一致します。また，モデル1のR^2値が統計的に有意であるかは，「変化の統計量」にあるF値（「F変化量」の値）とp値（「有意確率F変化量」の値）をみることで検討できます。F値は327.355，p値は.000であり，有意水準を$\alpha = .05$とすると，統計的に有意であるといえます。

また，モデル2の行の「R2乗変化量」（.001）は，モデル1の「R2乗」（.635）と比較して，モデル2の「R2乗」（.636）がどの程度大きくなったかを示します。言い換えると，「学校内での相対的な学業水準の知覚」と習得目標の交互作用を独立変数に加えたときのR^2値の増加分を示します。この増加が統計的に有意であるかを確認すると，F値（「F変化量」の値）は1.352，p値（「有意確率F変化量」の値）は.245であり，有意水準

*28 これは，「線型回帰：統計」ウィンドウ（図2.7）で，「R2乗の変化量」にチェックを入れたために出力されました。

モデル	R	R2乗	調整済みR2乗	推定値の標準誤差	R2乗変化量	F変化量	自由度1	自由度2	有意確率F変化量
1	.797[a]	.635	.633	.58632	.635	327.355	3	564	.000
2	.798[b]	.636	.633	.58614	.001	1.352	1	563	.245

a. 予測値: (定数), 習得目標_c, math_c, m7_c.
b. 予測値: (定数), 習得目標_c, math_c, m7_c, m7・習得目標_c.

図2.9 重相関係数と決定係数（分散説明率）の確認

を $\alpha=.05$ とすると，統計的に有意ではありません。したがって，交互作用項を独立変数に加えても，従属変数の予測の精度は向上せず，「学校内での相対的な学業水準の知覚」と習得目標の交互作用はないとみなすことができます。

このように，最初のステップでは交互作用項を除いて分析を行い，次のステップで交互作用項を加えるといった具合に，回帰式に投入する独立変数に順番をつけて段階的に回帰分析を行う方法は，階層的重回帰分析[*29]と呼ばれます。階層的重回帰分析を利用することで，新たに加えた独立変数が決定係数を有意に増分させるかについて検討することができます[*30]。

3）多重共線性の診断

図2.10の右端にある「共線性の統計量[*31]」では，多重共線性が生じているかを検討することができます。多重共線性の判断に明確な基準はありませんが，VIF[*32]が2（あるいは，4や10）以上の場合には多重共線性の疑いがあると判断されます。「モデル1」の結果をみると，VIFはすべて2未満であることから，多重共線性の問題はなさそうです。

VIFとは，許容度[*33]の逆数[*34]になります。例えば，「モデル1」の行の「全国模試・数学の偏差値」の許容度は.546なので，逆数をとると，$1÷0.546=1.832$ となり，VIFの値と一致します。許容度とは，ある独立変数から別の独立変数を予測したときの決定係数（分散説明率）を1から引いたものです。例えば，「モデル1」における「全国模試・数学の偏差値」の許容度というのは，「全国模試・数学の偏差値」を従属変数，「数学の学校内での相対的な学業水準の知覚」と習得目標を独立変数とした回帰分析を行ったときの決定係数を1から引いたものになります。変数どうしの相関が高いとき，複数の変数のいずれか1つを従属変数，残りの変数を独立変数として回帰分析を行うと，決定係数は大きくなります。したがって，独立変数どうしの相関が高いほど許容度は小さくなり，VIFは大きくなります。また，独立変数どうしに相関がまったくない（相関係数が0である）とき，許容度は最大（1）になり，VIFは最小（1）になります。

[*29] 階層的重回帰分析は，英語では hierarchical regression analysis といいます。階層線形モデル（hierarchical linear model）と呼ばれるものとは異なるので，注意をしてください。

[*30] 決定係数は，独立変数が多ければ多いほど大きくなるという性質を持つため，変数を加えたことによる決定係数の増分が統計的に有意であるかを検討する必要があります。

[*31] これは，「線型回帰：統計」ウィンドウ（図2.7）で，「共線性の診断」にチェックを入れたために出力されました。

[*32] VIFとは，variance inflation factor の頭文字を取ったものです。

[*33] 許容度は，英語では tolerance といいます。

[*34] 逆数とは，ある数と掛け算をしたときに，積が1になる数のことです。例えば「xの逆数」というのは，「xと掛け算すると，積が1になる数」のことですので，「$\frac{1}{x}$」になります（$x \times \frac{1}{x} = 1$）。

モデル		非標準化係数		標準化係数 ベータ	t値	有意確率	B の 95.0% 信頼区間		共線性の統計量	
		B	標準誤差				下限	上限	許容度	VIF
1	(定数)	2.781	.025		113.045	.000	2.733	2.829		
	math_c	.000	.003	.004	.125	.901	-.006	.007	.546	1.832
	m7_c	.622	.029	.769	21.765	.000	.566	.678	.518	1.931
	習得目標_c	.079	.030	.071	2.669	.008	.021	.138	.905	1.105
2	(定数)	2.790	.026		108.765	.000	2.739	2.840		
	math_c	.001	.003	.007	.191	.848	-.006	.007	.544	1.838
	m7_c	.620	.029	.767	21.676	.000	.564	.676	.516	1.937
	習得目標_c	.077	.030	.070	2.602	.010	.019	.136	.902	1.109
	m7・習得目標_c	-.026	.023	-.030	-1.163	.245	-.071	.018	.992	1.008

a. 従属変数 数学の学業的自己概念

図 2.10　偏回帰係数の確認

4）偏回帰係数の推定結果

階層的重回帰分析の結果，交互作用項を加えたときの R^2 値の変化量は有意でなく，交互作用はないことが示唆されました。そのため，「モデル 1」で得られた結果について解釈することになりますが，ここでは，交互作用項のある「モデル 2」の結果をみていきます。また，交互作用項を含んだ重回帰分析を行ったときに出力される標準偏回帰係数の値は適切なものではありません[*35]。さらに，交互作用の検討を行う場合には，標準化されていない偏回帰係数で結果を解釈することが推奨されていることから[*36]，ここでは標準偏回帰係数の読み取りや解釈は行いません。

まず，図 2.10 の「モデル 2」の「全国模試・数学の偏差値」（math_c）の偏回帰係数（「B」の値）は .001，95％信頼区間は［−.006, .007］です。信頼区間が 0 を含んでいることから，検定結果は有意でないことがわかります。実際に，有意確率は .848 となっており，有意水準を $\alpha=.05$ とすると有意ではありません。

また，「数学の学校内での相対的な学業水準の知覚」（m7_c）の偏回帰係数は .620，95％信頼区間は［.564, .676］です。信頼区間が 0 を含まないことから，検定結果が有意であることがわかります。実際に，有意確率は .000 となっており，有意水準を $\alpha=.05$ とすると有意になります。したがって，「相対的な学業水準の知覚」には独自の効果があり，学校での自分の学力が高いと思っている生徒ほど高い「学業的自己概念」を持つ傾向にあります。

さらに，習得目標（習得目標_c）の偏回帰係数は .077，95％信頼区間は［.019, .136］です。信頼区間が 0 を含まないことから，有意水準を $\alpha=.05$

*35　詳細は，Cohen et al.（2002）を参照してください。

*36　三輪・林（2014）を参照してください。

とすると，検定結果が有意であることがわかります。実際に，有意確率は.010となっていることから，有意水準を $\alpha = .05$ とすると有意になります。したがって，習得目標の高い生徒ほど，高い「学業的自己概念」を持つ傾向にあります。

そして，「学校内での相対的な学業水準の知覚」と習得目標の交互作用項（m7・習得目標_c）の結果をみると，有意確率は.245であり，有意水準を $\alpha = .05$ とすると，交互作用はやはり有意でないことが確認できます。

2-2-4 論文での結果の報告例

階層的重回帰分析の結果は，表2.1のような形に整理することができます。各ステップでどのような分析を行ったのかや，ステップ間で R^2 値（決定係数）がどれだけ増大したかがわかるように表を作成します[*37]。

最後に，これらの結果と結果の解釈について，実際の論文での記述例を紹介します。

[*37] 表中にある ΔR^2 の Δ はデルタと読み，「差」を意味します。つまり，「ΔR^2」とはステップ1とステップ2における R^2 値の差を表しています。

表 2.1 階層的重回帰分析の結果

	偏回帰係数	標準誤差	95%信頼区間	
			下限	上限
ステップ1				
学業成績	.00	0.00	-.01	.01
相対的な学業水準の知覚	.62**	0.03	.57	.68
習得目標	.08**	0.03	.02	.14
$R^2 = .64$				
Adj $R^2 = .63$				
ステップ2				
学業成績	.00	0.00	-.01	.01
相対的な学業水準の知覚	.62**	0.03	.56	.68
習得目標	.08**	0.03	.02	.14
相対的な学業水準の知覚 × 習得目標	-.03	0.02	-.07	.02
$R^2 = .64$				
Adj $R^2 = .63$				
$\Delta R^2 = .00$				

** $p < .01$

学業的自己概念に対する，学校内での相対的な学業水準の知覚と習得目標の交互作用を重回帰分析によって検討した。具体的には，学業的自己概念を従属変数とし，独立変数にはステップ1に全国模試の偏差値と学校内での相対的学業水準の知覚，習得目標，ステップ2に学校内での相対的学業水準の知覚と習得目標の積を投入し，階層的重回帰分析を行った。なお，独立変数はすべて中心化を行った。

分析の結果，ステップ2における決定係数の増分は有意でなかった（$\Delta R^2 = .00$, $p = .25$）[*38]。したがって，学業的自己概念に対する，学校内での相対的学業水準の知覚と習得目標の交互作用はなく，学校内での他者との比較が学業的自己概念に与える影響は，生徒が持つ習得目標に関係なく一定であることが示唆された。

[*38] 8-3-3項などでは，有意でないことをnsという表記で示しましたが，ここでは正確なp値を報告しています。いずれも，検定結果の報告のときによく使われています。

2-3　交互作用の視覚的分析

2-2節では，「相対的な学業水準の知覚」と習得目標の交互作用の検定を重回帰分析の枠組みで検討する方法について説明しました。この節では，交互作用について視覚的に検討する方法を紹介します。

「数学の学業的自己概念」を従属変数，「全国模試・数学の偏差値」（学業成績）と「数学の学校内での相対的な学業水準の知覚」と習得目標，および「数学の学校内での相対的な学業水準の知覚」と習得目標の交互作用を独立変数とした重回帰分析を式で表現すると，(2.4) 式の通りになります。

$$
\begin{aligned}
&学業的自己概念の予測値(\hat{y}) \\
&= \hat{\beta}_0 + \hat{\beta}_1 \times 学業成績(x_1) \\
&\quad + \hat{\beta}_2 \times 相対的な学業水準の知覚(x_2) + \hat{\beta}_3 \times 習得目標(x_3) \\
&\quad + \hat{\beta}_4 \times (相対的な学業水準の知覚(x_2) \times 習得目標(x_3))
\end{aligned} \quad (2.4)
$$

2-3 交互作用の視覚的分析

ここで、2-2節の分析によって得られた切片と（標準化をしていない）偏回帰係数[*39]を（2.4）式に代入します[*40]。すると、（2.5）式が得られます。

$$
\begin{aligned}
\text{学業的自己概念の予測値}(\hat{y}) &= 2.790 + 0.001 \times \text{学業成績}(x_1) \\
&\quad + 0.620 \times \text{相対的な学業水準の知覚}(x_2) + 0.077 \times \text{習得目標}(x_3) \\
&\quad + (-0.026) \times (\text{相対的な学業水準の知覚}(x_2) \times \text{習得目標}(x_3)) \quad (2.5)
\end{aligned}
$$

（2.5）式に「相対的な学業水準の知覚」や習得目標の得点を代入することによって、「学業的自己概念」の予測値を得ることができます。そのため、「相対的な学業水準の知覚」得点と習得目標得点それぞれが高い場合、低い場合の値を代入すれば、「相対的な学業水準の知覚」も習得目標も高い人、「相対的な学業水準の知覚」が高く習得目標が低い人、「相対的な学業水準の知覚」が低く習得目標が高い人、「相対的な学業水準の知覚」も習得目標も低い人の「学業的自己概念」の予測値を得ることができます。これら4つの予測値をプロットすることによって、図2.1のような図を描くことができます。

では、得点がいくつくらいであれば、「相対的な学業水準の知覚」や習得目標が高い（低い）といえるのでしょうか。これについては、慣例的に、「平均値±1標準偏差」の値が利用されています[*41]。例えば「相対的な学業水準の知覚」の場合、「相対的な学業水準の知覚得点の平均値＋相対的な学業水準の知覚得点の標準偏差×1」以上であれば、「相対的な学業水準の知覚」が高い、「相対的な学業水準の知覚得点の平均値－相対的な学業水準の知覚得点の標準偏差×1」以下であれば、「相対的な学業水準の知覚」が低いとみなすということです[*42]。

実際に、「平均値±1標準偏差」の値を使って、交互作用の図を描いてみます。ただし、ここでは中心化を行った後の平均値と標準偏差を利用することに注意してください。つまり、図2.8から、「数学の学校内での相対的な学業水準の知覚」得点の平均値は「0.0032」、標準偏差は「1.19720」であり、習得目標の平均値は「－0.0028」、標準偏差は「0.87047」になります。また学業成績については、中心化したものの平均値を代入します[*43]。なお、中心化を行った後の平均値はほぼ0であるため、計算を簡単にするために、

[*39] 数値については、図2.10を参照してください。

[*40] $\hat{\beta}_0$ には切片（定数）の「非標準化推定値B」の値、$\hat{\beta}_1$ には math_c の「非標準化推定値B」の値といったように、それぞれの推定値を代入します。

[*41] 詳細は、Aiken & West（1991）を参照してください。

[*42] 平均値よりも標準偏差1つ分大きいか小さいかで、高群と低群を定義しているということができます。この「標準偏差1つ分」というのはあくまでも慣例的なものであり、必ずしも1つ分でなければならないというわけではありません。

[*43] 統制変数など、交互作用の検討に直接関係のない変数については、平均値を代入します。ここでは、「学業的自己概念」に対する「相対的な学業水準の知覚」と習得目標の交互作用を検討しており、この交互作用の検討に学業成績は直接関係していません。

「数学の学校内での相対的な学業水準の知覚」と習得目標,学業成績の平均値はそれぞれ 0 であるとします。

1)「相対的な学業水準の知覚」も習得目標も高い

「相対的な学業水準の知覚」得点の標準偏差は「1.197」,習得目標の標準偏差は「0.870」であるため,「相対的な学業水準の知覚」も高く($0+1.19720$),習得目標も高い($0+0.87047$)人の学業的自己概念の予測値は,(2.6) 式によって求めることができます。

$$
\begin{aligned}
\text{学業的自己概念の予測値}(\hat{y}) &= 2.790 + 0.001 \times \text{学業成績}(x_1) \\
&\quad + 0.620 \times \text{相対的な学業水準の知覚}(x_2) + 0.077 \times \text{習得目標}(x_3) \\
&\quad + (-0.026) \times (\text{相対的な学業水準の知覚}(x_2) \times \text{習得目標}(x_3)) \\
&= 2.790 + 0.001 \times 0 \\
&\quad + 0.620 \times (0 + 1.197) + 0.077 \times (0 + 0.870) \\
&\quad + (-0.026) \times (0 + 1.197) \times (0 + 0.870) \\
&= 2.790 + 0 + 0.742 + 0.067 - 0.027 \\
&= 3.572
\end{aligned}
\tag{2.6}
$$

2)「相対的な学業水準の知覚」が高く習得目標が低い

同様に,「相対的な学業水準の知覚」が高く($0+1.19720$),習得目標が低い($0-0.87047$)人の学業的自己概念の予測値は,(2.7) 式で求まります。

$$
\begin{aligned}
\text{学業的自己概念の予測値}(\hat{y}) &= 2.790 + 0.001 \times 0 \\
&\quad + 0.620 \times (0 + 1.197) + 0.077 \times (0 - 0.870) \\
&\quad + (-0.026) \times (0 + 1.197) \times (0 - 0.870) \\
&= 2.790 + 0 + 0.742 - 0.067 + 0.027 \\
&= 3.492
\end{aligned}
\tag{2.7}
$$

3)「相対的な学業水準の知覚」が低く習得目標が高い

「相対的な学業水準の知覚」が低く($0-1.19720$),習得目標が高い($0+

0.87047）人の学業的自己概念の予測値は，(2.8) 式で得られます。

$$
\begin{aligned}
\text{学業的自己概念の予測値}(\hat{y}) &= 2.790 + 0.001 \times 0 \\
&\quad + 0.620 \times (0 - 1.197) + 0.077 \times (0 + 0.870) \\
&\quad + (-0.026) \times (0 - 1.197) \times (0 + 0.870) \\
&= 2.790 + 0 - 0.742 + 0.067 + 0.027 \\
&= 2.142
\end{aligned}
\tag{2.8}
$$

4)「相対的な学業水準の知覚」も習得目標も低い

最後に，「相対的な学業水準の知覚」も低く（0 − 1.19720），習得目標も低い（0 − 0.87047）人の学業的自己概念の予測値は，(2.9) 式になります。

$$
\begin{aligned}
\text{学業的自己概念の予測値}(\hat{y}) &= 2.790 + 0.001 \times 0 \\
&\quad + 0.620 \times (0 - 1.197) + 0.077 \times (0 - 0.870) \\
&\quad + (-0.026) \times (0 - 1.197) \times (0 - 0.870) \\
&= 2.790 + 0 - 0.742 - 0.067 - 0.027 \\
&= 1.954
\end{aligned}
\tag{2.9}
$$

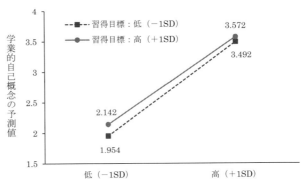

図 2.11 「学業的自己概念」に対する「相対的な学業水準の知覚」と習得目標の交互作用

得られた4つの得点を図にプロットしてみます。すると，図2.11のようになります[*44]。2つの直線はほぼ平行であり，視覚的にも交互作用はないことが示唆されます。つまり，習得目標が高い場合も低い場合も，「学校内での相対的な学業水準の知覚」が高い人ほど「学業的自己概念」は高い傾向にあり，また，この傾向の強さは習得目標の高低に関係なく一定であるといえます。

2-4　交互作用が有意であったときの下位検定

分散分析では一般に，交互作用が有意であったときに単純主効果の検定が行われます[*45]。回帰分析の枠組みで交互作用の検討をする場合も，有意な交互作用が得られたときには，さらなる検定が行われることが多いです。回帰分析の枠組みでは，単純主効果の検定に該当するものは，単純傾斜（simple slope）の検定と呼ばれます。単純傾斜の検定では，図2.11に示した傾き（習得目標が高い場合と低い場合それぞれにおける，「相対的な学業水準の知覚」の効果）がそれぞれ有意であるかを検討します。また単純傾斜とは，(2.3)式を例にすると，「相対的な学業水準の知覚」の偏回帰係数である「$b_1 + b_3 \times$ 達成目標」のことです。そのため(2.5)式を整理すると，

学業的自己概念の予測値($\hat{y}$)
$= 2.790 + 0.001 \times$ 学業成績(x_1) $+ 0.077 \times$ 習得目標(x_3)
$+ (0.620 + (-0.026) \times$ 習得目標(x_3))$\times$ 相対的な学業水準の知覚(x_2)

となり，「$0.620 + (-0.026) \times$ 習得目標」が単純傾斜になります[*46]。

SPSSなどのソフトウェアで単純傾斜の検定を行う場合，（中心化した）習得目標得点から習得目標の標準偏差を足した変数（習得目標が低い場合）と，標準偏差を引いた変数（習得目標が高い場合）を作成し[*47]，中心化した習得目標の代わりにこれらの変数を用いて，さらに2回の重回帰分析を行うことで可能になります[*48]。つまり，標準偏差を足した変数を用いて分析を行ったときに得られる「相対的な学業水準の知覚」の偏回帰係数の検定結果を確認することで，習得目標が低い人において，「学業的自己概念」

[*44] この図は，Microsoft社のExcelなどを使って作成することができます。

[*45] 基礎編9章を参照してください。

[*46] 習得目標が高い場合の「相対的な学業水準の知覚」の偏回帰係数は「$0.620 + (-0.026) \times (0 + 0.87047) = 0.597$」，習得目標が低い場合の「相対的な学業水準の知覚」の偏回帰係数は「$0.620 + (-0.026) \times (0 - 0.87047) = 0.643$」となります。この回帰係数が有意であるかの検定が単純傾斜の検定になります。

[*47] 標準偏差を足した（引いた）得点で分析をすると，習得目標が低い（高い）場合の「相対的な学業水準の知覚」の偏回帰係数が検討できる，という点に注意してください。この原理は，高校数学で学習する，関数のグラフの平行移動と同じです。例えば，$y = x^2$ という関数のグラフをx軸方向に「$+2$」だけ平行移動させたい場合，「x」を「$x-2$」に置き換えます。つまり，$y = (x-2)^2$ という関数になります。正の方向に移動させるのに，$y = (x+2)^2$ とはならないことに注意してください。実際に，$y = x^2$ という関数は，$(0, 0)$ を頂点としますが，$y = (x$

2-4 交互作用が有意であったときの下位検定

−2)² という関数では，(2, 0) が頂点となり，x 軸方向に「+2」だけ平行移動していることがわかります。

*48 単純傾斜の詳細については，Cohen et al. (2002) や 前田 (2008)，高野 (2017) などを参照してください。

に対する「相対的な学業水準の知覚」の効果がどのようなものであるかを知ることができます。同様に，標準偏差を引いた変数を用いて分析を行って得られる「相対的な学業水準の知覚」の偏回帰係数の検定結果を確認することで，習得目標が高い人において，「学業的自己概念」に対する「相対的な学業水準の知覚」の効果がどのようなものであるかを知ることができます。なお，これらの分析を行ったとき，切片と「相対的な学業水準の知覚」の偏回帰係数以外の推定値とその検定結果は，中心化した習得目標を使って分析したときの結果と一致します。

3章 プリ・ポストデザインデータの分析——対応のあるt検定，共分散分析

　本章では，同一の研究対象者について，ある介入の前後に測定したデータの分析方法について紹介します。このようなデータをプリ・ポストデザインデータ，あるいは，事前事後デザインデータ，と呼びます。本章ではまず，研究例である鈴木・市川（2016）について紹介し，そこで使用された変数について解説します。続いて，1群プリ・ポストデザインデータの分析法として対応のあるt検定を紹介します。さらに，2群プリ・ポストデザインデータの分析法として，変化量についての独立な2群のt検定と共分散分析を紹介します。

本章で学ぶこと	・プリ・ポストデザインデータの分析 ・対応のあるt検定 ・変化量についての独立な2群のt検定 ・共分散分析

3-1 研究例（鈴木・市川，2016）

3-1-1 工夫速算能力

　算数・数学の学力・学習力診断テストであるCOMPASS[*1]（Componential Assessment）には，基本的な計算能力を測定するための「基本計算課題[*2]」の他に，単純速算能力を測定するための「単純速算課題」と，工夫速算能力を測定するための「工夫速算課題」があります[*3]。単純速算課題では，「56÷7」や「8＋4－7＋9」など，四則の単純な計算問題が一定時間内にどれだけできるかで，単純な速算能力の測定が行われます。一方の工夫速算課題は，一定時間内にどれだけ解けるかで計算速度を測定するという点では，単純速算課題と同一です。しかし，工夫速算課題は，「36×7÷4」や「32＋46＋9－32－46」など，計算手続きに工夫を加えることで，通常の手順よりも速く・正確に解を導くことができるという点で，単純速算課題とは異なります[*4]。

[*1] COMPASSは，数学的問題解決の認知モデルに沿って，問題理解と問題解決に必要な学力の構成要素（コンポーネント）を領域横断的に抽出し，診断しようとするテストです。COMPASSは小学5年生用から中学2年生用までが開発されています。

[*2] 基本計算課題では，学年に応じて，基本的な四則計算，小数，分数，正負の数，文字式などの計算問題が出題されます（「3＋4×2」，「3－9」など）。また，単純速算課題と工夫速算課題とは異なり，タイムプレッシャーはあまりかけず，正確に遂行できるかどうかを測定することを目的としています。

[*3] 市川ほか（2009）を参照してください。

[*4] 工夫速算問題にどのような問題があるかについては，鈴木・田中・村山・市川（2010）を参照してください。

3-1 研究例（鈴木・市川，2016）

正確に計算できることはもちろん大切ですが，計算に多くの時間がかかってしまっては，テストで時間が足りなくなるなどの問題が生じてしまいます。そのため，素早く計算する能力も重要になります。実際に，工夫速算課題の成績と数学の成績の間には中程度の正の相関があることが示されています。しかし一方で，工夫速算課題の成績は教師の期待を大きく下回ることが報告されています[*5]。また，「$36×7÷4$」や「$200+7-200-3+200-4$」のような，少しの工夫をすれば即座に解決できる問題であっても，1問あたり10秒以内に解答できた中学2年生は30％にも満たないことが示されています[*6]。

[*5] 植阪ほか（2014）を参照してください。

[*6] 鈴木ほか（2010）を参照してください。

3-1-2 工夫速算能力を高めるための準実験[*7]

工夫して迅速に計算できる力を身につけることは重要である一方，そのようなスキルが不十分な児童・生徒は少なくありません。そのため，工夫速算能力を高めることは重要な課題といえます。鈴木・市川（2016）では，中学1年生を対象に，工夫速算方略の指導を行い，その効果を準実験によって検証しました[*8]。

工夫速算方略について指導を受けたのは，2010年7月に，東京都文京区の公立中学校で実施された学習講座のうち，工夫速算講座を受講した中学1年生35名（男子23名，女子12名）です。学習講座は，工夫速算講座，基本文章題講座，図表活用講座の全3講座で構成されており，生徒の希望をもとに，各講座の人数が均等になるように，生徒が各講座に割り当てられました[*9]。

また，この中学校の1年生は，全員が5月にCOMPASSを受検していました。さらに，講座実施後，9月と12月に効果検証のための遅延テストが実施されました。ただし，9月の遅延テスト（遅延テスト1）は，工夫速算講座を受講した生徒だけに実施され，12月の遅延テスト（遅延テスト2）は1年生全員を対象に行われました。研究の流れを図3.1に示します。実線部分は全生徒を対象にしたもので，破線部分は工夫速算講座受講者のみを対象に行われたものです。なお，鈴木・市川（2016）では，7月の工夫速算講座の授業時間の前後にも，受講者のみを対象に，25問の工夫速算問題からなるテストを実施しています。鈴木・市川（2016）では，これらのテスト

[*7] 準実験については，南風原（2001b）やShadish, Cook, & Campbell（2002）が詳しいです。

[*8] どのような方略の指導を行ったかや，方略指導が心理学のどのような理論に基づいたものであるかについては，鈴木・市川（2016）を参照してください。

[*9] 3-2-3項では，研究参加者を処遇群と対照群に分けています。対照群とは，基本文章題講座と図表活用講座の2講座の受講者を指しています。

をそれぞれ，事前テスト，事後テストと呼んでいますが[*10]，本章では，5月に受検したCOMPASSの「工夫速算課題」の成績を「事前コンパス得点」，12月に受検した遅延テスト2の成績を「事後コンパス得点」と呼び，これらの得点を用いて，プリ・ポストテストデザインで得られたデータの分析方法について解説していきます。

図3.1　研究の流れ

3-2　研究で使用した変数

3-2-1　事前コンパス得点

5月に受検した中学1年生版COMPASSのうちの，「工夫速算課題」の正答数です。COMPASSでは，課題ごとに制限時間が設けられています。中学1年生版の「工夫速算課題」は14問で構成され，はじめの問題から順番に，2分間でできるだけ多くの問題を解くように教示されます。ただし，わからない問題がある場合には飛ばしても構わないようになっています。

3-2-2　事後コンパス得点

遅延テスト2の正答数です。遅延テスト2は，中学2年生版COMPASSの「工夫速算課題」と構造が同一で数値のみが異なる16問を用いて実施されました。16問のうち14問は，中学1年生版COMPASSの「工夫速算課題」と構造が同一で数値のみが異なっています。残りの2問は，中学1年生版では出題されていないタイプの問題でした。そのため，本書では，これら2問を除いたデータを用いて分析を行います。

3-2-3　SPSSデータ（鈴木・市川（2016）データ）

SPSSによる分析では，「鈴木・市川（2016）データ[*11]」を用います。図

[*10] 事前テストと事後テスト，遅延テスト1では，各問題にかける時間を統制するために，A5用紙1枚に問題を1問だけ記載した冊子形式を採用し，1問につき10秒の制限時間を設けて1問ずつ実施されました。問題の書かれた用紙の間には待機用の用紙が挟まれており，「スタート」の合図で一斉に用紙を1枚めくって問題を解き，「ストップ」の合図で用紙を1枚めくり，次の合図まで待機してもらいました。

[*11] これは実データではなく，本書のために作成した人工データです。各実験群の人数は10名で，計20名のデータセットになっています。鈴木・市川（2016）では，工夫速算講座を受講したのは35名でしたが，本章で用いるデータは10名となっていることに注意してください。

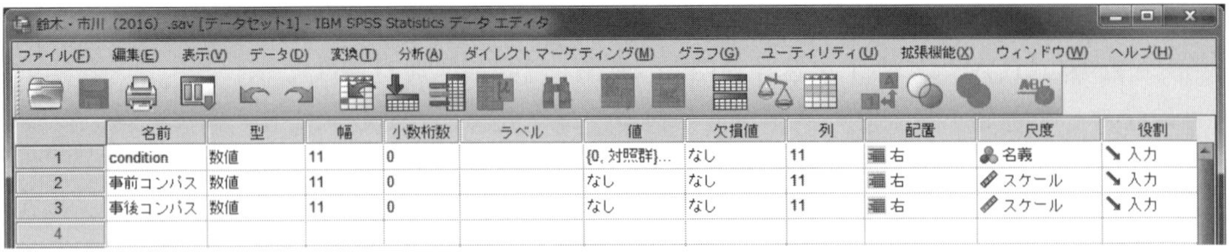

3-2 研究で使用した変数

図3.2 鈴木・市川（2016）データ（変数ビュー）

図3.2のように，このデータには，「condition」「事前コンパス」「事後コンパス」の3つの変数が含まれています。「condition」は，実験参加者がどの群に割り当てられたかを示す変数で，「対照群＝0」，「処遇群＝1」と「値ラベル」により，数値に対照群/処遇群というラベルが付与されています。「condition」自体は，0か1の値を取る質的変数です。「事前コンパス」は，3-2-1項で紹介した「事前コンパス得点」，「事後コンパス」は，3-2-2項で紹介した「事後コンパス得点」をそれぞれ表しています。「事前コンパス」「事後コンパス」とも，14問の計算問題の得点なので，0点から14点までの値（整数値）を取る量的変数です。これらのテストは問題の構造や難易度の等しいテストとみなすことができます。

具体的なデータの様子を図3.3に示しました。

図3.3 鈴木・市川（2016）データ（データビュー）

3-3　SPSSによる対応のある t 検定

3-3-1　1群プリ・ポストデザイン

　今，処遇群・対照群といった条件の違いは無視して，20名の実験参加者について，事前コンパス得点と事後コンパス得点の平均に有意な差があるかどうかに注目することにします。3-1-2項でも触れましたが，「工夫速算方略の指導」という処遇の前後に，事前コンパスと事後コンパスを実施し，同じ生徒に対して2回の測定が行われています。20人の実験参加者を1つの群に見立てると，1つの群に対して事前コンパス得点・事後コンパス得点という2回の測定が行われているので，1群プリ・ポストデザイン，あるいは，1群事前事後デザインと呼ばれます。同一の対象者について測定された2回の測定値について，それらの平均値の有意差を検討する方法として，対応のある t 検定があります。

3-3-2　対応のある t 検定

　対応のある t 検定は，「対応のあるデータ[*12]」に適用できる検定です。対応のあるデータとは，1群プリ・ポストデザインのデータのような，同じ人に事前・事後の複数回の測定を行った場合，言い換えると，基礎編8章で述べた「被験者内計画[*13]」で測定されたデータに適用できます。あるいは，双子や夫婦のようなお互いに関連のあるペアについて測定されたデータも「対応のある」データと考えることができます[*14]。鈴木・市川（2016）の事前コンパス得点・事後コンパス得点を例に，対応のある t 検定について説明してみます。

　対応のある t 検定では，(3.1)式のように，2回のテスト得点の差である変化量を求めます。

$$変化量 = 事後コンパス得点 - 事前コンパス得点 \quad (3.1)$$

　この変化量の母平均が0であるという帰無仮説を設定し，検定を行うのです。$H_0 : \mu_{変化量} = 0$ が対応のある t 検定での帰無仮説となります[*15]。この帰無仮説のもとで，(3.2)式の t を検定統計量として選択します。

[*12] t 検定は，2群の平均値の比較に用いられるので，正確には「対応のある2群のデータ」に適用できるということになります。

[*13] 対応のある t 検定を適用できるデータは，厳密には被験者内計画に限りません。被験者間計画であっても，マッチングされたデータであれば，対応のあるデータとなり，対応のある t 検定を適用することができます。マッチングとは，あらかじめ類似したペアを作り，ペアの片方を1つめの群に，ペアのもう片方を2つめの群に，割り当てる。そのような方法で2つの群を作ることをいいます。あるいは，双子をたくさん集めて2つの群を作る場合，双子のそれぞれは別の人ですから，被験者間計画となりますが，対応のある2群と見なすことができます。双子のデータの例は，特別な操作をすることなく，もともとマッチングがなされている2群と考えることができます。

[*14] データの対応のある・なしについては，山田・村井（2004）などを参照してください。

[*15] H_0 は帰無仮説を表します。$\mu_{変化量}$ が変化量の母平均を意味しています。μ は母平均を表すギリシャ文字です。

3-3 SPSSによる対応のあるt検定

*16 正確には，tの分子は，変化量の標本平均 − 変化量の母平均 ですが，帰無仮説のもとでは，変化量の母平均=0 となるので，(3.2)式のように，分子は，変化量の標本平均 となります。

$$t = \frac{\text{変化量の標本平均}^{*16}}{\text{変化量の標準誤差の推定値}} \tag{3.2}$$

(3.2)式の分母の「変化量の標準誤差の推定値」は変化量の不偏分散を用いて(3.3)式のように求められます。

$$\text{変化量の標準誤差の推定値} = \sqrt{\frac{\text{変化量の不偏分散}}{\text{サンプルサイズ}}} \tag{3.3}$$

こうして求められた検定統計量tは，帰無仮説のもとで自由度=サンプルサイズ−1のt分布に従います。このことを利用して検定を行うことができます。

3-3-3 対応のあるt検定の実行

SPSSで対応のあるt検定を実行するためには，メニューから「分析」→「平均の比較」→「対応のあるサンプルのt検定」を選択します[*17]（図3.4）。

*17 対応のあるt検定の実行は，「**分析**」→「**平均の比較**」→「**対応のあるサンプルのt検定**」を選択し，変数の選択をすることで行えます。

「対応のあるサンプルのt検定」を選択すると，「対応のあるサンプルのt検定」ウィンドウ（図3.5）が開きます。ここでは，「対応のある変数を設定します。

まず，左の枠内から「事前コンパス」を選択して，▶をクリックします。すると，図3.6のように，右側の枠の「対応のある変数」の「変数1」の下に「事前コンパス」が表示されます。

続いて，左の枠内から「事後コンパス」を選択して，真ん中の▶をクリッ

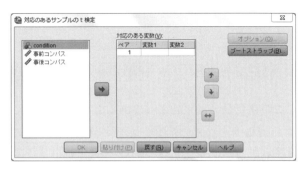

図3.4 「対応のあるサンプルのt検定」を選択　　図3.5 「対応のあるサンプルのt検定」ウィンドウその1

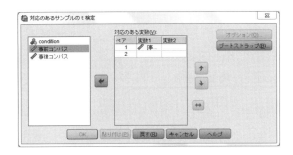

図 3.6 「対応のあるサンプルの t 検定」ウィンドウ その 2

図 3.7 「対応のあるサンプルの t 検定」ウィンドウ その 3

		平均値	度数	標準偏差	平均値の標準誤差
ペア1	事前コンパス	10.10	20	1.804	.403
	事後コンパス	12.15	20	1.226	.274

図 3.8　標本統計量

		度数	相関係数	有意確率
ペア1	事前コンパス & 事後コンパス	20	.636	.003

図 3.9　対応サンプルの相関係数

クすると, 図 3.7 のように, 右側の枠の「対応のある変数」の「変数 2」の下に「事後コンパス」が表示され, ペア 1 に, 事前コンパスと事後コンパスが横並びで表示されるようになります。

これで「対応のある変数」の設定ができたので,「OK」をクリックします。すると, 分析が始まります。

図 3.8 に, 事前コンパス・事後コンパスの平均値, 標準偏差といった標本統計量が示されています。事前コンパスの平均値が 10.10, 事後コンパスの平均値が 12.15 です。この標本平均の差は, 統計的に有意な差といえるのでしょうか。図 3.9 では, 対応のある変数である, 事前コンパスと事後コンパス間の相関係数の値が示されています[18]。相関係数は .636 という値であり, 対応のある変数間にはかなり大きな相関があることがわかります。

図 3.10 には, 対応のある t 検定の結果が表示されています。t 値は -6.574, 自由度は 19, 有意確率（両側）は .000 となっています。有意水準を $\alpha = .05$

[18] 対応のある t 検定の対象となる「対応のあるデータ」はデータ間に（正の）相関があることが想定されています。図 3.9 の出力結果で実際にどの程度の相関があるのかを, 標本相関係数の値から知ることができます。

3-4 SPSSによる変化量についての独立な2群のt検定

		対応サンプルの差							
		平均値	標準偏差	平均値の標準誤差	差の95%信頼区間		t値	自由度	有意確率(両側)
					下限	上限			
ペア1	事前コンパス - 事後コンパス	-2.050	1.395	.312	-2.703	-1.397	-6.574	19	.000

図 3.10 対応のあるt検定の結果

[*19] 値を丸めて計算しているため、表中の値とは完全に一致していません。

[*20] 平均値は英語ではmeanといい、頭文字をとってMと表記されることがあります。

[*21] ここでは、「学習講座の教育効果を示唆するものと考えられる」と結論づけていますが、5月と12月というのはずいぶん長い期間ですし、この間に学習講座以外の様々な学習経験を20名の研究参加者は経験していると考えられます。そうした学習講座以外の要因がコンパス得点を高めたかもしれません。このように、当該の要因以外が結果に影響を及ぼした可能性を除外するのが、1群プリ・ポストデザインでは困難です。言い換えると、1群プリ・ポストデザインは独立変数（この場合学習講座）と従属変数（事前と事後のコンパス得点の変化）の間の因果関係を主張できる程度が高くないといえます。なお、この独立変数と従属変数の間の因果関係を主張できる程度のことを内的妥当性と呼びます。そこで、次節で紹介する2

とすると、検定結果は有意となります。t値は、平均値を平均値の標準誤差で割ることで求められます。$-2.050 \div .312 = -6.571$[*19]となります。変化量の母平均の95%信頼区間は、$[-2.703, -1.397]$となります。信頼区間が0を含まないということが、帰無仮説$H_0: \mu_{変化量} = 0$が棄却されるという検定結果と対応しています。

対応のあるt検定の結果とその解釈について、実際の論文での記述例は以下のようになります。

> 中学1年生20名を対象に、5月に実施された事前コンパスの得点と、12月に実施された事後コンパスの得点に有意な変化があるかを対応のあるt検定によって検討した。事前コンパスの平均値[*20]（$M = 10.10, SD = 1.80$）と事後コンパスの平均値（$M = 12.15, SD = 1.23$）の間には、有意な差がみられた（$t(19) = -6.574, p < .05$）。
>
> 5月と12月の間には、研究参加者である中学1年生20名は、学習講座（工夫速算講座、基本文章題講座、図表活用講座の3講座のいずれか）を受講しており、事前コンパスから事後コンパスへの有意な平均値の変化は、学習講座の教育効果を示唆するものと考えられる[*21]。

3-4 SSPSSによる変化量についての独立な2群のt検定

3-4-1 2群プリ・ポストデザイン

3-3節では、対照群と処遇群をまとめて単一の群とみなして分析を行いま

した[22]。本節と次節では，対照群と処遇群の各10名について，それぞれ事前と事後でデータを取る，2群プリ・ポストデザイン[23]について検討します。

2群プリ・ポストデザインのデータの妥当な分析方法として，吉田（2006）では，

1. プリテストからポストテストへの変化量[24]を求めて，2群（処遇群と対照群）で平均値差を比較する（独立な2群の t 検定）。
2. プリテスト得点を共変量として，ポストテストの得点を従属変数として，群の効果についての共分散分析を行う。

という2つの方法を紹介しています。以下ではこの2つの方法について紹介します[25]。なお，2群プリ・ポストデザインのデータの分析方法と聞いて，プリ・ポストテストのテスト実施時期を1つの要因，対照群・処遇群という群をもう1つの要因として，二要因の分散分析[26]を行えば良いのではないか，と思った読者もいらっしゃるかもしれません。しかし，吉田（2006）は，「2要因分散分析における交互作用効果と，よりシンプルな方法である上述1の方法の分析結果は完全に一致する。また，このような2要因分散分析における群の主効果および測定時期の主効果は，それらが統計的に有意か否かにかかわらず，実験群において行われた働きかけの効果を検討する上で有用な情報をもたらさず，本来，検討する意味がないものである。したがって，誤りとはいえないまでも，不要なものを含んでいるという意味で，不適切だといえる」と述べています。

3-4-2 変化量についての独立な2群の t 検定

3-3-2項で述べた（3.1）式を用いて，変化量を計算します。

$$変化量 = 事後コンパス得点 - 事前コンパス得点 \qquad (3.1)$$

変化量の平均値が，対照群・処遇群によって有意に異なるかを独立な2群の t 検定により検討します。独立な2群の t 検定については，基礎編7章で紹介しているので，詳細については，基礎編7章をご覧ください。

群プリ・ポストデザインのような，内的妥当性の高いデザインが用いられることがあります。

[22] 実際の研究では，複数の群を単一の群とみなして分析したりはしません。

[23] 2群事前事後デザインとも呼ばれます。

[24] （3.1）式に示したように，「変化量＝ポストテストの得点－プリテストの得点」により，求められます。

[25] 山田・杉澤・村井（2008）にも同様の記述があります。こちらも参照してください。

[26] 群の要因が被験者間，テスト実施時期の要因が被験者内となり，2要因混合計画となります。

3-4-3 変化量についての独立な2群の t 検定の実行[*27]

変化量について,独立な2群の t 検定を行うので,まずは「変化量」という新しい変数を作成する方法について紹介します。

SPSSのメニューから「変換」→「変数の計算」を選びます[*28](図3.11)。

[*27] SPSSで独立な2群の t 検定を実行する手続きについても,基礎編7章で紹介しています。詳しいことはそちらを参照して頂くことにして,ここでは簡単に分析手順と結果の見方について説明します。

[*28] 変数の作成は,「変換」→「変数の計算」を選び,「目標変数」ボックスに変数名,「数式」ボックスに計算式を入力することで行います。

図3.11 「変数の計算」を選択

すると,「変数の計算」ウィンドウ(図3.12)が開きます。

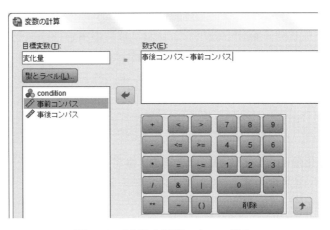

図3.12 「変数の計算」ウィンドウ

「目的変数」に「変化量」と記入し,「数式」の枠内に,「事後コンパス－事前コンパス」と記入してください。その後,「OK」をクリックします。新しく作成した変数(変化量)がSPSSデータに加わっていることを「変数

ビュー」で確認してください。図 3.13 のように,「変化量」が新たに追加されていれば OK です[29]。

図 3.13 「変数ビュー」で変数が追加されていることを確認

　これで,「変化量」という新しい変数を作成することができたので, 続いて, 独立な 2 群の t 検定を実行します。SPSS で独立な 2 群の t 検定を実行するためには, メニューから「分析」→「平均の比較」→「独立したサンプルの t 検定」を選択します[30] (図 3.14)。

　「独立したサンプルの t 検定」を選択すると,「独立したサンプルの t 検定」ウィンドウが開かれるので, 左の変数リストの中から「変化量」を選択して, ウィンドウ中央の上にある をクリックし,「condition」を選択しウィンドウ中央の下にある をクリックすると,「グループ化変数」ボックスに移動します。「グループ化変数」のボックスの中をみると,「condition (??)」と表示されています (図 3.15)。ここで「グループの定義」ボタンをクリックします。「グループの定義」ウィンドウ (図 3.16) が開くので,「グループ 1(1)」に 0 を,「グループ 2(2)」に 1 をそれぞれ入力します[31]。「続

[29] ここでは, 変数ビューにおいて, 小数桁数や尺度を変更せずに分析していますが, 実際の研究では, 小数桁数などは他の変数にあわせて修正する方が望ましいです。

[30] 独立な 2 群の t 検定の実行は,「分析」→「平均の比較」→「独立したサンプルの t 検定」を選択し, 変数の選択をすることで行えます。

[31] condition という変数には, 0 が対照群, 1 が実験群として数値と値が対応づけられているためです。

図 3.14 「独立したサンプルの t 検定」を選択

図 3.15 「独立したサンプルの t 検定」ウィンドウその 1

3-4　SPSSによる変化量についての独立な2群の t 検定

図 3.16　「グループの定義」ウィンドウ

図 3.17　「独立したサンプルの t 検定」ウィンドウその 2

	condition	度数	平均値	標準偏差	平均値の標準誤差
変化量	対照群	10	1.0000	.81650	.25820
	処遇群	10	3.1000	.99443	.31447

図 3.18　標本統計量の確認

		等分散性のための Levene の検定		2つの母平均の差の検定					差の 95% 信頼区間	
		F 値	有意確率	t 値	自由度	有意確率 (両側)	平均値の差	差の標準誤差	下限	上限
変化量	等分散を仮定する	.212	.651	-5.161	18	.000	-2.10000	.40689	-2.95483	-1.24517
	等分散を仮定しない			-5.161	17.343	.000	-2.10000	.40689	-2.95716	-1.24284

図 3.19　独立な 2 群の t 検定の結果の確認

行」をクリックして元に戻ります（図 3.17）。「OK」をクリックすると，結果が出力されます。

　図 3.18 には群ごとの平均値，標準偏差といった標本統計量の値が整理されています。図 3.19 には，独立な 2 群の t 検定の結果が示されています。

　「等分散性のための Levene の検定」のところをみると，F 値が .212, 有意確率が .651 となっています。つまり，分散の等質性は満たされていることになります。そこで，独立な 2 群の t 検定を実行できることになります。図 3.19 の「等分散を仮定する」の行が「独立な 2 群の t 検定」の結果が示されている行で，下の行「等分散を仮定しない」の行が「ウェルチの検定」

の結果が示されている行です。ここでは,「等分散を仮定する」の行の結果を読み取っていくことになります。t 値は -5.161,自由度は 18,有意確率(両側)は .000 です。有意水準を $\alpha = .05$ とすると帰無仮説は棄却され,5%水準で有意な差が得られた,ということになります。結果とその解釈について,実際の論文での記述例については,次節 3-5 節の共分散分析のところでまとめて示します。

3-5 SPSS による共分散分析

3-5-1 共分散分析

共分散分析[32]とは,従属変数と相関を持つ変数を共変量として利用することで,独立な 2 群の t 検定を実行する場合に比べて,有意な結果を得やすくなる,つまり,検定力[33]を高めることができる方法です。比較する 2 群(本章の例では,処遇群と対照群)について,共変量(本章の例では事前コンパスの得点)を独立変数とした回帰直線[34]を 2 本描き,2 つの回帰直線の傾きが平行である[35]という仮定のもとで,2 本の回帰直線の切片の値が有意に異なれば,それは 2 群の従属変数の値が異なるからだと判断できることになります。図 3.20 に共分散分析の概念図を示しました。横軸に事前

[32] 共分散分析は英語では,analysis of covariance といいます。頭文字を取って,ANCOVA と略されます。

[33] 検定力とは,帰無仮説が偽の時,これを正しく棄却できる確率のことです。実践編 5-1-2 項も参照してください。

[34] 従属変数は,事後コンパスの得点です。

[35] これを「回帰係数の等質性」といいます。

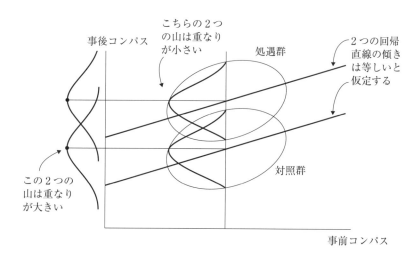

図 3.20 共分散分析の概念図

3-5 SPSS による共分散分析

コンパス（共変量）をとり，縦軸に事後コンパスをとって，群ごと（処遇群，対照群）に回帰直線を引いています。事後コンパスだけで2群を比較した場合，2つの群の得点分布[*36]の重なりが大きくて，平均値差を検出しにくくなっています。ここに共変量として事前コンパスの値を導入します。すると，事前コンパスの値が等しい集団について比較することができるようになります。横軸の真ん中辺りに垂線が引かれています。事前コンパスの値が等しい人を集めてきて，処遇群と対照群を比較したらどうなるか，と考えます。こうした[*37]ときの2つの群についての事後コンパスの得点分布は，共変量を考えない時の得点分布よりも，各群の得点のバラツキが小さく，2群の平均値の差がよりはっきりと読み取れることになります[*38]。これが共分散分析の基本的なアイデアです。

共分散分析では，
ステップ1. 回帰係数の等質性の検定
ステップ2. 共分散分析

という2つのステップを踏むことになります。「回帰係数の等質性」の検定の結果，有意でなければ，回帰係数の等質性は満たされていると判断して，共分散分析を実行します[*39]。

3-5-2 共分散分析の実行

1) 回帰係数の等質性の検定

SPSS で共分散分析を実行するためには，メニューから「分析」→「一般線型モデル」→「1変量」を選択します[*40]（図3.21）。

図3.22のように「1変量」ウィンドウが開くので，「従属変数」に「事後コンパス」を入れ，「固定因子」に「condition」を入れます。「共変量」に「事前コンパス」を入れてください。その後，「モデル」ボタンをクリックします。

「1変量：モデル」ウィンドウ（図3.23）が開きます。「モデルの推定」の枠内にある「ユーザー指定」というラジオボタンをクリックします。「因子と共変量」の枠内にある「condition」「事前コンパス」をどちらも「モデル」の枠内に移動させます。このためには，例えば「condition」を選択して，画面真ん中の をクリックします。その後，「condition」を選択した状

[*36] 図3.20 の縦軸（事後コンパス）の左側に描かれている2つの得点分布を指しています。

[*37] このようにすることを，「共変量の値で条件付ける」といいます。

[*38] したがって，検定力が高くなり，有意差が検出しやすくなります。

[*39] 共分散分析の詳細については，南風原（2002）や深谷（2015）を参照してください。

[*40] 共分散分析の実行は，「**分析**」→「**一般線型モデル**」→「**1変量**」を選択し，変数の選択とモデルの設定をすることで行えます。

図 3.21 「1 変量」を選択

図 3.22 「1 変量」ウィンドウ

図 3.23 「1 変量：モデル」ウィンドウ

態で「Shift」キーを押しながら「事前コンパス」をクリックすると，conditionと事前コンパスの両方が選択された状態になります。「項の構築」の枠内の「種類」が「交互作用」となっていることを確認して，その下の➡をクリックします。すると，「モデル」の枠内に「condition＊事前コンパス」が追加されます（図 3.23）。これで「2 つの回帰直線の傾きが異なるかどうか」を確認するための検定を実行する準備が整いました。「続行」をクリックして元の画面（図 3.22）に戻り，「OK」をクリックすると分析が始まります。

図 3.24 に条件ごとの度数の結果が示されます。

3-5 SPSSによる共分散分析

		値ラベル	度数
condition	0	対照群	10
	1	処遇群	10

図3.24　条件ごとの度数分布

図3.25の表で,「回帰係数の等質性」を検討することができます。

被験者間効果の検定

従属変数: 事後コンパス

ソース	タイプIII 平方和	自由度	平均平方	F値	有意確率
修正モデル	23.410a	3	7.803	24.290	.000
切片	19.913	1	19.913	61.986	.000
condition	1.607	1	1.607	5.001	.040
事前コンパス	18.678	1	18.678	58.142	.000
condition * 事前コンパス	.488	1	.488	1.519	.236
誤差	5.140	16	.321		
総和	2981.000	20			
修正総和	28.550	19			

a. R2乗 = .820 (調整済み R2乗 = .786)

図3.25　「回帰係数の等質性」の確認

*41　2つの回帰直線の傾きが平行であることは,言い換えると,事後得点に対する実験条件(独立変数)と事前得点(共変量)の交互作用がないということです。このため,ここでは「condition*事前コンパス」の交互作用に着目して,この交互作用が有意にならないことをもって,回帰係数の等質性が満たされていると判断します。

*42　「回帰係数の等質性」の検定から続けて分析を行うと,図3.22のようにすでに分析のために必要な準備は整っているはずですが,SPSSを終了してもう一度起動した場合などは,「1変量」ウィンドウで,「従属変数」に「事後コンパス」を入れ,「固定因子」に「condititon」を入れ,そして「共変量」に「事前コンパス」を入れてください。

図3.25の「condition*事前コンパス」の行に注目してください[*41]。有意確率が.236となっていて,有意水準を $\alpha = .05$ とすると有意ではありません。この結果から,「回帰係数は等質である」という帰無仮説が棄却されない,すなわち,「回帰係数の等質性」が満たされていると判断できることになります。これは,共分散分析の前提条件が満たされたことを意味します。そこで,次のステップとして,共分散分析を実行してみることにしましょう。

2) 共分散分析

もう一度,SPSSのメニューから「分析」→「一般線型モデル」→「1変量」を選択し[*42]（図3.21),「モデル」ボタンをクリックします。「1変量：モデル」ウィンドウは図3.23のような状態になっていると思いますので,「モデルの指定」の枠内の「すべての因子による」のラジオボタンをクリックしてください（図3.26)。「続行」をクリックして元の画面に戻り,「1変量」ウィンドウで,「OK」をクリックすると分析が実行されます。

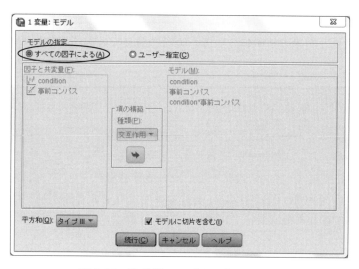

図3.26 「1変量：モデル」ウィンドウ

　図3.27が共分散分析の結果です。ここで注目すべきは，「condition」の行に書かれた数値です。有意確率をみると[*43]，.000となっており，有意水準を5％とすると，検定の結果は有意となります。共分散分析の結果，処遇群と対照群では，事前コンパス得点から事後コンパス得点の伸び（変化量）が有意に異なることがわかりました。

[*43] 自由度やF値を読み取ることで，$F(1, 17) = 34.394, p < .05$ と結果を表記できます。

被験者間効果の検定

従属変数：事後コンパス

ソース	タイプIII 平方和	自由度	平均平方	F値	有意確率
修正モデル	22.922[a]	2	11.461	34.619	.000
切片	20.117	1	20.117	60.764	.000
事前コンパス	18.872	1	18.872	57.005	.000
condition	11.387	1	11.387	34.394	.000
誤差	5.628	17	.331		
総和	2981.000	20			
修正総和	28.550	19			

a. R^2乗 = .803 (調整済み R^2乗 = .780)

図3.27 共分散分析の結果

3-5 SPSSによる共分散分析

3-4節の「変化量についての独立な2群のt検定」と本節の「共分散分析」の検定結果と結果の解釈について，実際の論文での記述例は以下のようになります。

> 2010年7月に，ある中学校で学習講座を実施した。この学習講座のうち，工夫速算講座の処遇効果を検討するため，工夫速算講座を受けた生徒10名（処遇群）と，工夫速算講座を受けていない生徒10名（対照群）について，工夫速算講座実施前のCOMPASSテストの得点（事前コンパス）と，実施後のCOMPASSテストの得点（事後コンパス）の変化について検討を行った。
>
> （独立な2群のt検定の場合）事後コンパスの得点から事前コンパスの得点を引いて求めた変化量について，処遇群と対照群の平均値に有意な差があるかを独立な2群のt検定により検討した。平均値の差の平均は2.10（95% CI: 1.25〜2.95）であり[*44]，検定の結果，群間で有意差がみられた（$t(18) = 5.161$, $p<.05$）[*45]。
>
> （共分散分析の場合）事前コンパスの得点を共変量とし，事後コンパスの得点を従属変数として，処遇群と対照群の効果に関する共分散分析を実行した。検定の結果，群間で有意差がみられた（$F(1, 17) = 34.394$, $p<.05$）。
>
> この結果は，工夫速算講座の教育効果を示唆するものと考えられる。

[*44] 95%信頼区間が0を含まないことからも，検定結果が有意であることがわかります。

[*45] 図3.19では，t値は−5.161と表記されています。この独立な2群のt検定は両側検定で実行したため，検定統計量の正負の符号については問題としません。そこで，この記述例では，$t(18)=5.161$と，マイナスの符号を付けずに書いています。

4章 対比分析

　基礎編では，3つ以上の群の平均値を比較する方法として，分散分析を紹介しました。分散分析では，「すべての群の母平均が等しい」ことを帰無仮説とし，帰無仮説が棄却されたら多重比較によって，ペアの数だけ総当たりで比較を行いました。ここでは，リサーチクエスチョンに基づいて条件を組み合わせ，比較を行う方法である対比分析について解説します。

本章で学ぶこと	・対比分析 ・拡散した問い ・焦点化した問い

4-1　研究例（鈴木，2011）

4-1-1　学習者のテスト観

　テストは，学習達成度の評価や選抜などのために行われるだけでなく，学習者に対して様々な影響を与えます。例えば，「第一次世界大戦が終結した理由は何か」といった記述式の問題で構成されたテストは，因果関係などの理解を目指した学習方略[*1]の使用を促進するのに対し，「1917年に起きた（　　）でロシアがソ連となると…」といった空所補充型の問題で構成されたテストは，丸暗記を目指した学習方略の使用を促進する傾向にあります[*2]。また，テストに向けて意欲的に勉強する人もいれば，「テストのために勉強している」と感じることで，かえって意欲が低下してしまう人もいるように，テストが学習に対して与える影響は人によって異なります。

　テストの影響に個人差がある原因の1つとして，テストの捉え方が学習者によって異なることが考えられます。実際に，これまでの研究では，学習者がどのようなテスト観[*3]を持つかによって，学習動機づけや学習方略の使用が異なることが示されています。例えば，テストは自身の理解状態を把握し学習改善に活用するためのものであるという「改善」テスト観を

[*1] 学習方略とは，日常用語でいえば学習法や勉強法のことです。

[*2] 村山（2003a）を参照してください。

[*3] テスト観は，「テストの実施目的・役割に対する学習者の認識」と定義されています（鈴木，2011）。

4-1 研究例（鈴木, 2011）

*4 内発的動機づけとは，活動それ自体を目的とした動機づけです。

*5 外発的動機づけとは，活動とは直接関係のない目的（報酬の獲得など）を達成するための手段としての動機づけです。

*6 鈴木・西村・孫（2015）を参照してください。

*7 Suzuki & Sun（in press）を参照してください。

*8 ルーブリックの詳細については,西岡（2003）などを参照してください。

強く持つことによって，内発的動機づけ*4 が高まるのに対し，テストは学習を強制させるためのものであるという「強制」テスト観を強く持つことで外発的動機づけ*5 が高まることが示されています*6。また，「改善」テスト観が高い学習者というのは，学習内容を理解・習得したいという志向性を持っているために，意味理解を重視した学習をする傾向にあることも示されています*7。

4-1-2　テスト観に対するルーブリック提示の効果

　以上のように，テストの影響を決定する要因として，学習者の持つテスト観は重要だといえます。そのため，「改善」テスト観のような適切なテスト観を高めることで，学習動機づけや学習方略にもポジティブな影響を与えることができる可能性があります。

　そこで鈴木（2011）は，実験授業を行い，ルーブリックを学習者に提示することの効果について検討しました。ルーブリックとは，成功の度合いを示す評定・評語と，各評定・評語に対応するパフォーマンスの特徴を記した記述語とで構成される評価基準表のことです*8。ルーブリックを提示されることで，達成すべき目標が明確になると同時に，例えば「3」と評価された学習者は，「3」という評価を受けた理由について理解することができ，より高い評価を得るための指針も明確になります。また，理解度をどのように評価しているかに関する基準を明確にすることによって，「理解度を把握し，学習改善に活用する」というテストの目的に納得しやすくなると考えられます。そのため，ルーブリックを学習者に提示することで，「改善」テスト観は高まると考えられます。

　ただし，自分の答案とルーブリックをみるだけでは，自分がなぜその評価を受けたのかは十分に理解できない可能性があります。そこで鈴木（2011）では，ルーブリックの提示だけで効果が得られるのかを検討するために，ルーブリックは提示せずに答案に添削を受ける「非提示−添削群」，ルーブリックを提示されるだけの「提示−非添削群」，ルーブリックの提示に加えて答案に添削を受ける「提示−添削群」の3つの群が設けられました。

　実験授業は，2009年の夏休みに5日間，国立T大学で行われました。実験授業は，文京区と台東区内の公立中学校，および都内の国立大学の附属

中学校に案内状を郵送して参加を呼びかけて実施されました。実験参加者は，参加応募をしてきた中学2年生101名（男子49名，女子52名）です。参加者は，「非提示−添削群」と「提示−非添削群」，「提示−添削群」のいずれかにランダムに割り当てられました。

実験授業の大まかな流れを図4.1に示します。実験授業では，数学の連立方程式の文章題を扱い，毎回の授業後に，その日の授業内容に関する確認テストが実施されました。そして，その確認テストの結果は次の授業日の冒頭に返却され，見直しの時間が設けられました。このとき，答案に対して添削が与えられているかと，ルーブリックが提示されるか否かが，実験群によって異なっていました。本章では，質問紙によって測定した「改善」テスト観得点を用いて，対比分析について解説します[*9]。「改善」テスト観は，「テストは，自分の力を調べるためのものだった」などの6項目に対して，「1：そう思わない」から「5：そう思う」の5件法で回答を求めることで測定しました[*10]。

図4.1 実験授業の大まかな流れ

4-2 対比分析[*11]

4-2-1 対比分析とは

本節では，ルーブリックを提示することで，「改善」テスト観が高まったかについて検討することを目的とします。これは，各群の「改善」テスト観得点を比較することで検討できます。実験群が3つあることから，分散分析[*12]を行うことが考えられます。しかし，鈴木（2011）のリサーチクエスチョンというのは，以下の2つでした。

Q1：ルーブリックを提示することで，ルーブリックを提示しない場合と比較して「改善」テスト観は高まるか

Q2：ルーブリックを提示することの効果は，答案に対する添削がある場合とない場合とで違いがみられるか

[*9] 鈴木（2011）では，テスト観以外にも，内発的動機づけと学習方略，最終日に行われた総合テストの成績も分析対象となっています。

[*10] 5日間の授業の中で実施された確認テストが，自分にとってどのようなものであったかについて回答を求めました。

[*11] 対比分析の詳細な解説は，南風原（2014）を参照してください。

[*12] 分散分析については，基礎編8章と9章を参照してください。また，独立な2群の平均値を比較する方法であるt検定については基礎編7章を参照してください。

4-2 対比分析

*13 μは母平均を表すギリシャ文字で，ミューと呼びます。

*14 ψは，プサイと読みます。

ここで，「非提示－添削群」と「提示－非添削群」，「提示－添削群」の「改善」テスト観の母平均をそれぞれ，μ_1, μ_2, μ_3とします[*13]。Q1については，「非提示－添削群」の母平均（μ_1）と，「提示－非添削群」と「提示－添削群」の母平均の平均（μ_2とμ_3の平均）を比較することで検討できます。このことを式で表現すると，(4.1) 式のようになります[*14]。

$$\psi_1 = \frac{\mu_2 + \mu_3}{2} - \mu_1 \tag{4.1}$$

次に，Q2については，「提示－非添削群」の母平均（μ_2）と「提示－添削群」の母平均（μ_3）を比較することで検討できます。これを式で表現すると，(4.2) 式のようになります。

$$\psi_2 = \mu_3 - \mu_2 \tag{4.2}$$

リサーチクエスチョンに基づくと，$H_0: \psi_1 = 0$と$H_0: \psi_2 = 0$という2つの帰無仮説について検討することで，研究の目的を達成することができます。一方で一要因分散分析というのは，$H_0: \mu_1 = \mu_2 = \mu_3$という帰無仮説について検討するものであり，Q1とQ2について直接検討することはできません。このように，リサーチクエスチョンに即した分析を行いたいときに利用される方法として，対比分析[*15]があります。

*15 対比分析は，英語では contrast analysis といいます。

また，(4.1) 式と (4.2) 式は，各実験群の母平均を合成したものと考えることができます。すなわち，(4.1) 式は，「非提示－添削群」の母平均（μ_1）に「-1」を重みづけ，「提示－非添削群」と「提示－添削群」の母平均（μ_2とμ_3）それぞれに「$+\frac{1}{2}$」を重みづけたものです（(4.3) 式）。

$$\begin{aligned}\psi_1 &= (-1) \times \mu_1 + \left(\frac{1}{2}\right) \times \mu_2 + \left(\frac{1}{2}\right) \times \mu_3 \\ &= \frac{\mu_2 + \mu_3}{2} - \mu_1\end{aligned} \tag{4.3}$$

同様に (4.2) 式は，「非提示－添削群」の母平均（μ_1）に「0」，「提示－非添削群」の母平均（μ_2）に「-1」，「提示－添削群」の母平均（μ_3）に「$+$

1」を重みづけたものです（(4.4)式）。

$$\psi_2 = (0) \times \mu_1 + (-1) \times \mu_2 + (1) \times \mu_3 \quad (4.4)$$
$$= \mu_3 - \mu_2$$

　(4.3) 式と (4.4) 式のように，各実験群の母平均を合成した式は対比[*16]と呼ばれます。また，母平均にかけられている係数は対比係数と呼ばれ，対比係数の値を調整することで，リサーチクエスチョンに基づいた対比が可能になります。こうした対比を検討することは，一般に対比分析と呼ばれます。

　なお，対比係数は自由に決定できるわけではなく，すべての対比係数の和が0になる必要があります。実際に，(4.3) 式における対比係数は，－1「$\frac{1}{2}$」，「$\frac{1}{2}$」であり，合計すると0になります。また，(4.4) 式における対比係数は，「0」「－1」，「1」であり，やはり合計すると0になります。

4-2-2　一要因分散分析と対比分析

　対比分析に対して，一要因分散分析では，$H_0 : \mu_1 = \mu_2 = \mu_3$ という帰無仮説について検討し，主効果が有意であった場合には多重比較を行うことになります。多重比較を行うのは，一要因分散分析では，仮に帰無仮説が棄却されても，どことどこに差があるかがわからないためです[*17]。これに対して，リサーチクエスチョンに基づいて行われる対比分析は，それに対応する帰無仮説が棄却されれば，どういった差があるかは明白です。このため，分散分析における検定は「拡散した問い」に答えるためのもので，対比分析における検定は「焦点化した問い」に答えるためのものであるといわれます[*18]。

　このように対比分析には，分析結果の意味が明確であるという利点があります。また，このことに加えて，検定力[*19]の点でも対比分析には利点があります。つまり，分散分析と比較して，対比分析では検定力が高くなる傾向があります。これは，リサーチクエスチョンに基づいた対比が実際に顕著な効果を持っている（仮説通りの効果が得られている）場合に，それらの対比に焦点化した検定が，対比分析では行われるためです。

[*16] 対比 (contrast) は，比較 (comparison) と呼ばれることもあります。

[*17] 一要因分散分析と多重比較については，基礎編8章を参照してください。

[*18] Rosenthal, Rosnow, & Rubin (1999) を参照してください。

[*19] 検定力とは，帰無仮説が偽の時，これを正しく棄却できる確率のことです。実践編5-1-2項も参照してください。

4-3 SPSSによる対比分析

4-3-1 鈴木（2011）データの確認

ここでは，「鈴木（2011）データ[20]」を用いて分析を行います。鈴木（2011）データの最初の5行を表4.1に示します。このデータには，「実験群」と「改善テスト観」の2つの変数が含まれています。「実験群」は，実験参加者がどの群に割り当てられたかを示す変数で，「非提示－添削群＝1」，「提示－非添削群＝2」，「提示－添削群＝3」となっており，「1」から「3」の値を取る質的変数になります。「改善テスト観」は，質問項目（6項目5件法）に対する回答結果の平均値になります[21]。

[20] これは実データではなく，本書のために作成した人工データです。各実験群の人数は20名で，計60名のデータセットになっています。

[21] 例えば，ある実験参加者の6項目への回答が5, 4, 4, 3, 5, 4だった場合，「改善」テスト観得点は，(5+4+4+3+5+4)÷6 = 4.17点になります。「改善」テスト観得点は量的変数で，取り得る値の範囲は1から5となります。

表4.1 鈴木（2011）データの最初の5行

実験群	改善テスト観
1	4.33
1	4.00
1	4.50
1	4.67
1	3.00

4-3-2 対比分析の実行

SPSSで対比分析を実行するためには，メニューから「分析」→「平均の比較」→「一元配置分散分析」を選択します[22]（図4.2）。

すると，「一元配置分散分析」ウィンドウが開きます（図4.3）。「従属変数リスト」ボックスに「改善テスト観」，「因子」ボックスに「実験群」を入れ

[22] 対比分析の実行は，「分析」→「平均の比較」→「一元配置分散分析」を選択し，変数の選択と対比の決定をすることで行えます。

図4.2 「一元配置分散分析」を選択

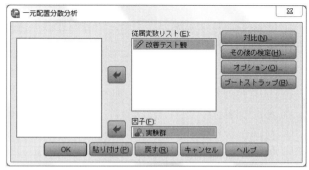

図4.3 「一元配置分散分析」ウィンドウ

てください。変数リストから該当する変数を選んで，ウィンドウの真ん中辺り，あるいは下部にある▼をクリックすると，「従属変数リスト」ボックス，「因子」ボックスに変数が移動します。

次に，右のメニューの中から「対比」を選択します。すると，「一元配置分散分析：対比」ウィンドウが開きます（図4.4）。このウィンドウでは，対比係数の指定ができます。「対比 1/1」の枠内にある「係数」ボックスに対比係数を入力し，「追加」ボタンをクリックすると，下のボックスに数値が入ります。

ここでは，「実験群」の値が「1」の群（非提示－添削群）の対比係数，値が「2」の群（提示－非添削群）の対比係数，値が「3」の群（提示－添削群）の対比係数の順で，対比係数の値を入力していきます。まず，「非提示－添削群」の母平均と，「提示－非添削群」と「提示－添削群」の母平均の平均を比較するために，「非提示－添削群」と「提示－非添削群」，「提示－添削群」の対比係数をそれぞれ，「-1」，「0.5」[23]，「0.5」とします[24]（図4.5）。そのため，「係数」と書かれた横にあるボックスに「-1」と入力し，「追加」ボタンをクリック，「0.5」と入力し「追加」ボタンをクリック，「0.5」と入力し「追加」ボタンをクリック，とすることで図4.5のような状態になります[25]。ウィンドウ下部にある「係数の合計」が「0.000」となっていることに注目してください[26]（図4.5）。

これらの入力が終わったら，「対比 1/1」枠内の「次へ」ボタンをクリック

図4.4 「一元配置分散分析：対比」ウィンドウその1

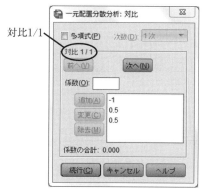

図4.5 「一元配置分散分析：対比」ウィンドウその2

[23] 分数は入力できないため，小数を入力しています。あるいは，「-2」，「1」，「1」と入力しても，検定結果は同一になります。

[24] 対比を式で表すと，「$\psi_1 = (-1) \times \mu_1 + (\frac{1}{2}) \times \mu_2 + (\frac{1}{2}) \times \mu_3 = \frac{\mu_2 + \mu_3}{2} - \mu_1$」となります。

[25] 全角数字ではなく，半角数字で入力する必要があります。

[26] 係数の合計が「0.000」となっていない場合でも，ここではエラーにならず，分析の実行ができます。ただし，「IBM SPSS Statistics ビューア」に出力される「対比の検定」の表に注として，「対比係数の合計がゼロではありません」というメッセージがでます。

4-3 SPSSによる対比分析

します。すると、「対比1/1」が「対比2/2」へと変わり、2つ目の対比を設定することが可能になります。2つ目の対比では、「提示－非添削群」の母平均と「提示－添削群」の母平均の比較を行うために、「非提示－添削群」と「提示－非添削群」、「提示－添削群」の対比係数をそれぞれ、「0」、「-1」、「1」とします[27]（図4.6）。これらの入力が完了したら、「続行」をクリックして元の画面に戻ります。

図4.3の画面に戻ったら、「オプション」をクリックします。すると、「一元配置分散分析：オプション」ウィンドウが開きます（図4.7）。「統計」の枠内にある「記述統計量」と「等分散性の検定」にチェックを入れてください。「続行」をクリックして図4.3の画面に戻ったら、「OK」をクリックすると結果が出力されます。

出力結果のうち、図4.8には記述統計の結果が一覧表で整理されています。各群の度数（実験参加者の人数）、平均値、標準偏差、標準誤差[28]、平均値の95%信頼区間[29]（の下限と上限）、最小値、最大値が示されます。この表から、「非提示－添削群」の「改善」テスト観得点は3.9583、「提示－非添削群」は4.3833、「提示－添削群」4.2417であるとわかります。そのため、記述統計量をみる限りでは、ルーブリックを提示された2つの群は、「非提示－添削群」よりも「改善」テスト観が高く、「提示－非添削群」と「提示－添削群」とでは、「提示－非添削群」の方が「改善」テスト観は高くなっ

[27] 対比を式で表すと、「$\psi_2 = (0) \times \mu_1 + (-1) \times \mu_2 + (1) \times \mu_3 = \mu_3 - \mu_2$」となります。

[28] 標準誤差を求めるには、標準偏差÷√度数を計算します。例えば、「非提示－添削群」の「改善」テスト観の標準誤差は、$.63263 \div \sqrt{20} = .14146$と求められます。

[29] 信頼区間については、基礎編7-3-2項の解説を参照してください。

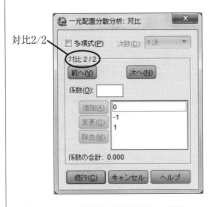

図4.6 「一元配置分散分析：対比」ウィンドウその3

図4.7 「一元配置分散分析：オプション」ウィンドウ

ています。ただし，こうした平均値の差異が，標本変動によって生じる程度のものなのか，標本変動を越えて意味のあるものであるのかを確かめるためには，検定結果をみる必要があります。

改善テスト観

	度数	平均値	標準偏差	標準誤差	平均値の95%信頼区間 下限	平均値の95%信頼区間 上限	最小値	最大値
非提示-添削群	20	3.9583	.63263	.14146	3.6623	4.2544	2.83	4.83
提示-非添削群	20	4.3833	.61914	.13844	4.0936	4.6731	3.17	5.00
提示-添削群	20	4.2417	.54202	.12120	3.9880	4.4953	3.17	5.00
合計	60	4.1944	.61538	.07944	4.0355	4.3534	2.83	5.00

図 4.8 記述統計量

分散分析のときと同様に，検定結果の確認の前に，まずは等分散性の検定の結果を確認します（図 4.9）。Levene 統計量が .419 で有意確率が .660 です。有意水準を $\alpha = .05$ とすると，有意確率 .660 は .05 よりも大きいので，帰無仮説[30]は棄却されません。よって，分散の等質性が満たされていることになります。

また，対比分析を行うと，設定した対比係数が表の形で整理されます（図4.10）。この表から，対比1では，「非提示－添削群」と「提示－非添削群」，「提示－添削群」の対比係数がそれぞれ，「-1」，「0.5」，「0.5」となっていることがわかります。同様に，対比2では，「非提示－添削群」と「提示－非添削群」，「提示－添削群」の対比係数がそれぞれ，「0」，「-1」，「1」となっています。

対比分析の検定結果は，図 4.11 に示した表で確認できます。分散の等質性が満たされていたことから，「等分散を仮定する」と書かれた行を確認します。まず，対比1については，t 値[31]が 2.158，自由度[32]が 57，有意確率（両側）が .035 であることから，有意水準を $\alpha = .05$ とすると，帰無仮説[33]は棄却されます。つまり，「非提示－添削群」の母平均と，「提示－非添削群」と「提示－添削群」の母平均の平均の間には有意な差があり，ルーブリックを提示された2つの群は，ルーブリックを提示されなかった群と

[30] 帰無仮説は，「H_0: 3つの群の母分散が等しい」となります。「H_0: $\sigma_1^2 = \sigma_2^2 = \sigma_3^2$」と表すこともできます。σはシグマと呼び，$\sigma^2$ は母分散を表します。

[31] t 値は，「対比の値÷標準誤差」で計算されます。$t = .3542 \div .16411 = 2.158$ と求められます。

[32] 自由度は，「サンプルサイズ－群の数」で計算されます。そのため，「60-3=57」となります。

[33] ここでの帰無仮説は，「H_0: 「非提示－添削群」の母平均と，「提示－非添削群」と「提示－添削群」の母平均の平均は等しい」となります。H_0: $\psi_1 = 0$ と表すこともできます。

改善テスト観

Levene 統計量	自由度1	自由度2	有意確率
.419	2	57	.660

図 4.9 等分散性の検定の結果

対比	実験群 非提示-添削群	提示-非添削群	提示-添削群
1	-1	.5	.5
2	0	-1	1

図 4.10 対比係数の確認

4-3 SPSSによる対比分析

比較して,「改善」テスト観が高かったといえます。

また,対比2については,t値が-.748,自由度が57,有意確率（両側）が.458であることから,有意水準を$\alpha=.05$とすると,帰無仮説[*34]は棄却されません。そのため,「提示－非添削群」の母平均と「提示－添削群」の母平均の間に有意な差はなく,ルーブリックを提示された群で,添削の効果はみられなかったといえます。

なお,表中の「対比の値」は,(4.1)式や(4.2)式に示した対比の母平均の推定値として標本平均を用いることで求められます。例えば対比1の「対比の値」（対比の推定値）を$\hat{\psi}_1$[*35],各実験群の「改善」テスト観得点の母平均の推定値を$\hat{\mu}_1, \hat{\mu}_2, \hat{\mu}_3$とすると,「$\hat{\psi}_1 = \frac{\hat{\mu}_2+\hat{\mu}_3}{2} - \hat{\mu}_1 = \frac{4.3833+4.2417}{2} - 3.9583 = 0.3542$」と計算できます。同様に,対比2の「対比の値」は,「$\hat{\psi}_2 = \hat{\mu}_3 - \hat{\mu}_2 = 4.2417 - 4.3833 = -0.1416$」と計算できます[*36]。

また,分散分析表（図4.12）をみると,分散分析の結果についても確認できます。「グループ間」の行の値をみると,自由度[*37]が2,F値[*38]が2.608,有意確率は.082であることから,有意水準を$\alpha=.05$とすると,帰無仮説は棄却されません。つまり,一要因分散分析を行った場合には,「実験群の間には有意な差がみられない」という結論になってしまいます。このように,「拡散した問い」に答えるための分析である分散分析では有意な差がみられない場合でも,顕著な差があると思われる比較に焦点化した分析である対比分析では,有意差が得られることがあります。

*34 ここでの帰無仮説は,「H_0:「提示－非添削群」の母平均と「提示－添削群」の母平均は等しい」となります。$H_0: \psi_2 = 0$と表すこともできます。

*35 $\hat{\psi}$はプサイハットと呼び,ψの推定値であることを表しています。

*36 四捨五入によって丸められているため,表中の値とは完全に一致していません。

*37 グループ間の自由度は,「水準の数－1」で求められます。実験群の水準（非提示－添削群,提示－非添削群,提示－添削群）は3なので,3－1＝2となります。

*38 F値は,グループ間の平均平方÷グループ内の平均平方で計算されます。$F = .937 \div .359 = 2.610$と求められます。ただし,表中の$F$値は2.608となっており,一致しません。これは,平均平方の値が四捨五入によって丸められているためです。

	対比	対比の値	標準誤差	t値	自由度	有意確率（両側）
改善テスト観 等分散を仮定する	1	.3542	.16411	2.158	57	.035
	2	-.1417	.18950	-.748	57	.458
等分散を仮定しない	1	.3542	.16875	2.099	35.262	.043
	2	-.1417	.18400	-.770	37.347	.446

図4.11　対比分析の検定結果

改善テスト観

	平方和	自由度	平均平方	F値	有意確率
グループ間	1.873	2	.937	2.608	.082
グループ内	20.469	57	.359		
合計	22.343	59			

図4.12　分散分析表

4-3-3 論文での結果の報告例

対比分析では，対比係数をどのように設定し，どのような対比を行ったかについて明示する必要があります。検定結果と結果の解釈について，実際の論文での記述例は以下のようになります。

本研究では，1) ルーブリックを提示されなかった群と提示された2つの群を比較すること，2) ルーブリックの提示だけで学習者が十分な理解を示すのかを検討するために，ルーブリックを提示する群の中で非添削群と添削群を比較することによって，ルーブリック提示の効果を検討した。具体的には，2つの対比を用いた対比分析を行った。1つ目の対比は「非提示－提示対比」であり，非提示－添削群，提示－非添削群，提示－添削群にそれぞれ$-1, \frac{1}{2}, \frac{1}{2}$の対比係数を割り当てた。2つ目の対比はルーブリック提示群における「非添削－添削対比」であり，3つの群にそれぞれ$0, -1, 1$の対比係数を割り当てた。

対比分析を行った結果，非提示－提示対比が有意であった（$t(57)=2.16, p<.05$）。つまり，ルーブリックを提示された2つの群は非提示－添削群に比べて，実験授業で行われたテストに対して，学習改善に活用するための目的や役割を強く認識していた。これは，ルーブリックを提示されることで，評価基準と自己改善のための指針が明確になり，テストの見直しをすることが有効であると認知したために，テストの学習改善としての側面を強く認知するようになったのだと考えられる。一方で，非添削－添削対比は有意でなく（$t(57)=-0.75, p=.46$），添削の効果は得られなかった。ただし，この結果は添削に意味がないことを示すものではなく，ルーブリックと模範解答を提示する場合には，添削を行う必要は必ずしもないということである。

5章 有意か否かを超えて
―― 近年の統計改革の動向について

統計的仮説検定[*1]は，心理学研究において標準的なデータ分析の方法として，長年の間，広く用いられてきました。現在でも一般的な方法として活用されています。しかし，一方で，統計的仮説検定の問題点も様々指摘されており，こうした問題点を克服するためにいくつかの新しい提案がなされるようになりました。本章では，まず，統計的仮説検定に関する諸問題と題して，分散分析と多重比較の結果の相違，多重比較の様々な方法間の結果の違いについて述べた後で，統計的仮説検定の問題点を整理します。その後，検定の問題点を克服するための新しい提案について概観し，特に，効果量とベイズ統計学について解説します。

> **本章で学ぶこと**
> ・統計的仮説検定の問題点
> ・効果量
> ・ベイズ統計学

*1 統計的仮説検定については，基礎編7章を参照してください。

5-1 統計的仮説検定に関する諸問題

5-1-1 分散分析と多重比較

基礎編の8章では，一要因の分散分析について紹介しました。一要因分散分析は，ある1つの要因に複数（通常3つ以上[*2]）の水準があるとき，従属変数の平均値が水準間で有意に異なるかを検討するために用いられます。分散分析で有意な結果が得られた場合，どの水準とどの水準に有意な差があるのかをさらに詳しく調べるため，多重比較が行われます。このように，分散分析→多重比較，という分析の流れがあります[*3]。この流れで分析をするのですから，分散分析で有意な結果が得られたら，多重比較でも同様に有意な結果が得られるだろうと考えるのは自然でしょう。しかし，分散分析で有意な結果が得られたとしても，多重比較で必ず有意な結果が得られるとは限りません。

*2 分散分析は，水準の数が2つであっても適用可能です。そして，水準数が2つの場合の分散分析の結果とt検定（両側検定）の結果（有意か否かの結果）は一致します。

*3 基礎編8章では，図8.1で示すように，3つのステップとして，分散分析→多重比較の前に，最初に「分散の等質性の検定」を行うと説明しています。

5-1 統計的仮説検定に関する諸問題

表5.1は，基礎編8章で紹介したデータと同様に，学校（school）と全国模試・数学の偏差値（math）についての30人分のデータです[*4]。

表5.1 全国模試・数学の人工データ

id	school	math	id	school	math	id	school	math
1	1	41	11	2	60	21	3	82
2	1	44	12	2	53	22	3	55
3	1	56	13	2	56	23	3	55
4	1	48	14	2	59	24	3	56
5	1	39	15	2	64	25	3	24
6	1	51	16	2	56	26	3	55
7	1	47	17	2	52	27	3	63
8	1	41	18	2	49	28	3	51
9	1	63	19	2	53	29	3	74
10	1	36	20	2	59	30	3	64

[*4] 表5.1のデータは人工データであり，基礎編8章で紹介したデータとは変数の意味は同じですが，数値は全く別のものと考えてください。学校は1から3の3校分あり，それぞれ10名ずつの生徒のデータであるとします。紙面の関係で，10行×9列のデータになっていますが，実際には，30行×3列のデータになります。

表5.1のデータをSPSSデータとして入力し，保存します[*5]。そして，基礎編8-3節で紹介した一要因被験者間分散分析をここでも実行してみましょう。SPSSで一要因被験者間分散分析を実行するためには，メニューから「分析」→「平均の比較」→「一元配置分散分析」を選択します[*6]。

すると，「一元配置分散分析」ウィンドウが開きます（図5.1）。「従属変数リスト」に「全国模試・数学の偏差値［math］」を入れてください。「因子」に「学校［school］」を入れてください。「その後の検定」をクリックすると，「一元配置分散分析：その後の多重比較」ウィンドウが開きます。「等分散を仮定する」の中にある「Tukey」にチェックを入れてください。「続行」をクリックして元の画面に戻ります。図5.1の画面に戻ったら，「オプション」をクリックします。すると，「一元配置分散分析：オプション」ウィンドウが開きます。「統計」の枠内にある「記述統計量」と「等分散性の検定」にチェックを入れてください。「続行」をクリックして元の画面に戻ります。図5.1の画面に戻ったら，「OK」をクリックします。

[*5] 「変数ビュー」で変数に値ラベルを付けてください。「id」には「学生番号」，「school」には「学校」，「math」には「全国模試・数学の偏差値」とラベルの設定をしましょう。変数ビューについては，基礎編2-2-3項を参照してください。

[*6] 一要因被験者間分散分析を行うためには，「分析」→「平均の比較」→「一元配置分散分析」を選択し，変数を指定します。同じ分析を，「一般線型モデル」→「1変量」と選んでも実行することができます。

図 5.1 「一元配置分散分析」ウィンドウ

全国模試・数学の偏差値

	度数	平均値	標準偏差	標準誤差	平均値の 95% 信頼区間 下限	上限	最小値	最大値
1	10	46.60	8.289	2.621	40.67	52.53	36	63
2	10	56.10	4.483	1.418	52.89	59.31	49	64
3	10	57.90	15.380	4.864	46.90	68.90	24	82
合計	30	53.53	11.243	2.053	49.34	57.73	24	82

図 5.2 記述統計量

図5.2には記述統計の結果が一覧表に整理されます。数学の偏差値の平均値を比較すると、学校1が46.60，学校2が56.10，学校3が57.90となっています。この平均値の差異が，標本変動によって生じる程度のものなのか，標本の変動を越えて意味のある差なのかを確かめるために，分散分析が行われます。

図5.3には分散の等質性の検定の結果が示されています。Levene 統計量が2.322で有意確率が.117です。有意水準を $\alpha = .05$ とすると，有意確率.117は.05よりも大きいので，帰無仮説は棄却されません。よって，分

全国模試・数学の偏差値

Levene 統計量	自由度1	自由度2	有意確率
2.322	2	27	.117

図 5.3 等分散性の検定の結果

全国模試・数学の偏差値

	平方和	自由度	平均平方	F 値	有意確率
グループ間	737.267	2	368.633	3.399	.048
グループ内	2928.200	27	108.452		
合計	3665.467	29			

図 5.4 分散分析表

散の等質性が満たされていることになります。そこで、分散分析へと進みます。

図 5.4 に分散分析表が示されています。グループ間の自由度が 2，グループ内の自由度が 27 です。F 値は 3.399，有意確率は .048 です。有意水準を $\alpha = .05$ とすると、有意確率は .048 ＜ .05 なので、帰無仮説は棄却されます。分散分析の結果、有意な差が得られました[*7]。分散分析の結果が有意となったので、続いて、多重比較により、どの学校のペアで有意差がみられるかを検討します。図 5.5 に多重比較の結果が示されています。

[*7] これは「学校間で数学の偏差値の母平均が等しい」という帰無仮説が棄却されたことを意味します。

従属変数: 全国模試・数学の偏差値
Tukey HSD

(I) 学校	(J) 学校	平均値の差 (I-J)	標準誤差	有意確率	95% 信頼区間 下限	95% 信頼区間 上限
1	2	-9.500	4.657	.122	-21.05	2.05
	3	-11.300	4.657	.056	-22.85	.25
2	1	9.500	4.657	.122	-2.05	21.05
	3	-1.800	4.657	.921	-13.35	9.75
3	1	11.300	4.657	.056	-.25	22.85
	2	1.800	4.657	.921	-9.75	13.35

図 5.5 多重比較の結果

学校 1 と 2，学校 1 と 3，学校 2 と 3 と 3 つのペアがあります。有意確率をみると、いずれも有意水準である .05 より大きな値を取っているのがわかります。つまり、学校 1 と 2，学校 1 と 3，学校 2 と 3 の 3 つのペアいずれでも有意差がみられないということになります。図 5.4 でみたように、分散分析では有意差が得られたので、分散分析と多重比較の結果が一貫しないことがわかります[*8]。つまり、分散分析で有意な結果が得られたとしても、そのことが多重比較において何処かのペアで有意差がみられることを保証するものではないということです。このように分散分析と多重比較の結果が一貫しないという事態はしばしば生じるものです。それは、分散分析と多重比較が異なる検定であり、検定統計量の値、参照する帰無分布、有意確率の算出方法などが異なっているため、有意かそうでないかの結果が一致するとは限らないということなのです。

[*8] ここで「検定結果が一貫しない」とは、分散分析で有意なのに、多重比較では有意なペアが得られない、あるいは、分散分析では有意でないのに、多重比較で有意なペアが得られる、という状況を指しています。

5-1-2　多重比較の方法による検定結果の相違

さらに，選択する多重比較の方法によっても，有意か否かの結果が変わることがあります。もう一度同じ分散分析を行ってみましょう。「一元配置分散分析ウィンドウ」(図 5.1) で，「その後の検定」をクリックし，「一元配置分散分析：その後の多重比較」ウィンドウが開いたら，「等分散を仮定する」の中にある「Tukey」に加えて，「LSD[*9]」と「Bonferroni[*10]」にもチェックを入れてください（図 5.6）。

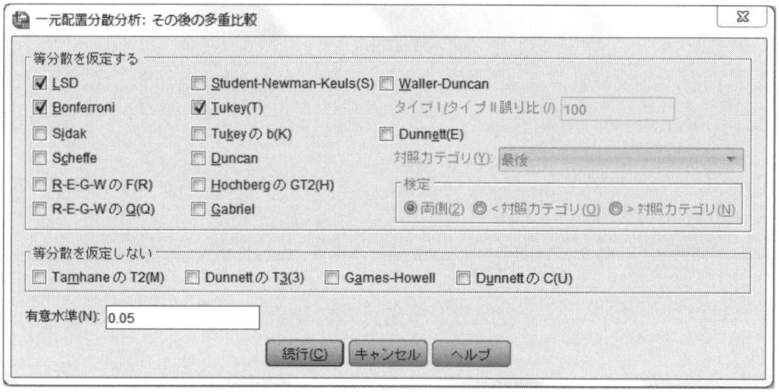

図 5.6 「一元配置分散分析：その後の多重比較」ウィンドウ

図 5.7 に多重比較の結果を示しました[*11]。「最小有意差」と書かれているところに，LSD 法による多重比較の結果が，「Bonferroni」と書かれているところに，Bonferroni 法による多重比較の結果が，Tukey 法による多重比較の結果に加えて示されています。学校 1 と学校 3 のペアに注目して多重比較の結果をみてみましょう。Tukey の方法では，先ほども確認したように，有意確率は .056 で 5％水準では有意ではありません。ところが LSD 法では，有意確率は .022 となり，5％水準で有意になります。Bonferroni 法では，有意確率は .067 となり，5％水準で有意ではありません。

[*9] LSD とは，Least Significant Difference の頭文字を取ったものです。LSD 法による多重比較については，山田・村井（2004）などを参照してください。

[*10] Bonferroni 法による多重比較とは，多重検定（A,B,C の 3 つの水準があるときに，同じデータに対して A と B，A と C，B と C という 3 回の検定を繰り返すこと）による実質的な有意水準の上昇を避けるため，有意水準（例えば α=.05）を検定の繰り返しの回数（この例の場合 3 回）で割って（0.05÷3 = 0.0167），1.67％を有意水準とすることです。p 値が 0.0167 を下回った場合，有意であると判断します（事前に定めた有意水準が 5％の場合）。詳しくは，Kirk（2012）あるいは永田・吉田（1997）を参照ください。

[*11] 多重比較以外の結果は同様なので，説明は割愛します。

5-1 統計的仮説検定に関する諸問題

従属変数: 全国模試・数学の偏差値

	(I) 学校	(J) 学校	平均値の差 (I-J)	標準誤差	有意確率	95% 信頼区間 下限	上限
Tukey HSD	1	2	-9.500	4.657	.122	-21.05	2.05
		3	-11.300	4.657	.056	-22.85	.25
	2	1	9.500	4.657	.122	-2.05	21.05
		3	-1.800	4.657	.921	-13.35	9.75
	3	1	11.300	4.657	.056	-.25	22.85
		2	1.800	4.657	.921	-9.75	13.35
最小有意差	1	2	-9.500	4.657	.051	-19.06	.06
		3	-11.300*	4.657	.022	-20.86	-1.74
	2	1	9.500	4.657	.051	-.06	19.06
		3	-1.800	4.657	.702	-11.36	7.76
	3	1	11.300*	4.657	.022	1.74	20.86
		2	1.800	4.657	.702	-7.76	11.36
Bonferroni	1	2	-9.500	4.657	.154	-21.39	2.39
		3	-11.300	4.657	.067	-23.19	.59
	2	1	9.500	4.657	.154	-2.39	21.39
		3	-1.800	4.657	1.000	-13.69	10.09
	3	1	11.300	4.657	.067	-.59	23.19
		2	1.800	4.657	1.000	-10.09	13.69

*. 平均値の差は 0.05 水準で有意です。

図 5.7　多重比較の結果

以上のように，多重比較の方法によって検定結果が変わります。LSD のように有意差が得られやすい方法と，Bonferroni のように有意な結果が得られにくい，保守的[*12]な方法とが存在するのです。分散分析と多重比較の場合と同様に，それぞれの多重比較の方法もそれぞれ異なる検定であり，検定統計量の値，参照する帰無分布，有意確率の算出方法など，異なっているため，有意かそうでないかの結果が一致するとは限らないということになります。

また，ここで紹介した表 5.1 のデータは $n = 30$ というサンプルサイズのデータでした。このサンプルサイズを増やすことで，検定の結果は変わります。サンプルサイズが大きいほど，検定力[*13] が高くなり，有意な結果が得られやすくなります。

5-1-3　統計的仮説検定の問題点

統計的仮説検定では，帰無仮説が棄却されるか，棄却されないかという 2

[*12] 保守的とは，英語では conservative といい，有意かどうかが微妙だったら簡単には有意と判断しない，そういう厳しい姿勢を意味している，と思ってください。

[*13] 検定力（statistical power）とは，帰無仮説が間違っているときに，正しくこれを棄却できる確率のことです。β を第二種の誤りの確率とすると，検定力は $1-\beta$ で表されます。検定力は，検定をして有意な結果が得られる確率と言い換えることができます。

つの結果しかありません。棄却されたらハッピーですが，棄却されなかったら大きな失望となります。有意確率でいうと，有意確率が.049なら有意です。喜んで論文に報告できるでしょう。しかし，有意確率が.051だったら有意ではありません。あなたが卒論を書いている大学4年生だったら，この有意確率.051という結果をみてひどく落ち込むことになるでしょう。でも，本当にそれで良いのでしょうか？　確率の差はわずか.002です。このわずかな差で有意な結果が得られたり，得られなかったりするわけです。そして，その有意な結果は，もうちょっとサンプルサイズを増やせば簡単にひっくり返るような脆弱な基盤の上で得られる結果なのかもしれないのです。統計的仮説検定が，有意か否かという1か0かの二値判断であり，それ以上の情報をもたらさない[*14]ことは検定の問題点として批判されてきました。また，その二値判断が，サンプルサイズの大小という，調査や実験という研究の現場とは無関係な要因によって，結果が変わりうるものであるということも検定の問題点といえるでしょう。

　サンプルサイズに関連して，統計的仮説検定はサンプルサイズが増えると検定力が高くなり，非常に小さな差や効果まで検出して「有意である」と判断します。例えば，標本相関係数の値が$r = 0.1$であっても，サンプルサイズが$n = 400$もあれば有意となります。相関係数の検定では，帰無仮説は，$H_0 : \rho = 0$（母集団相関係数が0）ですから，相関係数の値が0.1であっても，0ではない。たしかにそうなのですが，このような小さな値を有意として検出することにどれほどの意味があるでしょうか。統計的仮説検定の問題点として，実質的に意味のない差であっても，サンプルサイズが大きければ「有意である」と判断されてしまうということがあります。反対に，サンプルサイズが十分でない場合に，本来存在する「実質的に意味のある差」を検定で検出できない可能性もあることになります。サンプルサイズが小さく，検定力が低い場合，検定の結果は有意にならないかもしれません。有意にならないからといって，意味がない結果とは限りません。統計的仮説検定というのは，大きなサンプルサイズによって実質的に意味のない差まで検出してしまうことも，小さなサンプルサイズによって本来見抜きたい意味のある差を検出できないことも，両方起こりうるのです。

　また，統計的仮説検定において，小さな有意水準で有意になる方が望ま

[*14] 検定の結果，「有意な差が得られた」としても，その差がどの程度大きな差なのかといった，効果についての量的な情報を知ることはできません。あくまで，「有意である」という確率判断にも基づく1つの結果が得られるだけです。

5-1 統計的仮説検定に関する諸問題

しいという誤解もあるようです[15]。1%水準で有意になったり、0.1%水準で有意になったりすることを喜んで報告するという人もいるようです[16]が、それは適切な振る舞いとはいえないでしょう。これまで述べてきたように、統計的仮説検定はサンプルサイズを増やせば、どんな微細な差や効果であっても、有意という判定結果を得ることが可能です。つまり、実質的に意味がある差なり効果なりがあるから、小さな有意水準（例えば、0.1%水準）で有意になるとは限らず、大きなサンプルサイズで検定が行われたから有意になったのかもしれないのです。

統計的仮説検定では、そのロジックから考えると当たり前なのですが、「帰無仮説が正しい確率」や「対立仮説が正しい確率」といった、仮説に対する確率を求めること（知ること）はできません。統計的仮説検定では、帰無仮説が正しいという仮定のもと[17]で、実験や調査によって得られたデータ（サンプル）[18]がどれくらいの確率で生じるものかを計算します。この確率が5%[19]を下回ったときに、滅多に起こらない結果が生じた、とみなします。そして、帰無仮説が正しいという仮定のもとでは、滅多に起こらない結果が生じたのは、たまたま運が良かったから、と考えるよりは、前提として考えた「帰無仮説が正しい」という仮定が間違っていたからだと考えて、この帰無仮説を捨てる（棄却する）[20]というのが、統計的仮説検定のロジックです。ここで述べたように、どこにも「帰無仮説が正しい確率」といった文意は出てきません。しかし、心理統計の初学者の中には、検定の結果、5%水準で有意になったということを、「帰無仮説が正しい確率が5%以下であった」と誤って解釈してしまう人が多いのです。統計的仮説検定においては、帰無仮説や対立仮説が正しい・誤っている確率を求めることはできません。これを統計的仮説検定の問題点と呼ぶのが適切かどうかはわかりませんが、特に初学者にとってはわかりにくい考え方になってしまっているものであることは間違いないでしょう。

最後に、統計的仮説検定の結果、有意な結果が得られたとしても、帰無仮説を棄却するという判断が必ずしも正しいかどうかはわかりません。第一種の誤りを犯している可能性を否定できないのです。第一種の誤りとは、帰無仮説が正しいのに、正しい帰無仮説を棄却してしまう誤りのことです。先ほど統計的仮説検定のロジックを述べたときに、帰無仮説が正しいとい

---

[15] 例えば、有意水準5%で有意になるよりも、有意水準1%で有意になる方が、より意味のある差であると解釈するということです。

[16] 1%水準で有意になると、**（星2つ）、0.1%水準で有意になると***（星3つ）のように、小さな有意水準で有意になったことを強調して検定結果が報告されている論文を見かけることができるでしょう。

[17] つまり、帰無仮説は正しいものだ、ということを前提として受け入れるところからスタートするわけです。

[18] 正確には、得られたデータから計算した検定統計量の実現値（の絶対値）以上の極端な値が得られる確率です。これは有意確率（p値）と呼ばれるものです。

[19] この確率を有意水準といいます。ここでは有意水準 $\alpha = .05$ で検定を実行しているということになります。

[20] 帰無仮説が正しいという前提のもとでは、滅多に生じないような結果が手に入ったときに、たまたま偶然そうなったと考えるよりは、そもそも「帰無仮説が正しい」という前提が間違っていたから

う仮定のもとで，5％以下の確率でしか生じないような結果が得られた場合，「帰無仮説が正しい」という前提が間違っていると判断すると説明しました。だいたいにおいて，この判断は正しいと思われます。しかし，帰無仮説が正しいにもかかわらず，5％以下の確率でしか生じないような珍しいデータ（標本）がたまたま手に入ってしまうこともあり得るのです[*21]。このとき[*22]，帰無仮説を棄却するという判断をした場合，第一種の誤りを犯したことになります。しかも，我々には帰無仮説が本当に正しいかどうかを知ることはできませんので[*23]，こうした判断が誤っているのか・正しいのか，その真実を知ることはできないのです。

ここまでにあげた統計的仮説検定の問題点を表 5.2 にまとめました。5-2 節以降では，こうした問題点にどのように対応するのか，近年の「心理学における統計改革」の話を紹介しながら，説明していくことにします。

だろうと考える方が，一般的には妥当だといえるでしょう。

[*21] 当選確率が5％であるような宝くじには,多くの人は当たりません。しかし，中には当たる人がいますよね。

[*22] 帰無仮説が正しいのに，5％以下の確率でしか生じないようなデータの結果が得られたときのことです。

[*23] 帰無仮説は母集団の値について設定されるものです（例えば，母相関係数が 0 である，のように）。我々は母集団の値（母数）を知ることはできませんので,帰無仮説が正しいかどうかは分からないのです。

表 5.2　統計的仮説検定における問題点

有意確率が .049 ならば有意だが，.051 だと有意にならない。わずかな確率の違いが，検定結果としては大きな違いにつながる
検定は，有意か・有意でないかという二値判断であり，それ以上の情報をもたらさない
サンプルサイズを増やせば検定力を高くすることができる。すると，わずかな差や効果であっても検出して，有意な結果を得ることができてしまう。実質的に意味のない差や効果でも「有意」と判定される。逆に，サンプルサイズが少ないと，本来見出したい差や効果を正しく検出することができないこともある
小さな有意水準で有意になる方が望ましい結果であるという誤った考え方をされがち
検定では，「帰無仮説が正しい確率」「対立仮説が正しい確率」といった仮説についての確率を求めることはできない。ロジックがややこしい
検定は確率に基づく判断であり，有意な結果が得られたとしても，帰無仮説を棄却するという判断が間違っている可能性を 0 にはできない（設定した有意水準の値だけ，第一種の誤りの確率は存在する）

5-2　心理学における統計改革

5-2-1　心理学における統計改革とは

5-1-3 項では，統計的仮説検定の様々な問題点について述べました。こうした問題点はずいぶん前から（1990 年くらいから），様々な研究者により指摘されてきました[*24]。しかし，心理学研究における統計解析の現状，簡単

[*24] 例えば，Cohen (1994) や橘 (1986) などが参考になります。

にいうと統計的仮説検定の結果への過度な依存，が大きく変わることはなかなかありませんでした。ところが，近年，心理学研究における統計改革と呼ばれる大きな変化が生じ始めています。

2012年に，日本と欧米で同時に統計改革について論じた重要な文献が出版されています。大久保・岡田（2012）とCumming（2012）です[*25]。

大久保・岡田（2012）で述べられているように，アメリカ心理学会（American Psychological Association）が発行している『論文出版マニュアル第6版』（APA Publication Manual 6th edition[*26]）では，論文の「結果」に記載すべき，統計とデータ解析に関する情報として，

- 統計的仮説検定の結果の報告は始まりに過ぎず，効果量[*27]や信頼区間[*28]，データに関する詳細な記述などの追加の情報を報告することが必要である。
- 統計的仮説検定の結果を報告する際は，検定統計量の実現値，自由度，有意確率（p値），効果量を示す。
- 統計量の点推定値（標本平均や標本回帰係数など）を記載する際は，その変動の大きさ（正確さ）を示す指標を付す（例えば，標準誤差など）。信頼区間は，推定値の変動を示す効果的な方法である。信頼区間は推定値の位置（大きさ）と正確さに関する情報を含むため，また検定結果の情報も含むため，結果の報告の方法として最も良い。

といったことが書かれています[*29]。アメリカの心理学研究の論文の書き方がまとめられているAPA論文出版マニュアルに，「検定だけではダメ。効果量や信頼区間を報告しなさい」と明記されたことで，論文における統計解析結果の表記が徐々に変わりつつある。その影響は日本にも及んできている，というのが現在の状況といえるでしょう。

大久保・岡田（2012）は，近未来の心理学研究における統計解析結果の記し方についてわかりやすく学ぶことができる名著です。Cumming（2012）は，大久保・岡田（2012）と同様，効果量や信頼区間について学ぶことができ，さらに，メタ分析[*30]についても解説されています。

また，Cumming, G.のサイト[*31]では，ESCI[*32]というExcelのマクロファイルを無料でダウンロードできます。ESCIは，検定結果がいかにあてにならないかを視覚的に体験できたり[*33]，様々な効果量を計算したり，信

[*25] 読者の皆さんで，心理学における統計改革に興味を持たれた方は，大久保・岡田（2012）かCumming（2012）を一読されることをお勧めします。さらに，Cumming & Calin-Jageman（2016）という，Cumming（2012）よりも初学者向けに書かれた本も出版されました。

[*26] 正式名称は，Publication manual of the American Psychological Association (6th ed.) です。

[*27] 効果量は，英語ではeffect sizeといいます。

[*28] 信頼区間については，基礎編7-3-2項を参照してください。

[*29] 具体的には，American Psychological Association (2009, pp.33-34) に書かれています。

[*30] メタ分析については，本章5-2-2項をご覧ください。

[*31] http://thenewstatistics.com/

[*32] エスキーと読むそうです。

[*33] ESCIには「p値のダンス」という面白い機能が用意されているので，読者の皆さんには是非試してみてほしいです。

頼区間を求めたり，メタ分析を実行できたり，と非常に多くの機能を備えています。効果量・信頼区間・メタ分析の学習教材としても有効ですので，興味ある方はサイトからファイルをダウンロードしてみてください。ESCIの操作について解説した動画もみることができます。

5-2-2 効果量

5-2-1項で，効果量という用語を紹介しました。APAの出版マニュアル（第6版）でも，検定結果の報告の際に，p値だけではなく，効果量を記載することが推奨されています。効果量とは，文字通り，効果の大きさを表現する統計量です。大久保・岡田（2012）では，効果量にはd族の効果量とr族の効果量があると紹介されています。

d族の効果量とは，2群の平均値差に基づく効果量です。d族の効果量でもっともよく知られているのが，(5.1)式[*34]で示されるd[*35]です。このdは「標準化平均値差」とも呼ばれます。

$$d = \frac{2群の標本平均の差}{2群をプールした標準偏差} \tag{5.1}$$

tやFなどの検定統計量は，「検定統計量＝効果量×サンプルサイズ」という形で表現することができます。例えば，独立な2群の平均値差の検定で用いられるt統計量であれば，基礎編7章で紹介した式を再掲して，

$$t = \frac{2群の標本平均の差}{平均値差の標準誤差} \tag{5.2}$$

$$平均値差の標準誤差 = 2群をプールした標準偏差 \times \sqrt{\frac{1}{n_1} + \frac{1}{n_2}} \tag{5.3}$$

(5.2)式の分母に(5.3)式を代入して，

$$t = \frac{2群の標本平均の差}{2群をプールした標準偏差 \times \sqrt{\frac{1}{n_1} + \frac{1}{n_2}}} \tag{5.4}$$

[*34] (5.1)式で示される効果量は，Hedgesのgと呼ばれることがあります。さらに，このHedgesのgについてバイアスの修正を行ったものを，Hedgesの$\hat{\delta}$と表記するテキストもあります。

[*35] 最もよく知られている効果量であるdですが，SPSS base（バージョン24）では，この数値を計算することはできません。効果量dを求めるには，Rという統計ソフトのmetaforパッケージなどを利用することができます。あるいは，前述のESCIでも計算可能です。

$$t = \frac{\text{2群の標本平均の差}}{\text{2群をプールした標準偏差}} \times \frac{1}{\sqrt{\frac{1}{n_1} + \frac{1}{n_2}}} \quad (5.5)$$

$$t = d \times \sqrt{\frac{n_1 n_2}{n_1 + n_2}} \quad (5.6)$$

となり,「効果量×サンプルサイズ」の形に直すことができました。検定統計量の値が大きくなれば,検定の結果有意となります。検定統計量の値を大きくする要因としては,効果量とサンプルサイズがあることが(5.6)式からわかります。サンプルサイズが大きすぎると,たとえ効果の大きさ[*36]がほとんど0であっても,検定統計量の値は大きくなり,有意な結果が得られてしまいます[*37]。標準化平均値差 d は,サンプルサイズに依存しない効果の大きさを数値として表現できる指標であり,検定の結果である有意か否かという二値判断以上の情報を与えてくれるものになります。

r 族の効果量は,相関係数および相関係数の2乗に基づく効果量です。r 族の効果量にも色々なものがありますが,代表的なものとして,η^2[*38]というものがあります。η^2 は以下の(5.7)式で求めることができます。

$$\eta^2 = \frac{\text{要因の平方和}}{\text{全体平方和}} \quad (5.7)$$

ここで,要因の平方和とは,要因の違いによるバラツキを意味しています。全体平方和は,データ全体のバラツキを意味します。(5.7)式の η^2 は,データ全体のバラツキを要因の違いによるバラツキでどの程度説明できるかを表現するものです。

5-2-3 効果量の使われ方

d 族の効果量として標準化平均値差 d を,r 族の効果量として η^2 を紹介しました[*39]。それでは,効果量は具体的にどのように利用されるのでしょうか。先ほど,検定統計量は「効果量 × サンプルサイズ」の形で表現できると述べました。効果量は,検定統計量の大きさを決める要素であり,サンプルサイズに依存しない効果の大きさを表現するものと捉えることがで

[*36] 効果の大きさは,効果量 d として表されることになります。

[*37] これは前節で紹介した統計的仮説検定の問題点の1つでした。

[*38] η^2 はイータジジョウと読みます。

[*39] 基礎編9章では,2×2のクロス集計表について計算される,オッズ比という効果量を紹介しました。オッズ比あるいは,対数オッズ比は,質的変数どうしの連関の強さを表す効果量としてよく用いられます。例えば,山田・井上(2012)やBorenstein, Hedges, Higgins, & Rothstein (2009) を参照してください。

きます．統計的仮説検定では，有意か否かという二値判断の結果しか情報を得ることができません．論文等で検定結果を報告する際，有意か否かの結果に効果量を付記することで，どの程度効果があったのかという量的な情報を加えることができるようになります．二値判断以上の情報を提供できるようになるということです．

効果量はサンプルサイズに依存しないと書きました．これは，効果量を記述統計量として捉えた場合です．一方で，データから計算される効果量は母数を推定するための標本統計量であるという考え方も可能です．未知の母集団効果量があり，標本から計算した効果量によってその母集団効果量を推定するということです．このように効果量を標本統計量であると考えた場合，標本効果量は標本によって変動することになり，その変動の大きさを評価することも必要となります．母集団効果量についての信頼区間を計算することで，推定の精度を評価することができるようになります．母集団効果量と標本効果量という対応を考えるとき，効果量の推定値とその信頼区間を求めて[*40]，論文の結果に記載するという結果の示し方も可能になります．

さらに，同一のテーマについて実施された複数の研究の結果をまとめるための統計的方法として，メタ分析と呼ばれる方法があります．メタ分析は，系統的レビューとも呼ばれ，各研究で示された統計解析の結果を分析対象として，研究全体としての効果の大きさとその正確さについて量的な検討が行われます．効果量は，メタ分析において複数の研究の結果を量的に統合するための指標として用いられます．サンプルサイズが十分ではないなどの理由で，1つ1つの研究でははっきりとした結果が得られない，結果について決定的な言及をすることができない，といったことがあるかもしれません．こうした場合でも，メタ分析を用いて，同一のテーマについて実施された複数の研究を統合することで，研究全体としてどれくらい効果があるのか，それがどの程度の精度を持つのか，ということを明らかにすることができます．メタ分析では効果量が重要な役割を果たします[*41]．

[*40] 効果量の信頼区間の求め方については，岡田・大久保（2012）などを参照してください．

[*41] メタ分析の詳細については，Borenstein, et al.（2009），あるいは，山田・井上（2012）を参照してください．

5-2-4 SPSSによる効果量（偏イータ2乗）の算出

SPSSで効果量を算出してみましょう．表5.1のSPSSデータを再度利

用します。SPSSメニューの「分析」→「一般線型モデル」→「1変量」と選択します。

図5.8のように「1変量」ウィンドウが開くので，「従属変数」に「全国模試・数学の偏差値［math］」を入れ，「固定因子」に「学校［school］」を入れます。「オプション」をクリックすると，図5.9の「1変量：オプション」ウィンドウが開きます。「表示」の枠内にある，「記述統計」と「効果サイズの推定値」にチェックを入れてください。「続行」をクリックして図5.8の画面に戻り，「OK」をクリックすると，分析が実行されます。

図5.10から，学校1から3に属する生徒の度数がそれぞれ10人ずつであることがわかります。図5.11には，学校ごとの「全国模試・数学の偏差値」の平均値と標準偏差が示されています。

図5.12に分散分析表が示されています。「偏イータ2乗」[*42]と書かれているのが効果量です。「school」の行をみると，.201という値を読み取ることができます。偏イータ2乗は，η^2とは計算の仕方がちょっと違っていて，以下の(5.8)式で計算することができます。

*42 ギリシャ文字を用いて $\eta^2_{partial}$ と書かれます。パーシャルイータ2乗と呼ばれることもあります。

$$\eta^2_{partial} = \frac{要因の平方和}{要因の平方和 + 誤差の平方和} \tag{5.8}$$

ところが，ここでの例のように要因が1つしかない場合は，(5.7)式と

図5.8 「一変量」ウィンドウ

図5.9 「一変量：オプション」ウィンドウ

	度数
学校	1	10
	2	10
	3	10

図 5.10　各学校の度数

従属変数:　全国模試・数学の偏差値

学校	平均値	標準偏差	度数
1	46.60	8.289	10
2	56.10	4.483	10
3	57.90	15.380	10
総和	53.53	11.243	30

図 5.11　記述統計量

被験者間効果の検定

従属変数:　全国模試・数学の偏差値

ソース	タイプIII 平方和	自由度	平均平方	F 値	有意確率	偏イータ2乗
修正モデル	737.267ª	2	368.633	3.399	.048	.201
切片	85974.533	1	85974.533	792.744	.000	.967
school	737.267	2	368.633	3.399	.048	.201
誤差	2928.200	27	108.452			
総和	89640.000	30				
修正総和	3665.467	29				

a. R2 乗 = .201 (調整済み R2 乗 = .142)

図 5.12　分散分析表

(5.8) 式は同じ式になってしまいます[*43]。実際に図 5.12 の数値を (5.8) 式に代入して計算してみると，

$$\eta^2_{partial} = \frac{要因の平方和}{要因の平方和 + 誤差の平方和} = \frac{737.267}{737.267 + 2928.200} = 0.201$$

となって，図 5.12 と同じ値が得られました。要因が 1 つしかないので，(5.7) 式で求めても，

$$\eta^2 = \frac{要因の平方和}{全体平方和} = \frac{737.267}{3665.467} = 0.201$$

と同じ値を得ることができます[*44]。この効果量は，要因（この例では学校の違い）によって，データ全体の分散がどの程度説明されるかを意味しています。学校の違いという要因によって，全国模試・数学の偏差値のバラツキの 2 割程度が説明できたということになります。

効果量の値を検定結果とともに示すことで，統計解析の結果に二値判断

*43　要因が 1 つの場合，要因の平方和＋誤差の平方和＝全体平方和となるため。偏イータ 2 乗は，要因が複数あるときに有効な効果量といえます。

*44　全体平方和は，図 5.12 では「修正総和」に該当します。

以上の情報を提供することができるようになるのです。

　最後に，心理学の実際の論文で，一要因被験者間分散分析の結果に効果量をどのように報告するかを紹介しておきます。これは基礎編8章の8-3-3項に示した文章を一部書き直したものです。

> 　鈴木・武藤（2013）の調査対象校となった3つの高校の学力水準の違いについて検討するため，全国模試・数学の偏差値について，偏差値の平均値が学校によって有意に異なるかを分散分析により確認することにした。（中略）数学の偏差値については，一要因被験者間分散分析の結果，5%水準で有意な差が得られた（$F(2, 27) = 3.399, p < .05, \eta^2_{partial} = 0.201$）[*45]。そこでTukeyの方法で多重比較を行ったところ，多重比較では有意差のあるペアはみられなかった。

[*45] 有意水準を5%として検定しています。

5-3　ベイズ統計学

　近年，ベイズ統計学への注目が高まっています。文系の学部生向けのテキスト[*46]も刊行され，フリーソフトウェアのRを用いることで，個人でもベイズ統計学を実行する環境に簡単にアクセスできるようになりました。本節では，ベイズ統計学の基礎となるベイズの定理について簡単に説明して，ベイズの定理に基づく統計的推測がどのようなメリットを持つかについて紹介します。

[*46] 例えば，豊田（2015, 2016）などがあります。

5-3-1　ベイズの定理

　ベイズの定理は，ベイズ統計学の基礎をなす重要な定理です。ベイズの定理は以下の（5.9）式で与えられます。

$$P(H|D) = P(H) \times \frac{P(D|H)}{P(D)} \tag{5.9}$$

(5.9)式において，$P(H|D)$を「事後確率」といいます。Hは仮説を，Dはデータをそれぞれ意味しています。$P(H|D)$という表記は，データDが得られたもとで仮説Hが正しい確率を表します[*47]。$P(H)$は事前確率です。「データDが得られたもとでの」といった制約をもたない[*48]，仮説Hが正しい確率です。$P(D|H)$は，仮説Hが正しいと仮定したときにデータDが得られる確率です。これは「尤度」とも呼ばれます。$P(D)$は，特に条件付けされていない，データDの得られる確率です[*49]。

具体例で考えてみましょう。今，ダラス出身の人とヒューストン出身の人が10人ずつ合計20人いるとします[*50]。ダラス出身の人の6割はカウボーイズ・ファンで4割がテキサンズ・ファン[*51]（10人中6人がカウボーイズのファン，4人がテキサンズのファン），ヒューストン出身の人の8割はテキサンズ・ファンで2割がカウボーイズ・ファン（10人中2人がカウボーイズのファン，8人がテキサンズのファン）であることが分かっているとします。20人から一人を選んだときに，その人がヒューストン出身である確率はいくらでしょうか。また，選んだその人がテキサンズ・ファンであると分かったとき，その人がヒューストン出身である確率はどうなるでしょうか？

この問題はベイズの定理を用いて考えることができます。(5.9)式を利用します。

$$P(H|D) = P(H) \times \frac{P(D|H)}{P(D)} \tag{5.9}$$

$P(H|D)$を，その一人の人がテキサンズ・ファンである（D）と分かったときにヒューストン出身（H）である確率。$P(H)$を，20人から選んだ一人の人がヒューストン出身（H）である確率[*52]。$P(D|H)$を，その一人の人がヒューストン出身（H）であるときに，テキサンズ・ファンである（D）確率[*53]。$P(D)$を，20人から選んだ一人の人がテキサンズ・ファンである確率[*54]とします。

すると，(5.9)式は次のように表せます。

[*47] このような確率を「条件付き確率」とも呼びます。

[*48] あるいは，条件付けされていない，ともいいます。

[*49] 尤度は総和が1を超えることもあるため，厳密には確率ではありません。ここでは説明の平易さのため，確率という表現を用いています。

[*50] ダラスとヒューストンはアメリカ合衆国テキサス州にある都市の名前です。

[*51] これらはアメリカンフットボールのプロチーム（NFL）の名前で，正式名称は，ダラス・カウボーイズとヒューストン・テキサンズといいます。

[*52] $P(H)$は，20人の中にヒューストン出身が10人いるので，10/20となります。

[*53] $P(D|H)$は，ヒューストン出身が10人いて，その中にテキサンズのファンが8人いるので，8/10となります。

[*54] $P(D)$は，20人の中にテキサンズのファンは12人いる（4人＋8人）ので，12/20となります。

$$P(H|D) = P(H) \times \frac{P(D|H)}{P(D)} = \frac{10}{20} \times \frac{8/10}{12/20} = 0.5 \times 0.8 \div 0.6 = 0.667$$

何も情報のない状態では，20人から一人を選んだときに，その人がヒューストン出身である確率は10/20 = 0.5でした．これが事前確率$P(H)$です．そこに，「選んだ人はテキサンズのファンである」という情報が加わることで，その人がヒューストン出身である確率は0.667まで上昇しました．これが事後確率$P(H|D)$です．事前確率$P(H)$に，情報 $\left(\frac{P(D|H)}{P(D)}\right)$ が追加されることによって，確率が更新され，事後確率$P(H|D)$が求まる．これがベイズの定理のポイントです．

5-3-2 ベイズ推測の活用

5-3-1項で述べたベイズの定理に基づく統計的推測を「ベイズ推測」と呼びます[*55]。ベイズ推測のメリットとは何でしょうか？ 情報を活用することで確率を更新できる柔軟さがメリットの1つといえるでしょう．また，統計的仮説検定のロジックの説明で，検定とは「帰無仮説が正しい（H）という仮定のもとでの，データ（D）の確率である」と述べました．これは，ベイズの定理の表記を借りれば，$P(D|H)$という確率です．

ここで，5-1-3項で述べた，「5%水準で有意である＝帰無仮説が正しい確率が5%以下である」という，心理統計の初学者がやりがちな誤った解釈について再度考えてみましょう．これは，データ（D）が与えられたときの仮説が正しい（H）確率ですから，$P(H|D)$です．ベイズ統計学の事後確率は，統計的仮説検定では誤りとされる，「データのもとでの仮説の確率」を扱えることになります．豊田（2015, 2016）は，ベイズ統計学の事後確率は，本来研究者が知りたい「データが与えられたときの，仮説の確からしさ・確率」を扱える点がベイズ統計学のメリットであると述べています．これは，統計的仮説検定のわかりにくいロジックと対照的で，直感的でわかりやすいとも述べられています[*56]．

ベイズ統計学を実行するには，マルコフ連鎖モンテカルロ法[*57]と呼ばれるコンピュータを利用した大量の反復計算が必要となります．マルコフ連

[*55] 南風原（2014）を参照してください．

[*56] 豊田（2015）では「伝統的な有意性検定の枠組みでは，研究仮説が正しい確率は決して計算できません．これはベイズ統計学の真骨頂であり，独壇場です」と述べられています．さらに，豊田（2016）では，「有意性検定の理論体系は，その利用者に不自然な思考を強いる」や「研究仮説が正しい確率を直接計算するベイズ流の推論は考え方がとても自然です．だから誤解が生じる余地がありません」とも書かれています．

[*57] この方法の詳細については，豊田（2015, 2016）を参照してください．

鎖モンテカルロ法によるベイズ推定を行うためには，Rという統計ソフトを用いることができます[*58]。Rとrstanというパッケージを利用することで，無料でベイズ統計学を用いた統計解析を行うことが可能です。詳細については，豊田（2015, 2016）を参照してください。

表5.2では，統計的仮説検定の問題点を整理しました。本章の最後に，それらの問題点にどのように対応すれば良いか，提案されている対応策をまとめておきます（表5.3）。

[*58] 残念ながら，SPSS baseではベイズ統計学による推定を実行することはできません（バージョン24の時点では）。

表5.3 統計的仮説検定における問題点とその対応策

問題点	提案されている対応策
有意確率が.049ならば有意だが，.051だと有意にならない。わずかな確率の違いが，検定結果としては大きな違いにつながる。 検定は，有意か・有意でないかという二値判断であり，それ以上の情報をもたらさない	母数についての信頼区間を求める（例：母相関係数ρの95%信頼区間）。 効果量を求める
サンプルサイズを増やせば検定力を高くすることができる。すると，わずかな差や効果であっても検出して，有意な結果を得ることができてしまう。実質的に意味のない差や効果でも「有意」と判定される。逆に，サンプルサイズが少ないと，本来見出したい差や効果を正しく検出することができないこともある	事前に検定力分析[*59]を行い，適切な検定力が得られるようにサンプルサイズを決定する。 母数についての信頼区間を求める。 効果量を求める。 効果量の信頼区間を求める。 メタ分析を行い，効果量を統合する
小さな有意水準で有意になる方が望ましい結果であるという誤った考え方をされがち	効果量を求める。 効果量の信頼区間を求める
検定では，「帰無仮説が正しい確率」「対立仮説が正しい確率」といった仮説についての確率を求めることはできない。ロジックがややこしい	ベイズ推測を用いることで，「データが与えられたときの仮説が正しい確率」について考えることができる
検定は確率に基づく判断であり，有意な結果が得られたとしても，帰無仮説を棄却するという判断が間違っている可能性を0にはできない（設定した有意水準の値だけ，第一種の誤りの確率は存在する）	母数についての信頼区間を求める。 効果量を求める

[*59] 検定力分析とは，適切な検定力（例えば0.8）を得るために必要なサンプルサイズを実際に研究（実験や調査など）を行う前に決める目的で実施される分析のことです。この場合の検定力分析を「事前の検定力分析」と呼ぶことがあります。検定力分析については，村井・橋本（2017）などを参照してください。

引用文献

足立浩平(2006).　多変量データ解析法──心理・教育・社会系のための入門──　ナカニシヤ出版

Aiken, L. S., & West, S. G.(1991).　*Multiple regression : Testing and interpreting interactions.* Newbury Park, CA : Sage.

American Psychological Association(2009).　*Publication manual of the American Psychological Association* (6th ed.). Washington, DC : Author.

Bonnini, S., Corain, L., Marozzi, M., & Salmaso, L.(2014).　*Nonparametric hypothesis testing : Rank and permutation methods with applications in R.* Chichester, UK : John Wiley & Sons, Ltd.

Borenstein, M., Hedges, L. V., Higgins, J. P. T., & Rothstein, H. R.(2009).　*Introduction to meta-analysis.* Chichester, UK : John Wiley & Sons, Ltd. http://doi.org/10.1002/9780470743386

Clark, L., & Watson, D.(1995).　Constructing validity : Basic issues in objective scale development. *Psychological Assessment, 7,* 309-319. http://doi.org/10.1037/1040-3590.7.3.309

Cohen, J.(1988).　*Statistical power analysis for the behavioral sciences* (2nd ed.). Hillsdale, NJ : Lawrence Erlbaum Associates.

Cohen, J.(1992).　A power primer. *Psychological Bulletin, 112,* 155-159. http://doi.org/10.1037/0033-2909.112.1.155

Cohen, J.(1994).　The earth is round ($p < .05$). *American Psychologist, 49,* 997-1003. http://doi.org/10.1037/0003-066X.49.12.997

Cohen, J., Cohen, P., West, S. G., & Aiken, L. S.(2002).　*Applied multiple regression/correlation analysis for the behavioral sciences* (3rd ed.). Mahwah, NJ : Erlbaum.

Cronbach, L. J. (1951).　Coefficient alpha and the internal structure of tests. *Psychometrika, 16,* 297-334. http://doi.org/10.1007/BF02310555

Cumming, G.(2012).　*Understanding the new statistics : Effect sizes, confidence intervals, and meta-analysis.* New York, NY：Routledge.

Cumming, G., & Calin-Jageman, R.(2016). *Introduction to the new statistics：Estimation, open science, and beyond.* New York, NY：Routledge.

Else-Quest, N. H., Hyde, J. S., & Linn, M. C.(2010). Cross-national patterns of gender differences in mathematics：A meta-analysis. *Psychological Bulletin, 136,* 103-127. http://doi.org/10.1037/a0018053

深谷達史(2015). 心理学における実験研究　山田剛史（編）　Rによる心理学研究法入門（pp.35-54）　北大路書房

南風原朝和(2001a). 量的調査——尺度の作成と相関分析——　南風原朝和・市川伸一・下山晴彦（編）　心理学研究法入門——調査・実験から実践まで——（pp.63-91）　東京大学出版会

南風原朝和(2001b). 準実験と単一事例実験　南風原朝和・市川伸一・下山晴彦（編）　心理学研究法入門——調査・実験から実践まで——（pp.123-152）　東京大学出版会

南風原朝和(2002). 心理統計学の基礎——統合的理解のために——　有斐閣アルマ

南風原朝和(2014). 続・心理統計学の基礎——統合的理解を広げ深める——　有斐閣アルマ

南風原朝和・市川伸一(2001). 実験の論理と方法　南風原朝和・市川伸一・下山晴彦（編）　心理学研究法入門——調査・実験から実践まで——（pp.93-121）　東京大学出版会

橋本貴充・荘島宏二郎(2016). 実験心理学のための統計学——t検定と分散分析——　誠信書房

平井洋子(2006). 測定の妥当性からみた尺度構成——得点の解釈を保証できますか——　吉田寿夫（編）　心理学研究法の新しいかたち（pp. 21-49）誠信書房

Huff, D.(1954). *How to lie with statistics.* New York：Norton and company.（ハフ, D. 高木秀玄（訳）(1968). 統計でウソをつく法——数式を使わない統計学入門——　ブルーバックス）

Huguet, P., Dumas, F., Marsh, H. W., Régner, I., Wheeler, L., Suls, J., Seaton, M., & Nezlek, J.(2009). Clarifying the role of social comparison in the big-fish-little-pond effect（BFLPE）：An integrative study. *Journal of Personality and Social Psychology*, *97*, 156-170. http://doi.org/10.1037/a0015558

市原　学(2007)．数学・国語における自己調整学習モデルの検討　筑波大学博士論文（未公刊）

市原　学・新井邦二郎(2002)．高校生における学業的自己概念の性差・コース間の差　日本教育心理学会第44回総会発表論文集, 255. http://doi.org/10.20587/pamjaep.44.0_255

市川雅教(2008)．Q62 標本の大きさ　繁桝算男・柳井晴夫・森　敏昭（編）Q&Aで知る統計データ解析［第2版］(p.125)　サイエンス社

市川伸一・南風原朝和・杉澤武俊・瀬尾美紀子・清河幸子・犬塚美輪・村山　航・植阪友理・小林寛子・篠ヶ谷圭太(2009)．数学の学力・学習力診断テストCOMPASSの開発　認知科学, *16*, 333-347. http://doi.org/10.11225/jcss.16.333

加藤健太郎・山田剛史・川端一光(2014)．Rによる項目反応理論　オーム社

川端一光・荘島宏二郎(2014)．心理学のための統計学入門──ココロのデータ分析──　誠信書房

Kirk, R. E.(2012). *Experimental design：Procedures for the behavioral sciences* (4th ed.). Thousand Oaks, CA：Sage Publications.

小杉考司・清水裕士（編）(2014)．M-plusとRによる構造方程式モデリング入門　北大路書房

前田和寛(2008)．重回帰分析の応用的手法──交互作用項ならびに統制変数を含む分析──　比治山大学短期大学部紀要, *43*, 69-73.

Marsh, H. W.(1987). The big-fish-little-pond effect on academic self-concept. *Journal of Educational Psychology*, *79*, 280-295. http://doi.org/10.1037/0022-0663.79.3.280

Marsh, H. W.(1990a). Influence of internal and external frames of reference on the formation of math and English self-concepts. *Journal of Educational Psychology*, *82*, 107-116. http://doi.org/10.1037/0022-0663.82.1.107

Marsh, H. W.(1990b). *Self-Description Questionnaire-II*. San Antonio, TX：Psychological Corporation.

Messick, S.(1995). Validity of psychological assessment：Validation of inferences from persons' responses and performances as scientific inquiry into score meaning. *American Psychologist, 50*, 741-749. http://doi.org/10.1037/0003-066X.50.9.741

三輪　哲・林　雄亮（編）（2014）．SPSSによる応用多変量解析　オーム社

宮本聡介・宇井美代子（編）（2014）．質問紙調査と心理測定尺度——計画から実施・解析まで——　サイエンス社

森　敏昭・吉田寿夫（編）（1990）．心理学のためのデータ解析テクニカルブック　北大路書房

村井潤一郎・橋本貴充（編）（2017）．心理学のためのサンプルサイズ設計入門　講談社

村山　航(2003a)．テスト形式が学習方略に与える影響　教育心理学研究, *51*, 1-12.

村山　航(2003b)．遂行目標未分化仮説の検討　ソーシャルモチベーション研究, *2*, 3-11.

村山　航(2006)．教育評価　鹿毛雅治（編）教育心理学（pp.173-194）朝倉書店

村山　航(2012)．妥当性概念の歴史的変遷と心理測定学的観点からの考察　教育心理学年報, *51*, 118-130. http://doi.org/10.5926/arepj.51.118

永田　靖・吉田道弘(1997)．統計的多重比較法の基礎　サイエンティスト社

並川　努・谷　伊織・脇田貴文・熊谷龍一・中根　愛・野口裕之(2012)．Big Five尺度短縮版の開発と信頼性と妥当性の検討　心理学研究, *83*, 91-99. http://doi.org/10.4992/jjpsy.83.91

並木　博(1997)．個性と教育環境の交互作用——教育心理学の課題——　培風館

日本心理学会(2015)．日本心理学会執筆・投稿の手引き（2015年改訂版）http://www.psych.or.jp/publication/inst.html　2016年11月1日閲覧

西岡加奈恵(2003)．教科と総合に活かすポートフォリオ評価法——新たな評価基準の創出に向けて——　図書文化

岡田謙介(2011). クロンバックのαに代わる信頼性の推定法について——構造方程式モデリングによる方法・McDonaldのωの比較—— 日本テスト学会誌, 7, 37-50.

岡田謙介(2015). 心理学と心理測定における信頼性について——Cronbachのα係数とは何なのか，何でないのか—— 教育心理学年報, 54, 71-83. http://doi.org/10.5926/arepj.54.71

大久保街亜・岡田謙介(2012). 伝えるための心理統計——効果量・信頼区間・検定力—— 勁草書房

大谷和大・中谷素之・伊藤崇達・岡田　涼(2012). 学級の目標構造は自己価値の随伴性の効果を調整するか——内発的興味と自己調整学習方略に及ぼす影響—— 教育心理学研究, 60, 355-366. http://doi.org/10.5926/jjep.60.355

小塩真司・阿部晋吾・Cutrone, P.(2012). 日本語版Ten Item Personality Inventory（TIPI-J）作成の試み　パーソナリティ研究, 21, 40-52. http://doi.org/10.2132/personality.21.40

尾崎幸謙・荘島宏二郎(2014). パーソナリティ心理学のための統計学——構造方程式モデリング—— 誠信書房

Rendcher, A. C.(2002). *Methods of multivariate analysis* (2nd ed.). New York, NY：John Wiley & Sons, Ltd.

Robinson, W. S.(1950). Ecological correlations and the behavior of individuals. *American Sociological Review*, 15, 351-357. http://doi.org/10.1093/ije/dyn357

Rosenthal, R., Rosnow, R. L., & Rubin, D. B.(1999). *Contrasts and effect sizes in behavioral research：A correlational approach.* Cambridge, UK：Cambridge University Press.

榊原雅人・寺本安隆・谷　伊織(2014). リラクセーション評価尺度短縮版の開発　心理学研究, 85, 284-293. http://doi.org/10.4992/jjpsy.85.13210

Shadish, W. R., Cook, T. D., & Campbell, D. T. (2002). *Experimental and quasi-experimental designs for generalized causal inference.* Wadsworth Cengage learning.

清水裕士(2014). 個人と集団のマルチレベル分析　ナカニシヤ出版

鈴木雅之(2011). ルーブリックの提示による評価基準・評価目的の教示が学習者に及ぼす影響──テスト観・動機づけ・学習方略に着目して── 教育心理学研究, 59, 131-143. http://doi.org/10.5926/jjep.59.131

鈴木雅之(2012). 教師のテスト運用方法と学習者のテスト観の関連──インフォームドアセスメントとテスト内容に着目して── 教育心理学研究, 60, 272-284. http://doi.org/10.5926/jjep.60.272

鈴木雅之・市川伸一(2016). 工夫速算方略の指導の効果 心理学研究, 87, 191-197. http://doi.org/10.4992/jjpsy.87.15310

鈴木雅之・武藤世良(2013). 平均的な学業水準との比較による学業的自己概念の形成──学業水準の高い高校に所属する生徒に焦点を当てて── パーソナリティ研究, 21, 291-302. http://doi.org/10.2132/personality.21.291

鈴木雅之・西村多久磨・孫　媛(2015). 中学生の学習動機づけの変化とテスト観の関係 教育心理学研究, 63, 372-385. http://doi.org/10.5926/jjep.63.372

Suzuki, M., & Sun, Y. (in press). Effects of students' perceptions of test value and motivation for learning on learning strategies use in mathematics. In E. Manalo, Y. Uesaka, & C. Chinn (Eds.), *Promoting spontaneous use of learning and reasoning strategies : Theory, research, and practice for effective transfer*. Routledge.

鈴木雅之・田中瑛津子・村山　航・市川伸一(2010). 工夫速算問題の分類と抽象的方略を用いた教授の効果 日本教育工学会論文誌, 34, 35-43. http://doi.org/10.15077/jjet.KJ00006440130

橘　敏明(1986). 医学・教育学・心理学にみられる統計的検定の誤用と弊害 医療図書出版会

髙本真寛・服部　環(2015). 国内の心理尺度作成論文における信頼性係数の利用動向 心理学評論, 58, 220-235.

高野慶輔(2017). ストレスの強さは人によって違う？──階層的重回帰分析と交互作用── 荘島宏二郎（編） 計量パーソナリティ心理学 (pp.137-151)　ナカニシヤ出版

高野陽太郎(2000). 因果関係を推定する──無作為配分と統計的検定── 佐伯　胖・松原　望（編） 実践としての統計学 (pp.109-146)　東京大

学出版会

田中あゆみ・山内弘継(2000)．教室における達成動機，目標志向，内発的興味，学業成績の因果モデルの検討　心理学研究，*71*, 317-324. http://doi.org/10.4992/jjpsy.71.317

外山美樹(2008)．教室場面における学業的自己概念——井の中の蛙効果について——　教育心理学研究，*56*, 560-574. http://doi.org/10.5926/jjep1953.56.4_560

豊田秀樹（編）(2007)．共分散構造分析 Amos 編——構造方程式モデリング——　東京図書

豊田秀樹（編）(2012)．因子分析入門—— R で学ぶ最新データ解析——　東京図書

豊田秀樹（編）(2015)．基礎からのベイズ統計学——ハミルトニアンモンテカルロ法による実践的入門——　朝倉書店

豊田秀樹(2016)．はじめての統計データ分析——ベイズ的〈ポスト p 値時代〉の統計学——　朝倉書店

植阪友理・鈴木雅之・清河幸子・瀬尾美紀子・市川伸一(2014)．構成要素型テスト COMPASS に見る数学的基礎学力の実態——「基礎基本は良好，活用に課題」は本当か——　日本教育工学会論文誌，*37*, 397-417. http://doi.org/10.15077/jjet.KJ00009296325

山田剛史・井上俊哉（編）(2012)．メタ分析入門——心理・教育研究の系統的レビューのために——　東京大学出版会

山田剛史・村井潤一郎(2004)．よくわかる心理統計　ミネルヴァ書房

山田剛史・村井潤一郎・杉澤武俊(2015)．R による心理データ解析　ナカニシヤ出版

山田剛史・杉澤武俊・村井潤一郎(2008)．R によるやさしい統計学　オーム社

吉田寿夫(1998)．本当にわかりやすいすごく大切なことが書いてあるごく初歩の統計の本　北大路書房

吉田寿夫(2006)．研究法についての学習と教育のあり方について思うこと，あれこれ　吉田寿夫（編著）心理学研究法の新しいかたち（pp.244-270）誠信書房

付録　質問紙

I．これから，あなたの国語と数学の学力に関する質問をいくつかします。それぞれの質問に対して，**あなたに一番よくあてはまると思うものを1つだけ選び，そこを○で囲んでください。**

＜国語＞

1	今のところ，<u>国語</u>は得意だと思いますか？	苦手	どちらかと言えば苦手	どちらともいえない	どちらかと言えば得意	得意
2	今のところ，<u>国語</u>のテストでよい点を取っていると思いますか？	悪い	どちらかと言えば悪い	どちらともいえない	どちらかと言えば良い	良い
3	今のところ，あなたにとって<u>国語</u>は難しいと思いますか？	簡単	どちらかと言えば簡単	どちらともいえない	どちらかと言えば難しい	難しい
4	今のところ，<u>国語</u>の授業は理解できていると思いますか？	理解できない	あまり理解できない	どちらともいえない	やや理解できる	理解できる
5	今のところ，通知表で<u>国語</u>の成績はいいほうだと思いますか？	悪い	どちらかと言えば悪い	どちらともいえない	どちらかと言えば良い	良い
6	今のところ，<u>国語</u>ではもの覚えがいいと思いますか？	悪い	どちらかと言えば悪い	どちらともいえない	どちらかと言えば良い	良い
7	あなたの<u>国語</u>の学力は，あなたの<u>学校全体</u>の中でどのくらいですか	低い	どちらかと言えば低い	真ん中くらい	どちらかと言えば高い	高い
8	あなたの<u>国語</u>の学力は，<u>日本の一般的な高校生</u>と比較すると，どのくらいですか？	低い	どちらかと言えば低い	真ん中くらい	どちらかと言えば高い	高い

＜数学＞

1	今のところ，**数学**は得意だと思いますか？	苦手	どちらかと言えば苦手	どちらともいえない	どちらかと言えば得意	得意
2	今のところ，**数学**のテストでよい点を取っていると思いますか？	悪い	どちらかと言えば悪い	どちらともいえない	どちらかと言えば良い	良い
3	今のところ，あなたにとって**数学**は難しいと思いますか？	簡単	どちらかと言えば簡単	どちらともいえない	どちらかと言えば難しい	難しい
4	今のところ，**数学**の授業は理解できていると思いますか？	理解できない	あまり理解できない	どちらともいえない	やや理解できる	理解できる
5	今のところ，通知表で**数学**の成績はいいほうだと思いますか？	悪い	どちらかと言えば悪い	どちらともいえない	どちらかと言えば良い	良い
6	今のところ，**数学**ではもの覚えがいいと思いますか？	悪い	どちらかと言えば悪い	どちらともいえない	どちらかと言えば良い	良い
7	あなたの**数学**の学力は，あなたの**学校全体**の中でどのくらいですか	低い	どちらかと言えば低い	真ん中くらい	どちらかと言えば高い	高い
8	あなたの**数学**の学力は，**日本の一般的な高校生**と比較すると，どのくらいですか？	低い	どちらかと言えば低い	真ん中くらい	どちらかと言えば高い	高い

付録　質問紙

Ⅱ. 次に，<u>あなたが普段の学習でどのようなことを意識しているのかについてお聞きします</u>。あてはまる数字に1つだけ○をつけてください。

	あてはまらない	どちらかといえばあてはまらない	どちらとも言えない	どちらかといえばあてはまる	あてはまる
(1) 「悪い成績をとってしまったらどうしよう」と考えることがよくある	1	2	3	4	5
(2) 学校では，ほかの人よりよい成績をとることを目標にしている	1	2	3	4	5
(3) まわりのみんなよりもよい成績をとろうと思うと，自分はやる気が出る	1	2	3	4	5
(4) 少し難しくても新しいことを勉強するほうが好きだ	1	2	3	4	5
(5) テストで，ほかの人より悪い点数をとってしまうことが心配だ	1	2	3	4	5
(6) 授業中は，できるだけたくさんのことを勉強したいと思う	1	2	3	4	5
(7) ほかの人よりも悪い成績をとらないようにしたいと思う	1	2	3	4	5
(8) ほかの人よりよい点数をとることは，自分にとって大切だ	1	2	3	4	5
(9) 授業では，簡単な内容より，少し難しくてもおもしろい内容をするほうが好きだ	1	2	3	4	5
(10) 学校では，ほかの人に私がよくできることをみせたいと思う	1	2	3	4	5
(11) クラスで落ちこぼれるのが嫌だから勉強する	1	2	3	4	5
(12) 授業の内容をできるだけしっかりとわかるようにすることは，自分にとって大切なことだ	1	2	3	4	5

Ⅲ. 最後に，以下のアンケートに答えてください。ただし，どうしても回答したくない質問がある場合には，空欄のままで結構です。

1. あなたが文系（志望）か理系（志望）かを教えてください。

　　　　　　　　　　　[　　文系（志望）　・　理系（志望）　　]

2. あなたの成績について
　　○月○日に行われた全国模試での，あなたの国語と数学の**偏差値**について，おおよそで構いませんので教えてください。当日欠席などでテストを受けていない人は書く必要はありません。

　　　　　　　(1) 国語　　偏差値　[　　　　]　　(2) 数学　　偏差値　[　　　　]

★複数の参照がある場合，
主な解説は太字のページ

索 引

■ 数字

0 次相関	180
0 という絶対的な原点	38
1 因子モデル	63
1 か 0 かの二値判断	253
1 群事前事後デザイン	221
1 群プリ・ポストデザイン	221
2 因子モデル	64
2×2 のクロス集計表	**36**, 168
2 群事前事後デザイン	225
2 群の平均値差の検定	111
2 群プリ・ポストデザイン	225
2 群をプールした標準偏差	113
2 群をプールした分散	113
2 値変数	202
4 つの尺度水準	38
95%信頼区間	184

■ 欧文

academic self-concept	3
alternative hypothesis	112
Amos	196
analysis of covariance	229
Analysis of Variance	125
ANCOVA	229
ANOVA	125
APA 論文出版マニュアル	256
association	34
between participants design	126
between subjects design	126
big-fish-little-pond effect	4
Bonferroni 法	251
CI	185
classical test theory	97
common factor	62
communality	82
COMPASS	217
confirmatory factor analysis	195
construct	61
correlation	34, **49**
correlation coefficient	50
df	113
d 族の効果量	257
ecological fallacy	144
ESCI	256
exploratory factor analysis	195
F	113
factor loading	64
Fisher の直接法	168
F 値	132
H_0	112
Hedges の g	257
Hedges の $\hat{\delta}$	257
hierarchical linear model	208
hierarchical regression analysis	208
IBM SPSS Statistics	14
IBM SPSS Statistics シンタックスエディタ	162
IBM SPSS Statistics データエディタ	20
IBM SPSS Statistics ビューア	23
interaction	152
interaction effect	152
internal consistency	99
item response theory	97
LSD	251
main effect	154
metafor パッケージ	257
moderation effect	200
Mplus	189, 196
multicollinearity	201
multiple regression analysis	174

277

索　引

null hypothesis	112	
$p < .01$	59, 123	
$P(D|H)$	263	
$P(H)$	263	
$P(H|D)$	263	
partial correlation coefficient	173	
partial out	173	
partial regression coefficient	174	
Pearson のカイ 2 乗	168	
Phi および Cramer V	35	
p-value	114	
p 値	114, **121**, 254	
p 値のダンス	256	
r	60	
R	189, 257	
R^2 値の増加分	207	
regression analysis	171	
regression coefficient	172	
regression line	172	
reject	113	
reliability	94	
residual	172	
rstan	264	
r 族の効果量	257	
SAS	189	
scale	**38**, 61	
simple effect	154	
simple main effect	154	
simple slope	215	
SPSS Advanced Statistics	189	
SPSS データ	11, **12**, 29	
statistical hypothesis testing	111	
t	221	
tolerance	208	
Tukey の方法	131	
t 検定	8, **111**, 180	
t 値	118	
unique factor	63	
uniqueness	83	
validity	91	
variance inflation factor	208	
VIF	208	
Welch's test	114	
within subject design	126	
$x|z$	173	
Z	113	
α 係数	9, **98**, 109, 197	
η^2	258	
ϕ 係数	36	
χ^2	113	
χ^2 検定	167	
ω 係数	101, 109, **198**	
ψ	238	

■ あ行 ——

アクティブ	135
値	16
値ラベル	18
一要因被験者間計画	127
一要因被験者間分散分析	127
一要因分散分析	247
一般化可能性の側面の証拠	93
一般的な高校生との相対的な学業水準の知覚	6
井の中の蛙効果	4, **144**
因子	61, 62
因子間相関	68
因子寄与	83
因子寄与率	84
因子行列	74
因子構造	195
因子軸の回転	65, **68**
因子数	67
因子数の決定	67
因子数の決定方法	86
因子相関行列	81
因子抽出	71
因子の解釈	80
因子負荷	64
因子負荷の 2 乗和	82
因子分析	9, 31, **61**
因子分析に必要なサンプルサイズ	194
因子分析の手順	66
因子名	65, **80**
ウェルチの検定	114
影響を取り除いた	173

■ か行 ——

回帰係数	172
回帰係数の等質性	229
回帰係数の等質性の検定	230

回帰直線	172	棄却する	113	結果的側面の証拠	93
回帰分析	8, 9, **171**	擬似相関	51, 173	欠損値	16, **19**, 56
階級	41	記述統計	31	決定係数	**176**, 207
カイザー基準	67	記述統計量	**44**, 259	検定	31
カイ2乗	35	基準変数	171	検定統計量	**113**, 221, 257
カイ2乗検定	36	基準連関妥当性	91	検定統計量の実現値	**113**, 256
「改善」テスト観	235	基本統計量	20	検定統計量の選択	113
階層線形モデル	208	帰無仮説	**112**, 221	検定フィールド	135
階層的重回帰分析	208	帰無分布	120, **122**	検定力	**122**, 229, 239, 252
階層的データ	144, **188**	逆転項目	6	ケンドールの順位相関係数	51
外的基準	92	逆転項目の処理	**69**, 100	効果量	256, **257**
外的準拠枠	4	客観的な学業達成	4	交互作用	**127**, 152, 199
外的側面の証拠	93	「強制」テスト観	236	交互作用の検定結果	156
学業的自己概念	**3**, 199	共通因子	62	交互作用の視覚的分析	211
「学業的自己概念」尺度	**7**, 11	共通性	82	交互作用の図	212
拡散した問い	239	共分散分析	225, **229**	構成概念	**3**, 61
確証的因子分析	195	共変量	229	構成概念妥当性	91
確認的因子分析	**68**, 195	許容度	208	構成概念の代表性不足	96
確率分布	**122**, 127	クラスカルウォリスの検定	**127**, 134	構造行列	**78**, 86
仮説に対する確率	254	クラメールの連関係数	**36**, 169	構造的側面の証拠	93
型	16	グループ	135	項目反応理論	97
片側検定	114	グループ化変数	45, 116	項目分析	9, **31**, 194
傾き	171	グループ間の自由度	132	誤差	97
学校内での相対的な学業水準の知覚	6	グループ内の自由度	132	個人レベルの変数	**144**, 188
ガットマン基準	67	グループの定義	116	古典的テスト理論	97
間隔尺度	23, **38**	グループの比較	45	固有値	67
頑健	128	クロス集計表	**34**, 167	固有値に基づく	71
観測値	172	クロンバック（Cronbach）のα係数	98	固有値の下限	71
観測変数	**62**, 195	係数の表示書式	71	混合計画	127
棄却	113	系統的レビュー	259	■ さ行 ——	
棄却域	113			再検査信頼性	94

索　引

最小二乗法　194
サイズによる並び替え　71
最頻値　42
最尤法　68
残差　63, **172**
散布図　49, **50**, 171
散布度　26, 38, **42**
サンプル　122
サンプルサイズ　51, **122**, 257
視覚的表現　38
視覚的分析　9
事後確率　263
事前確率　263
事前事後デザインデータ　217
実験計画　126
実質的な有意水準　126
実質的に意味のある差　253
実質的に意味のない差　253
質的変数　20, 30, **38**, 167
質問項目　11
尺度　16, **38**, 61
尺度構成　9, **61**
尺度構成に関する諸問題　193
尺度水準　15, **38**
尺度得点　9, 38, **61**, 91
尺度の短縮版　197
斜交回転　68
主因子法　90, 194
重回帰分析　174
重回帰分析によって交互作用
　を検討する方法　199
重相関係数　177

収束的証拠　94
集団レベルの変数　**144**, 188
自由度　113, 118, **122**, 256
自由度調整済み決定係数　183
習得目標　**7**, 64, 199
十分条件　96
周辺度数　168
主効果　127, 152, **154**
主効果の検定　156
主成分分析　71
従属変数　63, 126, **152**, 171
準拠枠　4
準実験　218
順序　18
順序尺度　38
条件付き確率　263
小数桁数　16
焦点化した問い　239
初期の固有値　84
新規データセット　15
人工データ　42
シンタックス　163
真の得点　97
信頼区間　256
信頼性　9, 91, **94**
信頼性係数　98
信頼性分析　102
心理学研究における統計改革
　　256
心理尺度　9, **38**
遂行回避目標　**7**, 64
遂行接近目標　**7**, 64, 199

遂行目標　**7**, 64
水準　127
推定周辺平均　162
推定の精度　259
推定法の選択　68
スクリー基準　67
スクリープロット　67
スケール　18
鈴木・武藤（2013）データ　29
スピアマンの順位相関係数　51
正規曲線　42
正規分布　122
制御変数　180
生態学的誤謬　144
正の相関関係　50
性別の単純主効果　154
折半法　98
切片　171
説明された分散の合計　84
説明変数　171
セル表示の設定　36
ゼロ次の相関係数　174
潜在的な構成概念　38
潜在変数　63
全数調査　122
全体平方和　258
前提条件　114
相関　34, **49**
相関係数　38, **49**, 50
相関図　50
相関分析　8, 9, **49**
総度数　168

層別相関	52	ダミー変数	178	データビュー	15
層別相関係数	57	ダミー変数を用いた回帰分析	180	テスト観	235
		単回帰分析	174	点推定値	256
■ た行 ——		探索的因子分析	195	統計改革	247
ダーツのアナロジー	95	単純傾斜の検定	215	統計的仮説検定	111
帯域幅	97	単純効果	154	統計的仮説検定の問題点	247
帯域幅と忠実度のジレンマ	**97**, 197	単純構造	65, **68**	統計的仮説検定のロジック	254
第3の変数	52, **173**	単純主効果	152, **154**, 215	統計的に有意	111
第一種の誤り	**122**, 254	単純主効果の検定	**154**, 156, 215	統計量	38, **42**
対応のある2群	111	単純相関係数	174	等質なサブグループ	133
対応のあるt検定	221	単純無作為抽出	122	統制変数	212
対応のあるデータ	221	小さな有意水準で有意になる	253	等分散性のためのLeveneの検定	**118**, 228
対応のない2群	111	中央値	42	等分散を仮定しない	118
対応のない2群のt検定	8, **111**	忠実度のジレンマ	97	等分散を仮定する	118
第二種の誤り	122	抽出後の負荷量平方和	84	独自因子	63
第二種の誤りの確率	252	抽出の基準	71	独自性	83
対比	239	中心化	174, **202**	得点分布	230
対比係数	239	調整効果	200	独立したサンプルのt検定	115
対比の値	244	調整済みR2乗	183	独立な2群	111
対比分析	235	調整変数	200	独立な2群のt検定	8, **111**, 118, 225
代表値	38, **42**	直交回転	68	独立な2群のt検定の前提条件	114
対立仮説	112	データ	38	独立変数	63, **152**, 171
多重共線性	**201**, 208	データエディタ	15	独立変数の冗長さ	183
多重検定の問題	126	データの階層性	188	度数分布表	20, **31**
多重比較	127, **133**, 247	データのコーディング	11, **14**	度数分布表の表示	31
達成目標	6	データの作成	9		
「達成目標」尺度	11, 64	データの対応のある・なし	111		
達成目標理論	64	データの要約	31		
妥当性	9, **91**, 144				
多変量正規分布	194				

索 引

■な行

内的準拠枠	4
内的整合性	95
内容的側面の証拠	93
内容的妥当性	91
名前	16
二要因混合計画	152
二要因の分散分析	225
二要因被験者間分散分析	8, **152**, 157
二要因被験者内計画	152
二要因分散分析	127, 151
「能力の自己概念」尺度	6
ノンパラメトリック検定	127

■は行

パーシャルアウト	182
配置	16
パス	63
パス図	63
外れ値	51
パターン行列	78
幅	16
パラメタ	122
バリマックス回転	68
範囲	26, **42**
ピアソンの積率相関係数	51
被験者間計画	111, **126**
被験者間要因	152
被験者内計画	111, **126**, 221
ヒストグラム	20
必要条件	96
非標準化推定値	212
標準化係数ベータ	178
標準化平均値差	257
標準誤差	113, **131**, 256
標準偏回帰係数	175
標準偏差	20, 26, **42**
評定尺度法	13
標本	122
標本効果量	259
標本抽出	122
標本調査	122
標本統計量	113, **122**, 259
標本統計量の実現値	122
標本の大きさ	122
標本分布	120, **122**
．（ピリオド）	19
比率尺度	38
頻度	21
ファイ係数（φ係数）	**36**, 169
ファイルの分割	45
「フィールド」タブ	135
不適解	193
負の相関関係	50
プリ・ポストデザインデータ	217
プロット	50
プロフィール項目	9, 11, **31**
プロマックス回転	68
分散	26, **42**
分散説明率	83, **176**
分散の等質性	114
分散の等質性の検定	**114**, 127
分散分析	8, **125**
分散分析表	132
文理志望の単純主効果	155
平均	20, **42**
平均値差の標準誤差	113, 257
平均偏差	26, **42**
平行検査信頼性	94
ベイズ推測	264
ベイズ統計学	262
ベイズの定理	262
併存的妥当性	92
別のファイルを開く	15
偏イータ2乗	**259**, 260
偏回帰係数	174
偏回帰係数の標準誤差	184
変化量	221
偏差	42
変数	38
変数の型	17
変数の計算	69
変数の交絡	151
変数ビュー	15, 30
偏相関係数	52, **173**, 180
偏相関分析	180
変動の大きさ	256
弁別的証拠	94
棒グラフ	20, **31**
母集団	122
母集団の大きさ	122
母集団効果量	259
母集団分布	**122**, 127
保守的な方法	252

母数	122	「モデルビューア」ウィンドウ	135	■ ら行 ——	
母数である母平均	112			ラベル	16
母平均	221			リサーチクエスチョン	8
本質的側面の証拠	93	■ や行 ——		両側検定	**112**, 113
		役割	16	量的変数	20, 30, **38**
■ ま行 ——		有意確率	**121**, 132, 254	累積%	84
マッチング	221	有意確率（両側）	118	累積寄与率	84
マルコフ連鎖モンテカルロ法		有意水準	**113**, 254	ルーブリック	236
	264	尤度	263	レガシーダイアログ	53
マルチレベル分析	144, **188**	要因	**127**, 152	列	16
名義	18	要因の交絡	151	連関	**34**, 167
名義尺度	38	要因の平方和	258	レンジ	26, **42**
メタ分析	256	要約統計量	**42**, 123	論文出版マニュアル第6版	
目盛が等間隔	39	要約統計量の算出	9		256
「目的」タブ	135	予測値	172		
目的変数	171	予測的妥当性	92		
モデルの適合	196	予測変数	171		

■著者紹介

山田剛史（やまだつよし）
横浜市立大学国際教養学部教授
略歴：東京大学大学院教育学研究科博士課程単位取得退学。
　　　岡山大学大学院教育学研究科を経て2020年度より現職。
専門：心理統計，教育測定
主な著書：『よくわかる心理統計』（共著，ミネルヴァ書房）
　　　　　『Rによるやさしい統計学』（共著，オーム社）
　　　　　『大学生のためのリサーチリテラシー入門：研究のための8つの力』（共著，ミネルヴァ書房）
　　　　　『Rによる心理学研究法入門』（編著，北大路書房）
　　　　　『Rによる心理データ解析』（共著，ナカニシヤ出版）

鈴木雅之（すずきまさゆき）
横浜国立大学教育学部准教授
略歴：東京大学大学院教育学研究科博士課程修了。2018年度より現職。
専門：教育心理学，教育評価
主な著書：『Rによる心理学研究法入門』（分担執筆，北大路書房）
　　　　　『自ら学び考える子どもを育てる教育の方法と技術』（分担執筆，北大路書房）
　　　　　『計量パーソナリティ心理学』（分担執筆，ナカニシヤ出版）

●装幀　高橋 敦（LONGSCALE）

SPSSによる心理統計

2017年7月25日　第1刷発行	© Tsuyoshi Yamada, Masayuki Suzuki, 2017
2025年2月25日　第3刷発行	Printed in Japan

著　者　山田剛史・鈴木雅之
発行所　東京図書株式会社
〒102-0072　東京都千代田区飯田橋3-11-19
振替 00140-4-13803　電話 03(3288)9461
URL http://www.tokyo-tosho.co.jp/

ISBN 978-4-489-02250-0